ゼロからの
TOEIC® L&Rテスト
600点
全パート講義

和久健司 著

TOEIC is a registered trademark of Educational Testing Service (ETS). This product is not endorsed or approved by ETS.

CD

MP3 音声
無料ダウンロード

別冊

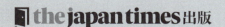
the japan times 出版

はじめに

　本書はこれから TOEIC L&R® TEST を初めて受ける、あるいは受けたことはあるけれど難しいと感じた方のための戦略本です。「ゼロから」とタイトルにあるように、TOEIC を受けたことがなくても、あるいはご自身の英語力が「ゼロ」だと思っていても、またはカロリーがゼロになるのかな？　と思って手にとってしまった方であっても、600 というスコアが射程圏内に入るように解説しています。

　わたしは約 10 年、TOEIC 学習者の方たちと一緒に学んできましたが、多くの人が「TOEIC は難しい」→「しかし自分の英語力は高くない」→「だからいろんなことを学ばなければならない」→「結果、何をしたらいいかわからない」という状況にあることを見てきました。本書はそんな方々に結果重視で必要なことだけをお伝えするため、以下のコンセプトで構成しています。

> 1　各パートの戦略を「わくわくポイント」1 つに絞っています。
> 2　「わくわくポイント」は現在の英語力にかかわらず、すぐに実践できるメソッドです。
> 3　そのポイントを例題と演習で実践することにより、「できる」と実感してもらえる構成になっています。

　もちろん、TOEIC は多種多様な問題が大量に出題されるタフなテストです。そのため、上記のメソッドでは対応できない問題も当然出てき

ます。

　が、あれもこれも…と戦略がとっちらかるよりも、「これ！」と決めて取り組んだほうが効果はあるはずです。たとえば今日が初日の新人のバイト君に、お客様の案内からオーダー取り、レジ、キッチンのことまでをこまごまと教えるよりも、「今日は笑顔！」とだけ言ったほうがすんなり店になじめるでしょう。まずは本書で紹介する戦略を使って、「これならできるかも」という手ごたえをつかんでください。

　「ゼロからの」という冠言葉がついてはいますが、扱う問題は本番と同じレベルのものを収録しています。そして本書を読み終えた後では、以前と違った視点で TOEIC に挑む自分に気づくはずです。本書を通して皆さんが目標スコアを取れることを願ってやみません。

和久健司

目次

Contents

はじめに ……………………………………………………………… 002
目次 ………………………………………………………………… 004
本書の構成と学習の進め方 ……………………………………… 006
音声のご利用方法 ………………………………………………… 008
TOEIC 基本情報 …………………………………………………… 009
「ゼロからの TOEIC」でスコア 600 を取るために ……………… 013

Part 1 ＞ 写真描写問題 …………………………………… 015

Part 1 はこんな問題／正解への近道／
実践問題に挑戦／超頻出・重要語彙リスト

Part 2 ＞ スコアアップの生命線 …………………………… 035

Part 2 はこんな問題／
正解への近道（「ひっかけ」を見抜く練習問題）／
練習問題で確認／実践問題に挑戦／ひっかけ例リスト

Part 3 ＞ リスニング最大の山場 …………………………… 063

Part 3 はこんな問題／正解への近道（言い換え練習問題）／
練習問題で確認／実践問題に挑戦／頻出の出題パターン

Part 4 ＞ 1分弱スピーチ 30 題 …………………………… 117

Part 4 はこんな問題／正解への近道／練習問題で確認／
実践問題に挑戦／トークの展開リスト

Part 5 〉 品詞と文法が大事 159

Part 5 はこんな問題／正解への近道／
練習問題で確認（識別練習問題、例題①〜⑦）／
実践問題に挑戦／「瞬殺」リスト

Part 6 〉 難問とのけんかをやめて 233

Part 6 はこんな問題／正解への近道／練習問題で確認／
実践問題に挑戦／接続副詞リスト 30

Part 7 〉 リーディング最大の「山脈」 261

Part 7 はこんな問題／正解への近道／練習問題で確認（例題①〜④）
／実践問題に挑戦／出題文書リスト 15

練習問題 解答用紙 356
実践問題 解答用紙 357
終わりに 359

カバー・本文デザイン・DTP	清水裕久（Pesco Paint）
イラスト	【帯・似顔絵】cawa-j ☆かわじ、【本文】島津 敦（Pesco Paint）
問題作成（Part 2 〜 4、6、7）	Daniel Warriner
英文校正	Owen Schaefer
翻訳（Part 6、7）	挙市玲子
音声収録・編集	ELEC 録音スタジオ
ナレーター	Neil DeMaere（加）、Hannah Grace（米）、Sarah Greaves（豪）、Deirdre Ikeda（米）、Jack Merluzzi（米）、Guy Perryman（英）
写真提供	【p.16-27】PIXTA（ピクスタ）＊ p.16 から順にクリエイター名を記載 YakobchukOlena、sidelniikov、YakobchukOlena、bst2012、JackF、Syda Productions、wavebreakmedia、anamejia18、superelaks
引用	【p.236-237, 260】日本音楽著作権協会（出）許諾第 1914504-901 号

本書の構成と学習の進め方

　本書は、初めて TOEIC® L&R テストを受ける人や、スコアが伸び悩んでいる人向けに、スコア 600 を最短距離で取るための構成になっています。
　Part 1〜7 のパート順に掲載しています。初めてテストを受ける方は前から順に、特に対策したいパートがある方はそのパートから学習してください。

STEP 1　戦略を確認

　TOEIC のパート別に、問題形式や解答の流れ、また、**どう攻略すれば正解を選べるか＝「わくわくポイント」**を、話し言葉のわかりやすい解説で理解します。

STEP 2　練習問題で戦略を定着

　例題や練習問題を通して**「わくわくポイント」を実際のテストで使えるように定着**させます。

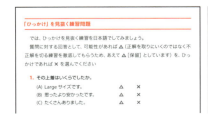

STEP 3 | 本番形式の実践問題に挑戦

　TOEIC 形式の問題に挑戦。「わくわくポイント」を使って解けることを確認し、実践問題を通して、例題・練習問題で**蓄積した力をさらにアップ**させます。

STEP 4 | リストで補強

　パートごとに重要語彙や「ひっかけ例」パターン、出題トークの展開パターンなどを紹介しています。**試験の当日に見直す**のも効果的です。

別冊 | 学習の総仕上げ&さらに上を目指す！

　パート別の学習法や学習のお悩みへの回答を紹介しています。

　本書にスコア 600 を取るために必要な内容はすべて入っていますが、本番に向けて**万全の対策をしたい人**、600 点をクリアして**さらにスコアを上げたい人**は別冊も必読です。

007

音声のご利用方法

■ **付属 CD**（収録時間：約 50 分）

本書に掲載しているリスニングセクションの問題音声が入っています。紙面のトラック番号を確認して再生してください。

■ **MP3 ダウンロード音声**

付属 CD の MP3 音声＋特典 MP3 音声を無料でスマートフォンや PC にダウンロードできます。

▶ **スマートフォン**
1. **音声再生アプリ「OTO Navi」**をインストール
2. OTO Navi で本書を検索
3. OTO Navi で音声をダウンロードし、再生

3 秒早送り・早戻し、繰り返し再生などの便利機能つき。学習にお役立てください。

▶ **PC**
1. ブラウザから **BOOK CLUB にアクセス**
   https://bookclub.japantimes.co.jp/book/b497487.html
2. 「ダウンロード」ボタンをクリック
3. 音声をダウンロードし、**iTunes** などに取り込んで再生

※音声は zip ファイルを展開（解凍）してご利用ください。

特典音声について

リーディングセクションの実践問題について以下の音声を用意しています。音声とともに学習すると**英文の理解度が格段にアップ**します。別冊で紹介している音声トレーニングにぜひご利用ください。

　　　　Part 5：正解の選択肢を入れた問題英文
　Part 6、Part 7：文書の読み上げ音声

TOEIC 基本情報

TOEIC® L&R テストとは

TOEIC® Listening & Reading Test は、英語でのコミュニケーション能力を測る TOEIC® Program のテストの一つです。「聞く」「読む」英語力を測定します。一般向けの「公開テスト」と企業や学校など団体向けの「IP テスト」があります。

なお、Speaking & Writing なども含めた TOEIC® Program は、世界 160 カ国、14,000 の企業・教育機関で利用されています。

問題形式

リスニングセクション（100 問・約 45 分）とリーディングセクション（100 問・75 分）があり、**計 200 問をマークシート形式で解答**します。テストは英文のみで構成されています。リスニングセクションの発音は、アメリカ、イギリス、カナダ、オーストラリアのものです（本書でも同様）。

	Part	出題形式	問題数	時間
リスニング	Part 1	写真描写問題	6	約 45 分
	Part 2	応答問題	25	
	Part 3	会話問題	39	
	Part 4	説明文問題	30	
リーディング	Part 5	短文穴埋め問題	30	75 分
	Part 6	長文穴埋め問題	16	
	Part 7	1 つあるいは複数の文書の長文問題	54	

申し込み方法と試験日の流れ

　公開テストは個人で**インターネット（TOEIC 公式サイト）やコンビニ**から申し込み、指定された会場で受験します。

テストは年 10 回（2 月と 8 月を除く毎月）、全国約 80 都市で実施されます。

> ※実施回数は場所によって異なります。テスト日程を含む最新の情報は下記の TOEIC 公式サイトをご覧ください。

1 申し込み～支払い

インターネットまたはコンビニで申し込み、支払いをします。

受験料：**6,490** 円（税込）

▷ **インターネット**

TOEIC 公式サイト：https://www.toeic.or.jp

公式サイトの申し込みページから行います。申し込みは、試験当日の 40 日ほど前に締め切られます。余裕を持って申し込んでください。

> ※初めて申し込む際は会員登録（無料）が必要です。

▷ **コンビニ**

セブン-イレブン、ローソン、ミニストップ、ファミリーマートに設置されている情報端末で行います。

2 受験票が到着

　試験日の約 2 週間前に受験票が届きます。当日までに**必ず証明写真を撮り、貼って**おきましょう。会場の所在地や行き方も確認します。

3 受験

当日の持ち物チェック

☐ **受験票**

署名欄に署名し、**証明写真**を貼付

☐ **写真付きの本人確認書類**

パスポート、個人番号カード、国内発行の運転免許証・学生証、住民基本台帳カードなど（2020 年 4 月から「社員証」は認めません）。

☐ **筆記用具と消しゴム**

☐ **腕時計**

受付　11:45 〜 12:30

テストは 13:00 から始まります。**30 分前までに受付が必要**です。遅れると受験できませんので、早めに試験会場の教室に到着しましょう。

試験の案内　12:35 ごろ〜 12:50

12:30 を過ぎると試験官が部屋に入り、受験の案内や説明を始めます。また、試験の注意事項に関するアナウンスが流れます。この時間に**リスニングセクションの音テスト**も行われますので、聞きづらい場合は試験官に申し出てください。**この時間以降、休憩はなく部屋を出ることはできません。**

本人確認〜問題冊子の配布　12:50 ごろ

試験官が受験票を回収し、再度本人確認を行います。すべての受験者について確認が終わると問題冊子が配られます。

| 試験開始！ | **13:00 ごろ**

リスニングテストが始まります。リスニングの試験時間は約45分です。**リスニング終了の音声が流れたら**、すぐにリーディングテストの問題に取りかかります。試験官から合図や案内はありません。リーディングの試験時間は75分です。

| 試験終了 | **15:00 ごろ**

試験官から試験終了の指示があったら、ただちに筆記用具を置いてテストを終えます。問題冊子と解答用紙が回収され、試験官の案内にしたがって退室します。

テスト結果の確認

　試験日から30日以内に Official Score Certificate（公式認定証）が届きます。テストの結果は合否ではなく、**10〜990点の5点刻みのスコアで評価**されます。

　なお、インターネットで申し込む際に**「テスト結果インターネット表示」を「利用する」にチェック**しておくと、試験日から17日後にインターネット上で結果を確認することができます。

「ゼロからの TOEIC」でスコア 600 を取るために

スコア 600 を取るために必要なこと。**本書を 3 周やり込んで**ください。これに尽きます。TOEIC のすべての問題はカバーしていませんが、**600 に到達するために必要な事項はすべてそろっています。**

しかし、2 時間強 200 問というハードな試験を初めて受ける人は、600 点を盤石なものとするために次のことを頭に入れておいてください。

1 スコア 600 とはビギナーレベルではない

小学生で言えば子どもだけでディズニーに行く、ドラクエで言えばベギラマを覚えた、バイトで言えば餃子を焼き始めた、そんな段階です。共通するのは**経験を積んでいること**。その経験を本書と『公式 TOEIC® Listening & Reading 問題集』で積んでください。

本書で 600 点を取るために必要な戦略は身につきますが、公式問題集には本番と同じ量・レベルの問題が収録されています。ですから本番前に公式問題集に挑戦し、**①本番で対峙する問題の難易度と量を肌で感じ、②本書で学んだ方法論が公式でも通用することを確認**してください。

2 バランスは無視し、結果にこだわる

スコア 600 を取るために、リスニング 350 ＋リーディング 250 を目指してください。リスニングは比較的スコアが上がりやすく、リーディングは文法、語彙、読解のすべてがある程度完成されるまで歯が立たない問題も多くあります。真面目な人ほど「リスニングに比べてリーディングが……」と落ち込んでしまう傾向にありますが、リスニングが伸びているなら徹底的に伸ばす、という方法もありです。

3 初受験はなるべく早く

　これまでたくさんのTOEIC学習者と接してきましたが、「力がついてから受験しようと思います」という人はまず伸びません。グルメ本やサイトでいろんな知識をつけてばかりいる人より、身銭を切ってザギンでシースーを体感した人のほうが、その店の雰囲気、大将の技術、スタッフの接客、カウンターの空気感をすべて体験したことで経験値はたまるはずです。TOEICも同じで、より戦略的な対策は一度試験を受けた後にスタートします。

4 目標を夢に変えずに叶える

　TOEICは1つのテストであり、大げさなものではありません。よく「いつかスコア800を超えるのが夢です」という人がいますが、夢なんて片っ端から叶えなきゃ！　と思います。出題パターンが限られた、対策も豊富なTOEICの世界では誰もがハイスコア取得の可能性があります。

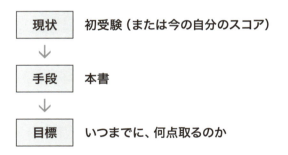

　常に上記のベクトルを意識し、やるべきことをやるだけです。まずは本書を学習して600点を取得しましょう。その後に、さらに高いスコアを取るために必要なこと（各パートの具体的な勉強法）について、別冊で紹介しています。そちらも参考にしてください。

Part 1
写真描写問題

Part 1 はこんな問題	016
正解への近道	018
実践問題に挑戦	022
超頻出・重要語彙リスト	029

Part 1 はこんな問題

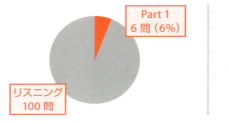

問題形式

　リスニングセクション全体と Part 1 の Directions（指示音声）に続き、問題に入ります。音声を聞いて、**写真を最も適切に描写**している選択肢を選ぶ問題です。

1つの写真につき、(A) ～ (D) **4つの選択肢音声**が流れます。選択肢は問題冊子に印刷されていません。

リスニングセクション全体を通じて

注意1　男性と女性、アメリカ・イギリス・カナダ・オーストラリアの4カ国のナレーターによる音声が流れます。

注意2　音声は1回しか流れません。

解答の流れ

■ PART 1 Directions（約 1 分 30 秒）
リスニングセクション全体と Part 1 の指示文が英語で流れます。

放送音声		すること
テストの Directions（指示文）が英語で流れる。 ↓ 例題が流れる。正解は必ず (C)。 ↓ 問題音声開始 Now, Part 1 will begin ...	約**90**秒	リスニングセクション全体を通して最も長い説明があります。次の手順で時間を使ってください。 ①Part 1 の計 **6 枚の写真**に目を通す。 ②「**人**」が写っているものか、「**物**」が写っているかを選別。 ③「**人**」のしている「**動作**」を確認。
■ **1 問目開始** 問題文の音声が流れる。 No. 1 Look at the picture ... 選択肢 (A) の音声 選択肢 (B) の音声 選択肢 (C) の音声 選択肢 (D) の音声	約**23**秒	**消去法**で解く。 Ⓐ Ⓑ Ⓒ Ⓓ
ポーズ［解答時間］	約**5**秒	写真と選択肢の内容が違う場合は、マークシートに置いた鉛筆の先を移動する。 たとえば (A)(B) が違う場合、(C) が正解の第一候補。(D) の音声が流れたときに (D) がベストであれば (D) を、そうでなければ (C) を塗る。
■ **2 問目開始** No. 2 Look at the picture ... 選択肢 (A) 〜 (D) の音声 ポーズ［解答時間］ ※ 以降 No. 6 まで繰り返し	約**28**秒	同様に消去法で解く。

正解への近道

基本戦略

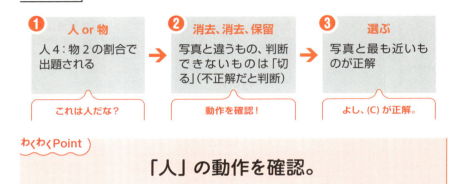

わくわくPoint

「人」の動作を確認。

　わたしは過去に、斉藤和義氏の名曲『歌うたいのバラッド』の歌詞を信じて歌ってみたものの、めちゃくちゃ難しかった、という経験をしたことがあります。同じように、読者の皆さんもとりあえずTOEICを受けてみたところ、あまりの難しさに歩いて帰ろうと思った人もいるでしょう。

　正確には、TOEICには「難しい問題もある」というのが正しい認識です。ただし、Part 1は難易度的にベリーベリーストロング、いやvery difficultなものは出ません。以下、理由を説明します。

簡単な理由その1 「人」の写真の描写は進行形だけ

　右ページの写真を見てください。仮にわたしが今この写真が見えない状態だとして、あなたに「どんな写真ですか」と聞いたとします。あなたはどのように説明しますか。

　おそらくは「女性2人が座っている」「女性が向かい合って話している」といったものではないでしょうか。この写真が出題された場合、TOEICでは以下のような選択肢音声が流れます。

選択肢

- (A) They**'re looking** at a pad.
- (B) They**'re cleaning** a desk.
- (C) They**'re facing** each other.
- (D) They**'re taking** a memo.

　正解は (C) です。このように人が写っている写真では**進行形**が使われます。物が写っている写真にはやや複雑な文法が含まれますが、そういった問題は落としてもOKです。

簡単な理由その2　写っていないものは不正解

(A) ～ (D) の選択肢音声には、「写真には写っていないことや物を表す語」がよく出てきます。写真を見ればわかりますから、そういう選択肢は即**「切って」**ください（不正解だと判断する）。

簡単な理由その3　ひっかけがワンパターン

①「身に着けている」問題

　上記のような「メガネをかけている人」が写っている写真が出題された場合、選択肢の英文に wearing（身に着けている**状態**）と putting on（身に着けようとしている**動作**）を出してひっかけることは、定番中の定番です。このイラストではすでに「メガネをかけている状態」ですから、putting on が出たら不正解です。さらにざっくり言えば、**putting on が出たら、全部不正解**です。

②「判断できない」問題

　上の写真では台車を「引いて」いるのか、「押して」いるのか判断できません。このように「どっちなんだろう?」と思った選択肢は**迷わず切ってください**。
　では早速、TOEICと同じ形式の問題に取り組んでみましょう。

実践問題に挑戦

「わくわくポイント」を頭に入れて、実際に Part 1 形式の問題に挑戦してみましょう。今回 Directions はないので、いきなり問題音声から始まります。

＊解答用紙 ▶ p. 357　解答と解説 ▶ p. 026

◀)) 01

1.

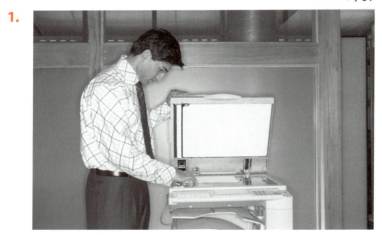

🔊 02

2.

🔊 03

3.

次のページへ進む

4. 🔊 04

5. 🔊 05

6. 🔊 06

解き終わったら解答と解説を Check!

Part 1 実践問題

解答と解説

絶対に取りたい問題は 1～4 です。人が写っていますね。落としていいのは 5 と 6 です。この 2 問は文法的にも複雑な表現が使われています。

1. 正解 C

◀) 01

(A) He's opening a window.
(B) He's turning on some lights.
(C) He's using a photocopier.
(D) He's checking a cabinet.

(A) 彼は窓を開けている。
(B) 彼はいくつかライトをつけている。
(C) 彼はコピー機を使っている。
(D) 彼は棚を調べている。

覚えよう！
□ turn on ～をつける　□ photocopier 名 コピー機
□ cabinet 名 （引き出しなどのついた）戸棚

🔓 「人」の動作＋写っているものをチェック

男性がコピー機を使っています。正解は (C)。なお、(A) の window、(B) の lights、(D) の cabinet はすべて写真内にありません。写真に写っていないものは絶対に不正解なので、仮に photocopier の意味がわからなくても正解を導けます。

2. 正解 A

◀) 02

(A) They're checking jeans.
(B) They're walking in a shop.
(C) They're reading some magazines.
(D) They're kneeling on the floor.

(A) 彼女たちはジーンズを見ている。
(B) 彼女たちは店内を歩いている。
(C) 彼女たちは雑誌を読んでいる。
(D) 彼女たちは床にひざまずいている。

覚えよう！
□ kneel 動 膝をつく

🔓 写っているものが正解

jeans が写っている (A) が正解。(B) は歩いていない、(C) は雑誌が写っていませんね。(D) の kneeling は「膝をついている」という意味ですが写真の人物の膝は見えていないので不正解。(A) の jeans は TOEIC にはそぐわない感じがするかもしれませんが、過去に出題されています。

3. 正解 C

🔊 03

(A) An employee is taking a product from a counter.
(B) A woman is checking her cash.
(C) They're facing each other.
(D) The customer is using a card.

(A) 従業員がカウンターから製品を取っている。
(B) 彼女は自分の現金を調べている。
(C) 彼らは向かい合っている。
(D) 客はカードを使っている。

覚えよう！
□ employee 名 従業員　□ product 名 製品
□ face 動 〜と向き合う　□ customer 名 顧客

🔓 意外な視点が正解になることも

2 点注意しましょう。①主語がバラバラなので、選択肢の内容をすべて確認する。②正解は「男性が支払いをしている」だろうと決めつけない。出題者はそこを狙ってきます。(A) は product（製品）を取っていない。(B) は「店員の」現金を「調べて」いるわけではない。(D) の card は写っていないため不正解。消去法で残った (C) が正解です。

4. 正解 D

🔊 04

(A) A man is carrying a laptop.
(B) He is writing on some paper.
(C) The man is placing an order.
(D) He's wearing a tie.

(A) 男性がノートパソコンを運んでいる。
(B) 彼は紙に記入している。
(C) 男性は注文をしている。
(D) 彼はネクタイを締めている。

覚えよう！
□ laptop 名 ノートパソコン
□ place an order 注文をする　□ tie 名 ネクタイ

🔓 写っているものが正解

問題 3 で学んだことを生かしましょう。主語はバラバラですが、どれも写真の男性について。「男性がノートパソコンを使っている」という選択肢を期待したいところですが、正解は (D)。wear は「〜を身に着けた状態」、put on は「〜を身に着けようとしているところ」です。音声を聞きながら (A) 〜 (C) を「違う、違う」と切っていき、(D) で「確かにネクタイしてるね」という流れで解いてください。

5. 正解 B

🇬🇧 (A) One of the cars is being washed.
(B) Cars have been parked along the street.
(C) A bulletin board is leaning against a house.
(D) One of the tires has been repaired.

(A) 車が1台洗われている。
(B) 車は通りに沿って駐車されている。
(C) 掲示板が家に立てかけられている。
(D) タイヤが一つ修理されている。

覚えよう！
□ park 動 〜を駐車する
□ bulletin board 名 掲示板 ※イギリス英語では noticeboard □ lean against 〜によりかかる

🔓 「物」の写真問題は消去法でトライ
「物」の写真なので落としてもOKですが、消去法で正解できる場合もあります。
(A) 洗車されていない（×）　(B) よさそう（△）　(C) bulletin board? わからない（><）
(D) tires? タイヤ? repair は知ってる！ 修理されてない！（×）…というような流れです。

6. 正解 A

🇺🇸 (A) Reading materials are stacked on the cabinet.
(B) A vase is hanging on the wall.
(C) Plants are being watered.
(D) Curtains are covering a window.

(A) 本が棚の上に積み上げられている。
(B) 花瓶が壁に掛かっている。
(C) 植物に水が与えられている。
(D) カーテンが窓を覆っている。

覚えよう！
□ material 名 素材　□ be stacked 積み上げられる
□ water 動 〜に水をやる　□ curtain 名 カーテン

🔓 「物」の写真問題は消去法で解くかスルー
カーテンと窓は写っていないので (D) が除外されて3択ですが、今はそこまでで構いません。とにかく「人」の写真の問題を確実に取ってください。

実践問題を終えて、知らない単語が多いなと感じたかもしれません。単語の覚え方やおすすめの単語集を別冊で紹介していますので、ぜひ参考にしてください。ただ、Part 1 は 200 問中のわずか6問です。したがって、本書では次ページから Part 1 でこれだけは覚えておいてほしいという語句を紹介するにとどめます。

028

PART 1
超頻出・重要語彙リスト

　ここでは、TOEICによく出る重要な語彙を紹介します。音声と合わせて覚えましょう。見出し語として挙げた語以外にも、例文中にPart 1で頻出の語を入れました。例文を音読しながら、その状況をイメージしてみると効果的です。

動詞編

◀)) 07

❶ □ wear
A woman is wearing a hat.

□ ～を身に着けている
女性は帽子をかぶっている。

目的語には衣類だけでなく、この例のように帽子や靴下なども取ります。大切なのは「身に着けている」イメージです。

❷ □ put on
She's putting on sunglasses.

□ ～を身に着ける
彼女はサングラスをかけているところだ。

こちらは「身に着ける」という一回の行動を示します。したがって、その服なり帽子なりをまさに「身に着けよう」としているときにのみ、こちらの表現を使用することができます。

❸ □ sweep
Some people are sweeping the floor.

□ ～を掃く
人々は床を掃いている。

ほうきやモップで床や路面を掃いている写真で登場します。

❹ □ **examine**
Customers are examining a menu.

□ 〜を調べる
客がメニューをチェックしている。

メニューや商品などを検討しているときに使われる動詞です。

❺ □ **reach for**
A store staff member is reaching for the box.

□ 〜に手を伸ばす
店員が箱に手を伸ばしている。

reach はもともとは「〜に達する、到着する」という意味ですが、Part 1 では reach for の形で「〜に手を伸ばす」という意味でよく出題されます。

❻ □ **face each other**
Diners are facing each other.

□ 向かい合う
食事客が向かい合っている。

人に限らず、何かが向かい合っている状況を述べる際に出てくる表現です。

❼ □ **browse**
A man is browsing items.

□ 商品をぶらぶら見る
男性が商品を見て回っている。

「家畜が若葉を拾い食いする」というのが原義です。ウェブサイトをざっと見る際に使われるのがこちらの単語ですが、TOEIC では「商品をぶらぶら見る」際にも使われます。

❽ □ mow

He is mowing grass.

□ 〜を刈る

彼は草を刈っている。

草刈り機は mower といいます。mow と類似する trim は「刈ってさらに長さをそろえる」という意味です。

❾ □ place

She's placing a ladder against the wall.

□ 〜を置く

彼女ははしごを壁に立てかけている。

名詞の「場所」以外に、動詞のこの意味も押さえておきましょう。Part 1 では be placed (置かれている) という表現が、また TOEIC 全体で place an order (注文する) というフレーズが頻出です。

❿ □ head

They're heading toward a fountain.

□ 向かう

彼らは噴水に向かっている。

place 同様、名詞の「頭」以外に、動詞の意味も覚えておきましょう。

名詞編

🔊 08 🇺🇸

❶ ☐ instrument
A performer is playing a musical instrument.

☐ 道具、機器（の総称）
演奏者は楽器を演奏している。

> 「楽器」が写る写真で musical instrument は定番表現です。同じくバスや車の乗り物全般は vehicle に、携帯電話やコピー機などは device、雑誌や本は reading material のように出題されます。

❷ ☐ pier [píər]
A pier is located near the lighthouse.

☐ 桟橋
桟橋が灯台の近くにある。

> pier は人の写っていない写真でよく登場する語です。水辺に関係する単語としてほかに覚えておきたいのが wharf「埠頭、波止場」と fountain「噴水」です。

❸ ☐ cashier
A cashier is adjusting his stool.

☐ レジ係
レジ係がスツールを調節している。

> stool（スツール）は「背もたれのないいす」。cashier が写っていても、その周辺の「物」の描写が正解になることもあるので注意！ 写真に奥行きがある場合、そこにある物が出題されます。

❹ ☐ parking lot
Leaves are scattered on a parking lot.

☐ 駐車場
葉っぱが駐車場に散らばっている。

> TOEIC ではこの parking lot が「駐車場」の最もメジャーな表現です。ほかに parking space、parking area、car space などの表現があります。

❺ ☐ drawer
A drawer is being repaired.

☐ 引き出し

引き出しが修理されている。

カードゲーム UNO の「ドロー (draw) 4」が 4 枚「引く」ように、draw は物や線を「引く」がもともとの意味です。そこから drawer は「引き出し」という意味になります。

❻ ☐ lid
The lid of the copier is open.

☐ ふた

コピー機のカバーが開いている。

コピー機のみならず、鍋、箱、ビンのふたの描写で出題されます。ふたが開いていなくても、ふたの上に物が乗っている状況でも要注意です。eyelid は「まぶた」の意味。

❼ ☐ row
Passengers are waiting in a row.

☐ 列

乗客たちは列になって待っている。

動詞では「～を漕ぐ」という意味ですが、名詞だと「列」という意味になります。Part 3 と 4 で three years in a row (3 年連続) などの出題例があります。

❽ ☐ vase
The vase is positioned on the cupboard.

☐ 花瓶

花瓶が食器棚の上に配置されている。

人が写っている場合、物だけの場合の両方で出題されます。動詞 pour「～を注ぐ」とセットで覚えておきたい語です。

033

❾ □ curb

Bicycles are parked along curbs.

□ 縁石

縁石に沿って自転車が停められている。

> 動詞の curb には「〜を抑制する、食い止める」という意味があります。「車両が歩道に入るのを食い止めるもの」というイメージで覚えてください。

❿ □ dock

Boats have been left by a dock.

□ 波止場

波止場の近くにボートが何艘か停まっている。

> ② pier（桟橋）と区別のつきづらい単語です。pier が水面に位置しているのに対し、dock は船の点検、積み荷が可能な大きさの場所を指します。docking（ドッキング、結合）もここから来ています。なお、be left は「残されている、〜のままにされている」という意味です。

　以上が Part 1 です。慣れてくると、写真を見た瞬間に「ここが説明（出題）される」いうようにポイントがつかめてくるはずです。問題冊子をめくったときに、Part 1 の写真のいくつかが「いつもの風景」と感じられるようになれば、6 問全部正解することも難しくはありません。

Part 2
スコアアップの生命線

Part 2 はこんな問題	036
正解への近道	038
練習問題で確認	048
実践問題に挑戦	052
ひっかけ例リスト	061

Part 2 はこんな問題

問題形式

1つの質問と、それに対する**3つの応答**が流れます。いずれも問題冊子には印刷されていません。3つの応答から最も自然なものを選びます。

7. Who will translate this manual into French?
   (A) A French restaurant.
   (B) Yes, this train goes there.
   (C) Mike in the sales department already did.

問題冊子には
7. Mark your answer on your answer sheet.
とのみ印刷されています。

全パートで唯一 Part 2 の選択肢は **3 つ**です。

解答の流れ

■ PART 2 Directions（約 30 秒）
Part 2 の指示文が英語で流れます。

放送音声		すること
Part 2 の Directions（指示文）が英語で流れる。	約30秒	Directions の間は特に何もしません。最初の問題に意識を集中させましょう。
■ 1 問目開始 質問文と応答 (A) ～ (C) の音声が流れる。 （質問文） 7. What time does the bank open? ↓ （応答） (A) He isn't a banker. (B) Yes, I went to the ATM. (C) Maybe 9 A.M.	約15秒	（質問文） ①文頭に疑問詞があるか確認。 ②全文を訳すのではなく、内容を頭に残しておく。 （応答） 音声を聞きながら間違っている選択肢を「切る」（不正解だと判断して除外する）。 ※「切り方」は、この後詳しく解説します
ポーズ［解答時間］	5秒	残ったものが正解。マークシートを塗りつぶす。
■ 2 問目開始 質問文と応答 (A) ～ (C) の音声が流れる。 ポーズ［解答時間］ ※ 以降 No. 31 まで繰り返し	約20秒	同様に間違いの選択肢を「切って」解く。

Part 2　問題形式と解答の流れ

037

正解への近道

基本戦略

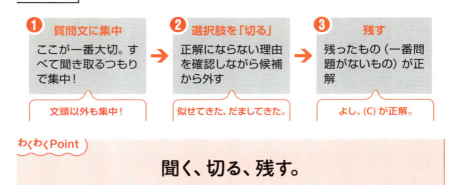

わくわくPoint

聞く、切る、残す。

　世界の音楽史上最も気分のアガる曲といえば、著者にとってはQueenの「Don't Stop Me Now」ですが、邦楽のそれはたとえば、サザンの「希望の轍」かもしれません。そして2曲に共通するものは、聞くだけで胸が高鳴るイントロです。

　Part 2も「イントロ」がスコアを上げるために一番大切です。つまり質問文を聞き取ることが重要で、それをベースに解答します。

　やるべきことは**「質問文を可能な限りすべて聞き、3つのうち2つの選択肢を切る」**です。このパートでの正答率は、リスニング全体のスコアに大きく影響します。目標は全25問の7割2分、18問です。厳しいラインですが勝算はあります。理由は以下の通りです。

❶ 選択肢が3つ。
❷ 難単語の出現率が低い。
❸ 不正解の選択肢を「切る」方法がある。

では、具体的に③の選択肢の切り方を見てみましょう。

選択肢の切り方その1 「同じ音・似た音」はひっかけ

例〉 **What time does the <u>bank</u> open?**
    (A) He isn't a **banker**.
    (B) Yes, I went to the ATM.
    (C) Maybe 9 A.M.

「同じ音・似た音」が聞こえたら、それはひっかけです。質問文に bank が、選択肢 (A) に banker が入っています。問題作成者は、英語を母国語としない私たちに「オトガニテテソレッポイダーロ」というひっかけを作ってきます。それを逆手に取って正解から外すのです。

選択肢の切り方その2 「誤連想」もひっかけ

例〉 **What time does the bank open?**
    (A) He isn't a banker.
    (B) Yes, I went to the **ATM**.
    (C) Maybe 9 A.M.

切り方その1と同じ例文ですが、(B) の選択肢には ATM という単語があります。質問文の bank（銀行）から思い浮かびそうな語ですね。問題作成者はそのことをよく知っていて、質問文で聞き取りやすそうな語から**「連想される単語」をわざと不正解の選択肢に入れている**わけです。これが回避できれば、間違いの選択肢が一つ切れることになります。

「ひっかけ」を見抜く練習問題

では、ひっかけを見抜く練習を日本語でしてみましょう。

質問に対する回答として、可能性があれば △ （正解を取りにいくのではなく不正解を切る練習を徹底してもらうため、あえて △ [保留] としています）を、ひっかけであれば ✕ を選んでください

1. その上着はいくらでしたか。

(A) Large サイズです。	△	✕
(B) 思ったより安かったです。	△	✕
(C) たくさんありました。	△	✕

2. Michael が私たちの売上報告を見てくれたんですよね？

(A) 売上は上々です。	△	✕
(B) Kevin だったと思います。	△	✕
(C) 報告ありがとう。	△	✕

3. 引退パーティーには何人来るでしょうか。

(A) 35 年間の勤務です。	△	✕
(B) 引退スピーチがあります。	△	✕
(C) 約 50 人です。	△	✕

4. 東京行きのフライトは遅れるそうです。

(A) 世界的な大都市です。	△	✕
(B) それは知りませんでした。	△	✕
(C) 通路側の席になります。	△	✕

5. 今日は Kenji とランチに出るんです。

(A) ベジタリアンのメニューです。	△	✕
(B) それはいいですね。	△	✕
(C) 12 時 30 分です。	△	✕

> ひっかけ問題

解答と解説

1. その上着はいくらでしたか。
   (A) Large サイズです。 ✕
   (B) 思ったより安かったです。 △
   (C) たくさんありました。 ✕

(A) 上着→サイズでひっかけ。(B) 具体的に「いくらでした」と答えていませんが正解です。(C) は、上着が「いくら?」の (how) much を「たくさん」に連想させてひっかけています。

2. Michael が私たちの売上報告を見てくれたんですよね?
   (A) 売上は上々です。 ✕
   (B) Kevin だったと思います。 △
   (C) 報告ありがとう。 ✕

(A)「売上」が同じ音なので切ります。(B) 発言を訂正していますが正解です。(C)「報告」が同じ音なので切ります。

3. 引退パーティーには何人来るでしょうか。
   (A) 35 年間の勤務です。 ✕
   (B) 引退スピーチがあります。 ✕
   (C) 約 50 人です。 △

(A)「引退」からいかにも連想しそうなフレーズでひっかけています。(B)「引退」が同じ音なので切ります。(C) 素直に「(来るのは) 何人」という応答で正解です。

4. 東京行きのフライトは遅れるそうです。
   (A) 世界的な大都市です。 ✕
   (B) それは知りませんでした。 △
   (C) 通路側の席になります。 ✕

(A)「東京」≒「大都市」とひっかけています。(B) 遅延の情報に対して素直な反応です。これが正解。(C)「フライト」から「通路側の席」を連想させてひっかけています。

5. 今日は Kenji とランチに出るんです。
   (A) ベジタリアンのメニューです。 ✕
   (B) それはいいですね。 △
   (C) 12 時 30 分です。 ✕

(A)「ランチ」から連想される語を入れてひっかけています。(B) 素直な反応で、これが正解。(C)「ランチの時間」へ誘導しています。

　以上、「切り方」を 5 題練習しました。繰り返しますが、正解を選びにいくのではなく、ひっかけを切るスタンスを確立してください。

出題パターンを見極める

次に問題形式について見ていきます。

Part 2には大きく分けて7つのパターンがあり、当然、出題頻度の高いものから攻略していくことがスコアアップの近道です。TOEICの公式問題集を調べると、おおよそ次のグラフのように出題されています。

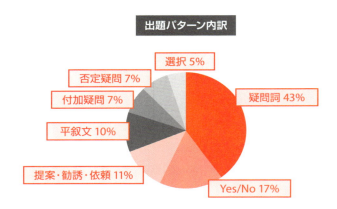

「疑問詞」と「Yes/No疑問文」で6割を占めていますね。出題頻度順に詳しく見ていきましょう。

TYPE 1 疑問詞

疑問詞の種類は次のように分けることができます。

まず出る

Where、When、How、Who、What、Why

出題はまれ

Which、Whose

WhereとWhenはWheまでの音が同じため、よく出る疑問詞の2トップです。

また Why に対する正解の応答は約半数が Because ... で答えられています。

　それぞれの疑問詞を研究し、どのような出題がされているかを研究するのが理想ですが、ここで覚えてほしいことは以下の 3 点です。

法則

❶ すべての疑問詞が質問文の文頭、つまり「イントロ」に来る。
❷ 文頭を聞き逃した場合は「わくわくポイント」で対処。
❸ Wh-/How に対して Yes/No で答えているものは即切る。

法則②については、以下の例文を見てください。

例〉 ***** will **update** the **next** meeting agenda?
　(A) She knew the **date**.
　(B) It's **next** to the elevator.
　(C) I did it yesterday.

　大事な「イントロ」＝*****の部分を聞き逃したとします。その場合でも、わくわくポイントの「聞く、切る、残す」で対処できます。

　update ≒ (A) date　〈似た音〉
　next = (B) next　〈同じ音〉

だということに気づけば、(C) が正解になるのでは？という仮説のもとに答えることができます。

　法則③について補足します。たとえばあなたが友達に、「昨日の晩ごはん、何（What）食べた？」と聞いたときに相手が「はい！（Yes!）」と答えたらおかしいですよね。でも Part 2 では、このおかしなことが往々にして起きます。当然、間違いの選択肢なのでこれはすぐに切ってください。

Part 2 正解への近道

043

TYPE 2 **Yes/No 疑問文**

文頭が be 動詞や助動詞（do、have など）で始まったらこれです。

法則

Yes/No 以外の応答をチェック。

具体的には、以下のような質問が流れます。

例 1. Are you planning to visit Los Angeles next summer?
今度の夏はロサンゼルスに行くの？

2. Have you seen your new teacher?
新しい先生に会った？

3. Did she make a reservation for dinner?
彼女はディナーの予約をしたの？

上記すべてに Yes/No での解答が可能ですが、素直に「SAY YES」するほど Part 2 は甘くありません。以下のように、質問文から少し距離がある応答が正解となります。

Q Are you planning to visit Los Angeles next summer?
今度の夏はロサンゼルスに行くの？

A I went there last month, actually.
実際のところ、先月行ってきたんだよ。（→だから今度の夏には行かないよ）

TYPE 3 提案・勧誘・依頼表現

　文字通り、相手に提案したり、相手を何かに誘ったり、相手に依頼したりする問題文です。

法則

応答の3パターンを予想する。

具体的には、以下の例を見てください。

例> Shall we go out for lunch?
お昼を食べに行かない？

① **素直系**　　Sounds great.
いいね。

② **ごめんね系**　I wish I could but I have a meeting soon.
行きたいんだけど、この後会議なんだ。

③ **疑問文返し**　How about the new Indian restaurant?
新しいインド料理屋はどう？

例> Will you translate this contract into Japanese?
この契約書を日本語に訳してもらえませんか。

① **素直系**　　Sure, let me have a look.
もちろんいいよ、見せて。
＊ let me ~（私に~させて）はかなり高い確率で正解となります。

② **ごめんね系**　Sorry, but I have no idea when it comes to Japanese.
ごめん、日本語は全然わからないんだ。

③ **疑問文返し**　Are you in a hurry with this?
これ、急ぎ？

Part 2　正解への近道

045

TYPE 4 平叙文

「へいじょぶん」と読みます。以下のような普通の文章です。これも TYPE 3 の法則が使えます。

法則

応答の 3 パターンを予想する。

例〉 **New manager will be interviewed tomorrow.**
新しい部長が明日インタビューを受けるそうだよ。

① 素直系　　　Really? I didn't know that.
本当ですか? 知りませんでした。

② 訂正系　　　He already was, last week.
先週受けたよ。

③ 疑問文返し　Where will they be doing it?
どこでやるの?

TYPE 5 付加疑問文

「〜だよね?」と念を押す、確認をとるタイプの問題です。文の最後にこの部分が足されます。ただ、この「付加」の部分は無視して OK です。

法則

最後に付け足される部分 (..., don't you? など) は無視。

例〉 **You have to attend the meeting, don't you?**
会議に参加しないといけないんですよね?

上記の "don't you?" については無視しましょう。前述の「Yes/No 疑問文」または「平叙文」と同じ扱いで解けます。

046

TYPE 6 否定疑問文

Haven't you ~ ?、Isn't she ~ ? などで始まるもの。Yes/No 疑問文より出題頻度は下がります。

法則

not は無視。

例 **Isn't the meeting held on Tuesday?**
会議は火曜にあるのではないのですか。

not は無視して OK。Is the meeting held on Tuesday?（会議は火曜にあるのですか）としても意味は変わりません。

TYPE 7 選択

「A と B のどちらがいい?」と聞くタイプのもの。ただし、**どちらも選ばない応答が正解**になることが多いです。

法則

選択問題は「選ばない」。

例 **Will we fix this copier or buy a new one?**
このコピー機は直しますか、それとも新しいのを買いましょうか。

Whichever, as long as we use it soon.
すぐに使えればどちらでもいいですよ。

Ask Michael later.
後でマイケルに聞いてください。

練習問題で確認

　それでは実際に TOEIC 形式の問題を解いてみましょう。設問の紹介では具体的なポイントを提示しましたが、徹底すべきは「**聞く、切る、残す**」です。

＊ 解答用紙 ▶ p. 356　解答と解説 ▶ p. 049

🔊 09~16

1. Mark your answer on your answer sheet.

2. Mark your answer on your answer sheet.

3. Mark your answer on your answer sheet.

4. Mark your answer on your answer sheet.

5. Mark your answer on your answer sheet.

6. Mark your answer on your answer sheet.

7. Mark your answer on your answer sheet.

8. Mark your answer on your answer sheet.

解き終わったら解答と解説を Check!

Part 2 練習問題

解答と解説

「同じ音・似た音」は下線を引いています。「誤連想」（間違った連想で誘導するひっかけ語句）は、色文字にしてあります。

1. 正解 **A** ◀)) 09

🇨🇦 Where is the nearest **ATM** around **here**?

🇺🇸 (A) It's next to the post office.
(B) It costs **50 dollars**.
(C) **Here**'s your receipt.

このあたりで最寄りの ATM はどこですか。

(A) 郵便局の隣です。
(B) 50 ドルかかります。
(C) こちらがあなたのレシートになります。

(B) ATM から 50 ドルを「誤連想」で誘導しています。設問と (C) here が同じ音なので切ります。

覚えよう！ □cost 動 ～（金額）がかかる □receipt 名 レシート

2. 正解 **C** ◀)) 10

🇦🇺 When is the dead**line** of our budget **report**?

🇨🇦 (A) Our annual **report**.
(B) The **line** is busy now.
(C) Ask someone in the accounting department.

予算報告書の締め切りはいつですか。

(A) 年次報告書です。
(B) 回線が混み合っています。
(C) 経理部の人に聞いてください。

(A) report が同じ音なので切ります。(B) line が同じ音なので切ります。

覚えよう！ □deadline 名 締め切り □budget 名 予算 □accounting department 経理部

Part 2 練習問題で確認

049

3. 　正解　**B**　🔊 11

🇺🇸 Who will update our **meet**ing **agenda**?

会議の議題は誰が更新するのですか。

🇬🇧 (A) Let's **meet** at the entrance at 5 P.M.
(B) I did it already.
(C) The **next item**.

(A) 午後 5 時に入り口でお会いしましょう。
(B) すでに私がやりました。
(C) 次の項目です。

> (A) meet が同じ音なので切ります。(C) 会議の議題→項目と誤連想させています。

覚えよう！ │ □update 動 ～を更新する、アップデートする　□agenda 名 議題

4. 　正解　**A**　🔊 12

🇬🇧 Why is the road **closed** today?

今日はなぜ道路が閉鎖されているのですか。

🇨🇦 (A) Because they're repaving it.
(B) It's **close** to the highway.
(C) It will **finish by next month**.

(A) 舗装し直しているからです。
(B) 高速道路の近くです。
(C) 来月までには終わるでしょう。

> (B) close が似た音なので切ります。(C) 閉鎖が終わる時期を誤連想させています。

覚えよう！ │ □repave 動 ～を再舗装する

5. 　正解　**B**　🔊 13

🇬🇧 You went to see the **soccer game**, didn't you?

サッカーの試合を見に行ったんですよね？

🇺🇸 (A) The **ticket** was expensive.
(B) No, I was busy yesterday.
(C) He knows how to play the **game**.

(A) 高額なチケットでした。
(B) いえ、昨日忙しかったんです。
(C) 彼はゲームの進め方を知っています。

> (A)「サッカーの試合」から ticket を誤連想させています。(C) game が同じ音です。

覚えよう！ │ □expensive 形 高額な

050

6. 正解 **C** 🔊 14

🇦🇺 Would you like to **eat** here or **take away**?

🇬🇧 (A) We're ready to **order**.
(B) It won't **take** long.
(C) **Takeaway** please.

ここで召し上がりますか、それとも持ち帰りますか。

(A) 注文の準備ができています。
(B) そんなに長くはかからないでしょう。
(C) 持ち帰りでお願いします。

> 難しい問題です。(A) 店員との会話で order がひっかけとなっています。(B) take が同じ音なので切ります。(C) takeaway が同じ音ですが、(A) (B) では意味が通じないので、(C) が正解。「同じ音は不正解」が圧倒的に多いですが、なかにはこのような例外があることも知っておいてください。

覚えよう！ | □take away（食べ物を）持ち帰る ※アメリカ英語では to go。takeaway は「持ち帰り」

---

7. 正解 **B** 🔊 15

🇨🇦 When are you going to **move** to Germany?

🇦🇺 (A) Just **move** it forward.
(B) How did you know about that?
(C) I've never been **there**.

いつドイツに引っ越される予定ですか。

(A) 単にそれを前に動かしてください。
(B) どうしてそれを知っているんですか。
(C) そこへは一度も行ったことがないです。

> (A) move が同じ音なので切ります。(C) そこ（Germany）に一度も行ったことがないと答えていますが、質問は「いつ」引っ越すのかを尋ねているので不正解です。

覚えよう！ | □move 動 引っ越す □forward 副 前へ

---

8. 正解 **A** 🔊 16

🇺🇸 I've heard the company **picnic** won't be held this year.

🇨🇦 (A) Who decided that?
(B) In **August** every year.
(C) Some **sandwiches and beverages**.

今年、会社のピクニックはないそうです。

(A) 誰が決めたのですか。
(B) 毎年 8 月にあります。
(C) サンドイッチと飲み物です。

> (B) ピクニックから 8 月を誤連想させています。(C) 同じくピクニックに関連のありそうなサンドイッチと飲み物でひっかけてきています。

覚えよう！ | □hold 動 ～を催す、開催する

実践問題に挑戦

引き続き、TOEIC 形式の問題に挑戦していきましょう。ここまで練習した内容に加え、問題タイプ別の対処を思い出しながら取り組んでください。

＊ 解答用紙 ▶ p. 357　解答と解説 ▶ p. 054

🔊 17~24

1. Mark your answer on your answer sheet.

2. Mark your answer on your answer sheet.

3. Mark your answer on your answer sheet.

4. Mark your answer on your answer sheet.

5. Mark your answer on your answer sheet.

6. Mark your answer on your answer sheet.

7. Mark your answer on your answer sheet.

8. Mark your answer on your answer sheet.

◀)) 25~32

9. Mark your answer on your answer sheet.

10. Mark your answer on your answer sheet.

11. Mark your answer on your answer sheet.

12. Mark your answer on your answer sheet.

13. Mark your answer on your answer sheet.

14. Mark your answer on your answer sheet.

15. Mark your answer on your answer sheet.

16. Mark your answer on your answer sheet.

解き終わったら解答と解説を Check!

Part 2 実践問題

解答と解説

「同じ音・似た音」は下線を引いています。「誤連想」(間違った連想で誘導するひっかけ語句) は、色文字にしてあります。

1. 正解 **B** 🔊 17

🇺🇸 When's a **convenient** time to stop by your **office**?

あなたのオフィスに立ち寄るのはいつがいいですか。

🇦🇺 (A) It's on the **second floor**.
(B) I'll be there all afternoon.
(C) We should **get some**, too.

(A) 2 階です。
(B) 午後はずっとそこにいる予定です。
(C) 私たちもいくつか買ったほうがいいですね。

(A) 「オフィス」 が 「2 階にある」 という誤連想と、(C) convenient → コンビニで何かを get する、というひっかけに気をつけましょう。

覚えよう! │ □ convenient 形 便利な、都合のよい □ stop by ～に立ち寄る

2. 正解 **C** 🔊 18

🇬🇧 Shouldn't we re**view** the **research proposal** one more time **before** we present it?

プレゼンをする前にもう一度調査案を確認しませんか。

🇨🇦 (A) We saw the **view before**.
(B) Roughly **ten pages long**.
(C) That's a good idea.

(A) 私たちは以前その景色を見ました。
(B) おおよそ 10 ページの長さです。
(C) それはいい考えですね。

(A) view、before の同じ音を切ります。(B) 「調査案」 → 「10 ページ」 というひっかけを切ります。

覚えよう! │ □ review 動 ～を見直す □ proposal 名 提案

3. 正解 A 🔊 19

Will the **director** be in today?
(A) She's already here.
(B) I don't mind updating the **directory**.
(C) No, thank you.

部長は今日いらっしゃいますか。
(A) 彼女はもうすでにここに来ていますよ。
(B) 名簿を更新するのは構わないと思います。
(C) いえ、結構です。

(B) director ≒ directory の似た音を切ります。(C) 質問文で何かを提案しているわけではないので話がかみあいません。

覚えよう！ □director 图 部長 □directory 图 名簿、住所録

4. 正解 B 🔊 20

Have you seen my **copy** of the **training** manual anywhere?
(A) There's a **train** station down the street.
(B) Here, use mine for now.
(C) I'll get you some more **coffee**.

私の研修マニュアルをどこかで見かけましたか。
(A) 通りを下ったところに駅があります。
(B) ほら、とりあえず私のものを使ってください。
(C) あなたにもう少しコーヒーを持ってきますね。

(A) training ≒ train の似た音を切ります。(C) copy ≒ coffee が似た音なので切ります。

覚えよう！ □copy 图 写し、（同じ本などの）1 冊

5. 正解 A 🔊 21

I'm rearranging the **supplies** in the **store**room.
(A) Let me know if you need any help.
(B) I heard that **store** is having a sale.
(C) Well, a few are quite **heavy**.

倉庫の備品を整理し直しているところです。
(A) 手伝いが必要だったら教えてください。
(B) その店はセールをしていると聞きました。
(C) やれやれ、すごく重いのがあるよ。

(B) store が同じ音なので切ります。(C) supplies（備品）→ heavy（重い）というひっかけを切ります。

覚えよう！ □rearrange 動 〜を配列し直す □supplies 图（通例、複数形で）備品
□storeroom 图 物置、倉庫

Part 2 実践問題に挑戦

055

6. | 正解 **C** | 🔊 22

🇬🇧 **How** many employees are working on the **production** line?

🇨🇦 (A) I can show you **how**.
(B) All the **products** in our catalog.
(C) Fewer than before.

生産ラインでは何人の従業員が働いていますか。

(A) やり方をお見せします。
(B) 弊社のカタログにあるすべての製品です。
(C) 以前より少ないんですよ。

(A) How が同じ音なので切ります。(B) production ≒ products が似た音なので切ります。

覚えよう！ │ □employee 图 従業員 □production 图 生産、製造

7. | 正解 **B** | 🔊 23

🇨🇦 Is it cheaper to **buy** a copy machine, or to **lease** one?

🇦🇺 (A) Around **one thousand dollars**.
(B) That depends on the type of machine.
(C) Actually, you can extend the **warranty**.

コピー機を買うのとリースするのではどちらが安いですか。

(A) 約 1000 ドルです。
(B) コピー機の機種によります。
(C) 実際のところ、保証期間の延長が可能です。

(A)「コピー機にかかる費用」→「1000 ドル」でひっかけています。(C) コピー機にからめて warranty（保証）でひっかけています。

覚えよう！ │ □warranty 图 保証

056

8. 正解 **A** 🔊 24

🇺🇸 Do you think all those **folders** will fit on these shelves?

🇬🇧 (A) Some of them can go in the cabinet.
(B) Yes, I **organized** all three seminars.
(C) The **folder** on top of the pile.

これらの棚に全部のフォルダが入ると思いますか。

(A) いくつかは戸棚へ置いてもいいでしょう。
(B) はい、私が 3 つのセミナーすべてを運営しました。
(C) その積んであるいちばん上のフォルダです。

(B)「フォルダの整理」→ organize でひっかけています。(C) folder が同じ音なので切ります。

覚えよう！ | □folder 图 フォルダ □shelf 图 棚 □cabinet 图 (引き出しなどのついた) 戸棚

9. 正解 **C** 🔊 25

🇬🇧 Why was the **anniversary** celebration **postponed**?

🇨🇦 (A) OK, I'll **phone** them right away.
(B) Congratulations on your 10th **anniversary**.
(C) Probably because of the weather.

なぜ記念式典が延期されたのですか。

(A) わかりました、すぐ彼らに電話します。
(B) 10 周年おめでとうございます。
(C) おそらく天候のせいでしょう。

(A) postponed ≒ phone が似た音なので切ります。(B) anniversary が同じ音なので切ります。

覚えよう！ | □anniversary 图 記念日 □celebration 图 祝賀会 □postpone 動 ～を延期する □phone 動 ～に電話する

10. 　正解　**C**　◀ᐧ)) 26

🇺🇸 Aren't we supposed to be **meeting** with our new client in the morning?

🇦🇺 (A) Sure, I'd be happy to.
　(B) Yes, it was nearly **two hours long**.
　(C) The schedule was changed.

今朝は新しいクライアントとミーティングすることになっていたのではないのですか。

(A) もちろん、そうできれば幸いです。
(B) はい、それは約 2 時間でした。
(C) スケジュールが変更されたんです。

(A) クライアントとのミーティングを提案しているわけではないので、話がかみあいません。(B)「ミーティング」→「2 時間」というひっかけを切ります。

覚えよう！ │ □client 图 依頼人　□nearly 副 ほぼ

11. 　正解　**A**　◀ᐧ)) 27

🇦🇺 What did the **receptionist ask** you to do?

🇬🇧 (A) Wait in the lobby.
　(B) **No one** else **is available**.
　(C) The brochures on the **reception** desk.

受付係はあなたに何を頼みましたか。

(A) ロビーで待つようにとのことです。
(B) ほかの誰も対応できません。
(C) 受付にあるパンフレットです。

(B)「頼んだ」→「誰も対応できない」という誤連想を切ります。(C) receptionist と類似した音の reception を切ります。

覚えよう！ │ □receptionist 图 受付係　□available 形 利用可能な、手が空いている
　　　　　　　□brochure 图 パンフレット

12. | 正解 **B** | 🔊 28

🇬🇧 Mr. Hobson lives close to the **airport**, doesn't he?

🇨🇦 (A) No, I'd prefer an earlier **flight**.
(B) Yes, for almost ten years.
(C) **Make a left turn** at the next intersection.

Hobson 氏は空港の近くにお住まいですよね?

(A) いいえ、私は早めの便のほうがいいです。
(B) はい、もう 10 年近くになります。
(C) 次の交差点で左折してください。

(A)「空港」→「フライト」でひっかけています。(B)「空港」→「行き方の指示」で誤連想をさせています。

覚えよう！ │ □prefer 動 ～をより好む □intersection 名 交差点

---

13. | 正解 **C** | 🔊 29

🇦🇺 Were you able to get the microphone in the **auditorium** to **work**?

🇺🇸 (A) It'll be **delivered on Wednesday**.
(B) I walked to **work** instead.
(C) Yes, it needed a new battery.

講堂でマイクを使えるようにできましたか。

(A) 水曜日に配達される予定です。
(B) 代わりに歩いて仕事に行きました。
(C) はい、新しい電池が必要だったんです。

(A) 講堂に何かが運ばれるという誤連想でひっかけています。(B) work が同じ音なので切ります。

覚えよう！ │ □microphone 名 マイク □auditorium 名 講堂 □battery 名 電池

---

14. | 正解 **A** | 🔊 30

🇨🇦 When will Dr. Shepard's **research be published**?

🇦🇺 (A) Not until next spring.
(B) I've read his **book** as well.
(C) A large **research** laboratory.

Shepard 博士の研究はいつ出版されるのですか。

(A) 次の春まで出ません。
(B) 彼の本も読みました。
(C) 大規模な研究棟です。

(B)「出版される」→「本」でひっかけています。(C) research が同じ音なので切ります。

覚えよう！ │ □research 名 研究 □publish 動 ～を出版する □laboratory 名 研究所

Part 2 実践問題に挑戦

059

15. 正解 **B** ◀)) 31

🇺🇸 Isn't it David's turn to **chair** the meeting?

🇬🇧 (A) He's my **manager** as well.
(B) He's running late this morning.
(C) No, that's enough **chairs**.

会議の進行役は David の番ではないのですか。

(A) 彼は私の上司でもあります。
(B) 彼は今朝（出社が）遅れているんです。
(C) いいえ、いすの数は十分です。

> (A) chair（動詞で「〜を進行する」＋名詞では「議長」という意味もある）→ manager（管理者、マネジャー）でひっかけています。(C) chair が同じ音なので切ります。

覚えよう！ │ □turn 图 順番 □chair 動 〜の司会をする

16. 正解 **C** ◀)) 32

🇺🇸 Where is the conference being held?

🇦🇺 (A) OK. How do I get there by car?
(B) Next week is fine with me.
(C) Oh, I didn't think you could make it.

会合はどこで行われますか。

(A) わかりました。車でどうやって行けばいいですか。
(B) 来週は都合がいいです。
(C) おや、あなたが来られるとは思いませんでした。

> (A) 場所を尋ねているのに対し、車での行き方を聞いているので不正解。(B) 同じく話がかみあっていません。すべての問題が同じ音・似た音や誤連想を除外することで解けるわけではありませんが、解けない問題はごく一部です。今はとにかく「切る」ことを貫いてください。

覚えよう！ │ □conference 图 会合 □make it 間に合う、都合をつける

いかがでしたか。選択肢の切り方に慣れてきたことと思います。次のページでは実際に出題された「ひっかけ」例を紹介しています。

060

PART 2

ひっかけ例リスト

　Part 2 の問題演習を通して不正解の選択肢を切る練習を行いましたが、依然、どのようなひっかけ問題が出題されるか不安な人もいるかもしれません。

　ここでは、TOEIC 公式問題集や過去のテストに登場した「ひっかけのパターン」をまとめました。これらはそのまま覚えるというより、「こういう形で出題される」とあらかじめ知っておくぐらいで十分です。そうすれば、本番で落ち着いて取り組むことができます。

同じ音・似た音シリーズ　　　　　　　　　　　　🔊 33 🇨🇦

1	sales	売上	→	sale	セール
2	report	報告	→	reporter	記者
3	tire	タイヤ	→	retire	引退
4	intern	研修生	→	internship	インターンシップ
5	soccer	サッカー	→	socks	靴下
6	carpet	カーペット	→	car	車
7	paint	～を塗る	→	print	～を印刷する
8	workshop	研修	→	shop	店
9	wait	待つ	→	weight	重さ
10	bag	かばん	→	baggage	手荷物
11	storage	保管、収容量	→	store	店
12	receipt	レシート	→	recipe	レシピ
13	curry	カレー	→	carry	～を運ぶ
14	dye	染料	→	day	日
15	approve	～を承認する	→	approval	承認

「誤連想」シリーズ

🔊 34

1	camping	キャンプ	➡ sleeping bag	寝袋
2	lunch	ランチ	➡ salad	サラダ
3	mobile phone	携帯電話	➡ 555-5555	電話番号（具体的な番号）
4	fund	資金	➡ cash	現金
5	restaurant	レストラン	➡ rice	米、ご飯
6	computer	コンピューター	➡ software	ソフトウエア
7	meeting	会議	➡ attendance sheet	出席簿
8	printer	プリンター	➡ page	ページ
9	musician	演奏家	➡ show	ショー
10	photograph	写真	➡ black and white	白黒
11	database	データベース	➡ password	パスワード
12	book club	読書クラブ	➡ bestseller	ベストセラー
13	hallway	廊下	➡ floor	床
14	caterer	ケータリング業者	➡ dessert and drink	デザートと飲み物
15	hire	～を雇う	➡ résumé	履歴書
16	vacation	休暇	➡ August	8月
17	construction	建設	➡ building	建物
18	gallery	ギャラリー	➡ museum	博物館
19	researcher	研究員	➡ fieldwork	現地調査
20	leather	革	➡ jacket	上着

　Part 2 が昔に比べて難しくなったことは確かです。が、サザンの曲を聴いているうちに「運命」を「さだめ」と、「女性」を「ひと」と読んでしまうように、ひっかけにも慣れてくるはずです。以上の内容を徹底して、このパートでしっかりと正解を積み重ねてください。選択肢をひとつずつ「違う、そうじゃない」と切っていくことができれば、正解としてマークされた問題たちが「希望の轍」に見えることでしょう。

Part 3
リスニング最大の山場

Part 3 はこんな問題	064
正解への近道	066
練習問題で確認	078
実践問題に挑戦	093
頻出の出題パターン	113

Part 3 はこんな問題

目標正解数	**30問**
問題数	**39問**
時間	**約18分**
Directions	**30秒**

問題形式

　男女の会話（トーク。必ず交互）が約40秒間流れ、それに関する**3つの問題**に答えます。会話が13セット、つまり39問出題されます。

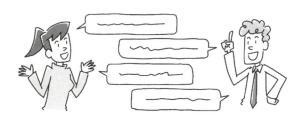

32. Where do the speakers work?
　(A) At a tour agency
　(B) At a hospital
　(C) At a restaurant
　(D) At an airport

33. …

34. …

注意1　**3人のスピーカー**が登場するパターンあり。たいてい**2セット**（6問）です。
注意2　**図表問題**が後半で出題されます。**2〜3問**です。
注意3　問題に " " がついた「話者の意図を問う問題」（**意図問題**）が出ます。
　　　　2〜3問です。

064

解答の流れ

■ PART 3 Directions（約 30 秒）
Part 3 の指示文が英語で流れます。

放送音声		すること
Part 3 の Directions（指示文）が英語で流れる。	約**30**秒	最初の 3 つの質問（問題文）を**「先読み」**
■ **1 セット目開始** 問題番号、会話（トーク）、その会話に関する 3 つの質問音声が流れる。 （問題番号）	**3**秒	トークを聞くために集中！
Questions 32-34 refer to the following conversation. （トーク） M: 発言 1 W: 発言 2 ※ 会話が続く	約**40**秒	トークを聞きながら 32 の選択肢を見る 　→ ヒントが出たら解答 33 の選択肢を見る 　→ ヒントが出たら解答 34 の選択肢を見る 　→ ヒントが出たら解答 ※「先読み」の方法とヒントの見つけ方はこの後詳しく解説します
（問題） 32. Where does the ...?	**5**秒 **8**秒	次の問題の 3 つの質問を**「先読み」** ※ 図表問題はポーズが 12 秒
ポーズ［解答時間］		
33. According to the man, ...?	**5**秒 **8**秒	
ポーズ［解答時間］		
34. What will the woman do ...?	**5**秒 **8**秒	
ポーズ［解答時間］		
■ **2 セット目開始** ※ 以降 No. 70 まで繰り返し	約**80**秒	トークを聞くために集中！ 〜トークを聞きながら解答

Part 3　問題形式と解答の流れ

065

正解への近道

基本戦略

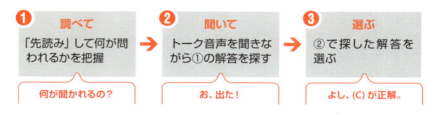

わくわくPoint

聞こえた語、言い換え。それが正解。

　Part 3はリスニングセクションの「ダイヤモンドヘッド」と呼ばれ、意外に長く、予想以上にしんどいパートです。皆さん登って初めて、そのキツさに気づきます。「速くて何しゃべってんだかわかんない」「どこ聞けばいいか見当もつかない」という声がPart 3の難しさを物語っています。が、次に紹介する方法はきっとあなたが笑顔で「Mahalo!」と言いたくなるような秘策です。

秘策その1　同じ音が聞こえたら、それを選ぶ

以下の例を見てください。**"lunch"** が同じ音です。正解は (B)。「同じ音を選ぶ」。これで約 35%（13 問）の問題を正解できます。

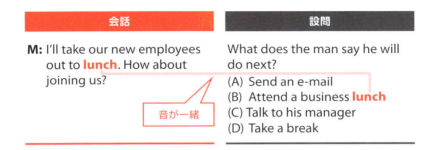

秘策その2　似た音が聞こえたら、それを選ぶ

さらに「まったく同じ音」から「似た音」まで範囲を広げると、約 10%（4 問）正解が増えます。合計で半数近くは取れます。

以下の例では、**"delivered"** と似た音の **"delivery"** を含む (D) が正解です。

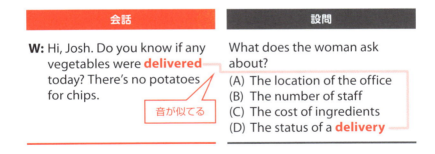

秘策その3　「言い換え」を探して、それを選ぶ

ほかにどのようなものが正解になるのでしょうか。それがこの「ある語句を別の語句で言い換えた」パターンです。次のページの例を見てください。

discount（割引）を (A) **reduce a price**（価格を下げる）と言い換えています。

会話	設問
W: I'm sorry for this inconvenience. I'll offer you a 10 % **discount** for compensation.　［言い換え］	What does the man offer to do? (A) **Reduce a price** (B) Check a stock room (C) Exchange an item (D) Refund money

　秘策1〜3で7割（27問）の正解を目指しましょう（残りは図表問題ですが、これは後述します）。

　その1とその2に関しては、すぐに対応できるはずです。「同じ音・似た音」が選択肢の中に2つ入っていることもありますが、質問を先読みして誰の発言かを押さえておくことで、聞き取りの精度を上げることができます。

例〉 **What does the man suggest …?** → 男性の声に注目！

　その3に関しては練習が必要です。次のページから練習問題で言い換え力を鍛えていきましょう。

言い換え練習問題

次の音声を聞いて最も意味の近いものを選んでください。1セット4問ずつ、すべての選択肢を使います。

🔊 35

1-1. (A) paperwork
    (B) sold out
    (C) rush
    (D) celebration

1-2. (A) paperwork
    (B) sold out
    (C) rush
    (D) celebration

1-3. (A) paperwork
    (B) sold out
    (C) rush
    (D) celebration

1-4. (A) paperwork
    (B) sold out
    (C) rush
    (D) celebration

🔊 36

2-1. (A) specialize in
    (B) half price
    (C) run, swim, cycle
    (D) observe

2-2. (A) specialize in
    (B) half price
    (C) run, swim, cycle
    (D) observe

2-3. (A) specialize in
    (B) half price
    (C) run, swim, cycle
    (D) observe

2-4. (A) specialize in
    (B) half price
    (C) run, swim, cycle
    (D) observe

Part3 言い換え練習問題

次のページへ進む →

🔊 37

3-1. (A) signature
    (B) vehicle
    (C) business course
    (D) home improvement

3-2. (A) signature
    (B) vehicle
    (C) business course
    (D) home improvement

3-3. (A) signature
    (B) vehicle
    (C) business course
    (D) home improvement

3-4. (A) signature
    (B) vehicle
    (C) business course
    (D) home improvement

🔊 38

4-1. (A) too specific
    (B) Website
    (C) reduce
    (D) head of marketing

4-2. (A) too specific
    (B) Website
    (C) reduce
    (D) head of marketing

4-3. (A) too specific
    (B) Website
    (C) reduce
    (D) head of marketing

4-4. (A) too specific
    (B) Website
    (C) reduce
    (D) head of marketing

🔊 39

5-1. (A) local
(B) check a schedule
(C) vacation
(D) college

5-2. (A) local
(B) check a schedule
(C) vacation
(D) college

5-3. (A) local
(B) check a schedule
(C) vacation
(D) college

5-4. (A) local
(B) check a schedule
(C) vacation
(D) college

🔊 40

6-1. (A) hiring
(B) popular
(C) delivery
(D) coffee and snacks

6-2. (A) hiring
(B) popular
(C) delivery
(D) coffee and snacks

6-3. (A) hiring
(B) popular
(C) delivery
(D) coffee and snacks

6-4. (A) hiring
(B) popular
(C) delivery
(D) coffee and snacks

Part3 言い換え練習問題

次のページへ進む

🔊 41

7-1. (A) negotiate with
(B) management
(C) comments
(D) utility company

7-2. (A) negotiate with
(B) management
(C) comments
(D) utility company

7-3. (A) negotiate with
(B) management
(C) comments
(D) utility company

7-4. (A) negotiate with
(B) management
(C) comments
(D) utility company

🔊 42

8-1. (A) another employee
(B) review
(C) expanding
(D) baseball game

8-2. (A) another employee
(B) review
(C) expanding
(D) baseball game

8-3. (A) another employee
(B) review
(C) expanding
(D) baseball game

8-4. (A) another employee
(B) review
(C) expanding
(D) baseball game

🔊 43

9-1. (A) behind schedule
(B) grocery store
(C) first-class seat
(D) a job opening

9-2. (A) behind schedule
(B) grocery store
(C) first-class seat
(D) a job opening

9-3. (A) behind schedule
(B) grocery store
(C) first-class seat
(D) a job opening

9-4. (A) behind schedule
(B) grocery store
(C) first-class seat
(D) a job opening

🔊 44

10-1. (A) mobile phone
(B) work trip
(C) right away
(D) tables and chairs

10-2. (A) mobile phone
(B) work trip
(C) right away
(D) tables and chairs

10-3. (A) mobile phone
(B) work trip
(C) right away
(D) tables and chairs

10-4. (A) mobile phone
(B) work trip
(C) right away
(D) tables and chairs

Part 3 言い換え練習問題

解き終わったら解答と解説を Check!

言い換え練習問題

解答と解説

　問題音声と正解の語句を見て、どのように言い換えられているかを確認しましょう。

🔊 35 🇬🇧

1-1. no more tickets チケットがない

| 正解 | B | sold out 売り切れ |

1-2. party パーティー

| 正解 | D | celebration お祝い |

1-3. hurry 急ぐ

| 正解 | C | rush 急ぐ |

※ ほかに expedite（〜をはかどらせる）があります。

1-4. document 文書

| 正解 | A | paperwork 必要書類、事務処理 |

※ ほかに material（資料）、record（記録）があります。

🔊 36 🇬🇧

2-1. discount 割引

| 正解 | B | half price 半額 |

2-2. see 〜を見る

| 正解 | D | observe 〜を観察する |

2-3. exercise 運動（する）

| 正解 | C | run, swim, cycle 走る、泳ぐ、自転車に乗る |

2-4. focus on 〜に焦点を当てる

| 正解 | A | specialize in 〜を専門にする |

🔊 37 🇬🇧

3-1. sign サイン

正解 **A** signature 署名、サイン

3-2. house painting 家の塗装

正解 **D** home improvement 家の修理

3-3. class 授業

正解 **C** business course ビジネスコース

3-4. truck トラック

正解 **B** vehicle 乗り物

🔊 38 🇬🇧

4-1. department manager 部長

正解 **D** head of marketing マーケティングのトップ

4-2. cut 〜を切る

正解 **C** reduce 〜を減らす

4-3. too many details 詳細が多すぎる

正解 **A** too specific 具体的すぎる

4-4. online オンライン

正解 **B** Website ウェブサイト

🔊 39 🇬🇧

5-1. check my calendar 私のカレンダーを見る

正解 **B** check a schedule スケジュールをチェックする

5-2. break 休憩

正解 **C** vacation 休暇

5-3. in the area その地域で

正解 **A** local 地域の

5-4. university 大学

正解 **D** college 大学

075

🔊 40 🇬🇧

6-1. outsourcing 外注

正解 **A** hiring 雇用

6-2. bring 〜を持っていく

正解 **C** delivery 配達

6-3. refreshments 軽食

正解 **D** coffee and snacks コーヒーと軽食

6-4. crowd 群衆、人混み

正解 **B** popular 人気の

🔊 41 🇬🇧

7-1. feedback フィードバック

正解 **C** comments コメント

7-2. water company 水道会社

正解 **D** utility company 公益事業会社

7-3. talk to 〜に話す

正解 **A** negotiate with 〜と交渉する

7-4. leadership リーダーシップ

正解 **B** management マネジメント

🔊 42 🇬🇧

8-1. new staff 新しいスタッフ

正解 **A** another employee 別の従業員

8-2. sports event スポーツイベント

正解 **D** baseball game 野球の試合

8-3. growing 成長中の

正解 **C** expanding 拡大中の

8-4. take a look 調べる

正解 **B** review 〜を調べる

076

🔊 43 🇬🇧

9-1. upgraded-seat アップグレードした席

正解 **C** first-class seat ファーストクラスの席

9-2. position available 申し込み可能な職位

正解 **D** a job opening 募集中の仕事

9-3. supermarket スーパーマーケット

正解 **B** grocery store 食料雑貨店

9-4. delay 遅れ

正解 **A** behind schedule 予定から遅れて

🔊 44 🇬🇧

10-1. smartphone スマートフォン

正解 **A** mobile phone 携帯電話

10-2. soon すぐに

正解 **C** right away すぐに

10-3. furniture 家具

正解 **D** tables and chairs テーブルといす

10-4. business trip 出張

正解 **B** work trip 出張

　以上、公式問題集やTOEIC本番での出題傾向を参考に、言い換えの練習をしました。これであなたのPart 3対策3点セットがそろったわけです。「そのまま、やや変え、言い換え」。この戦略をだまされたと思って使ってみてください。実際に1、2問はだまされます（この戦略だけでは対応できない問題があります）。でも何の対策もせずに解くよりはずっと役立つはずです。

練習問題で確認

それでは実際に TOEIC 形式の問題を解いてみましょう。「わくわくポイント」の「聞こえた語、言い換え。それが正解」を頭に入れて進めてください。

＊ 解答用紙 ▶ p. 356　解答と解説 ▶ p. 082

◀)) 45

1. What is the purpose of the woman's call?
   (A) To accept an invitation
   (B) To inquire about a schedule
   (C) To ask about an online purchase
   (D) To sign up for a membership

2. According to the man, what is the gallery going to offer in the spring?
   (A) Discounted admission
   (B) Art workshops
   (C) Complimentary refreshments
   (D) Evening tours

3. What does the man advise the woman to do?
   (A) Download a gallery map
   (B) Sign up for a special event
   (C) Buy a ticket in advance
   (D) Arrive at the gallery early

🔊 46

4. What will the woman do next month?
  (A) Attend a marketing conference
  (B) Review some job applications
  (C) Change work locations
  (D) Organize a product launch

5. What does the man ask about?
  (A) Who will fill her position
  (B) When an event will be held
  (C) Why she will be going away
  (D) Where an office is located

6. What does the woman tell the man?
  (A) She is excited about an opportunity.
  (B) She will meet with the director today.
  (C) Her new position will be temporary.
  (D) Her flight has to be rescheduled.

Part 3 練習問題で確認

次のページへ進む

➡

◀)) 47

7. What type of business does the man work for?
(A) A restaurant supplier
(B) A painting company
(C) A real estate agency
(D) A furniture store

8. What problem is being discussed?
(A) Some work has not been finished.
(B) Some staff members are not satisfied.
(C) An order has not been delivered.
(D) A phone number was not correct.

9. What does the man offer to do?
(A) Review a project schedule
(B) Make some recommendations
(C) Contact a work crew
(D) Reduce a fee

🔊 48

10. What does the man want to purchase?

    (A) A suitcase

    (B) Some chairs

    (C) Subway tickets

    (D) A piece of furniture

11. What does the woman explain?

    (A) A return policy

    (B) A new product

    (C) An upcoming sale

    (D) A delivery procedure

12. What does the man plan to do on Saturday?

    (A) Make a payment

    (B) Drive a vehicle

    (C) Return an item

    (D) Wrap a present

Part 3 練習問題で確認

解き終わったら解答と解説を Check!

Part 3 練習問題

解答と解説

Part 3 の「わくわくポイント」に沿って解答できましたか。「聞こえた語と同じ音・似た音、言い換え」は **色文字** で表しています。丸数字＋下線部は解説で言及している部分です。

🔊 45

Questions 1 through 3 refer to the following conversation.

🇺🇸 **W:** Hello. I'm calling to ① **inquire about** the gallery's **spring hours**. Last year, you stayed open later on some evenings. Will you be doing the same this year?

🇨🇦 **M:** Yes, from March 1 until the end of May we'll be open until nine o'clock on Fridays and Saturdays. We'll be giving an ② **evening tour** of our exhibits on those days, too.

W: That's great. If I want to join a tour, is it included with the price of admission to the gallery?

M: No, the tour will cost $5 extra. And since each tour will be limited to twenty-eight people, we recommend that you ③ **purchase your ticket** on our Web site **a few days before** coming.

問題 1 〜 3 は次の会話に関するものです。
女性：もしもし、ギャラリーの春期営業時間についておうかがいしたいのですが。去年は夜に数日遅くまで開いていた日があったと思うのですが、今年も同じようにされますか。
男性：ええ、3 月 1 日から 5 月の終わりまで、金曜と土曜は 9 時まで開館しております。同じ曜日に展示に関する夜間ツアーも行う予定です。
女性：それはよかったです。ツアーの参加費はギャラリーの入場料に含まれているんですか。
男性：いいえ、ツアーは追加で 5 ドルかかります。各回 28 人までですので、お越しいただく数日前に当館のサイトでチケットを購入されることをおすすめします。

覚えよう！

□ inquire about 動 〜について問い合わせる　□ gallery 名 ギャラリー　□ exhibit 名 展示（品）
□ include 動 〜を含む　□ admission 名 入場　□ cost 動 （費用が）かかる　□ extra 副 別に
□ recommend 動 〜をすすめる　□ purchase 動 〜を購入する

082

1. 正解　**B**

What is the purpose of the woman's call?

(A) To accept an invitation
(B) To **inquire about a schedule**
(C) To ask about an online purchase
(D) To sign up for a membership

女性の電話の目的は何ですか。

(A) 招待を受けるため
(B) スケジュールを問い合わせるため
(C) オンラインでの購入について問い合わせるため
(D) 会員に申し込むため

> 🔓 **同じ音＋言い換えが正解**
>
> ① inquire about が同じ音、spring hours → a schedule が言い換えです。

2. 正解　**D**

According to the man, what is the gallery going to offer in the spring?

(A) Discounted admission
(B) Art workshops
(C) Complimentary refreshments
(D) **Evening tours**

男性によれば、春にギャラリーでは何が催されますか。

(A) 入場料の割引
(B) 芸術に関するワークショップ
(C) 無料の軽食
(D) 夜間ツアー

> 🔓 **同じ音が正解**
>
> ② evening tour がほぼ同じ音です。

3. 正解　**C**

What does the man advise the woman to do?

(A) Download a gallery map
(B) Sign up for a special event
(C) **Buy a ticket in advance**
(D) Arrive at the gallery early

男性は女性にどんな助言をしていますか。

(A) ギャラリーの地図をダウンロードする
(B) 特別企画に申し込む
(C) 事前にチケットを購入する
(D) ギャラリーに早めに到着する

> 🔓 **言い換えが正解**
>
> ③ purchase → buy、a few days before → in advance の言い換えです。

Part 3　練習問題で確認

🔊 46

Questions 4 through 6 refer to the following conversation.

🇬🇧 **M:** Hi, Patricia. I heard from the marketing director that you're being ①**transferred** to our branch in Sydney. Will you be going there soon?

🇦🇺 **W:** Yes, I leave next month. Our sports drink is becoming popular in Australia, so the company is sending me to help the branch promote the product.

M: I see. Well, you're certainly going to be missed here at the London office. ②Who will be **taking over** your position when you leave?

W: ③Actually, I'll **only be away until** the marketing team in Sydney can manage things better on their own. I'll probably **be back here in six months**. While I'm gone, though, the director will be handling some of my duties.

問題 4 ～ 6 は次の会話に関するものです。
男性：やあ Patricia、マーケティング部長から君がシドニーの支店に異動になるって聞いたよ。すぐ現地に発つのかい？
女性：ええ、来月には出発するわ。オーストラリアでわが社のスポーツドリンクの人気が出てきて、向こうでの販売促進を手伝うよう会社が決めたのよ。
男性：なるほど。君がいなくなると、このロンドンオフィスは寂しくなるよ。君がいなくなったら誰が君の仕事を引き継ぐんだい？
女性：実は、いなくなるのはシドニーのマーケティングチームが自分たちでうまくやれるようになるまでの期間なのよ。半年後には戻ってるんじゃないかな。向こうにいる間は部長が私の仕事をやってくれることになるでしょうけど。

覚えよう！
□transfer 動 ～を転任させる　□branch 名 支社　□promote 動 ～を促進する、売り込む
□product 名 製品　□certainly 副 確かに　□miss 動 ～がいなくて寂しく思う　□take over ～を引き継ぐ
□position 名 職位　□manage 動 ～をうまく扱う　□handle 動 ～を扱う　□duty 名 任務

4. 正解 **C**

What will the woman do next month?

(A) Attend a marketing conference
(B) Review some job applications
(C) **Change work locations**
(D) Organize a product launch

女性は来月何をする予定ですか。

(A) マーケティング会議に出席する
(B) 仕事への応募を確認する
(C) 職場が変わる
(D) 商品の発売を準備する

🔓 **言い換えが正解**

① transferred → Change work locations の言い換えです。

---

5. 正解 **A**

What does the man ask about?

(A) Who will **fill** her position
(B) When an event will be held
(C) Why she will be going away
(D) Where an office is located

男性は何について尋ねていますか。

(A) 誰が彼女の代わりを務めるか
(B) イベントがいつ行われるか
(C) なぜ、彼女が離れるか
(D) オフィスがどこにあるか

🔓 **言い換えが正解**

② taking over → fill の言い換えです。

---

6. 正解 **C**

What does the woman tell the man?

(A) She is excited about an opportunity.
(B) She will meet with the director today.
(C) Her new position will be **temporary**.
(D) Her flight has to be rescheduled.

女性は男性に何と言っていますか。

(A) 彼女はある機会にわくわくしている。
(B) 彼女は今日部長と会う。
(C) 彼女の新しい仕事は一時的なものである。
(D) 彼女の便は変更されなければならない。

🔓 **例外もある**

③ only be away until ... be back → temporary の言い換えです。

注意：会話の中にdirectorがあり、(B)を選んだ人もいるかもしれません。この問題は「わくわくポイント」で解ける範囲を超えています。(B) director と会う (meet) のではなく、director は女性の仕事を代わりにやってくれる、という部分までの理解が必要です。

🔊 47

Questions 7 through 9 refer to the following conversation.

🇦🇺 **W:** Hi, this is Tammy Chen. One of your crews has been working at my house on Pine Street. I'm calling because they were here ①__painting__ the walls on Monday but ②__didn't finish the job__.

🇨🇦 **M:** I'm sorry about that, Ms. Chen. Someone should've called you. They ran out of the shade of yellow you selected for your kitchen and dining room. They'll be at your house this morning with some more to complete the work.

W: Oh, that's good. Do you think they'll have time to paint the upstairs hallway, too? They were supposed to do that after finishing up downstairs.

M: They should be able to get everything done today. ③__I'll give them a call__ now and make sure they know what they have to do.

問題 7 ～ 9 は次の会話に関するものです。

女性：もしもし、Tammy Chen と申します。パイン通りにある私の家で御社の作業班の方々が作業をしてくださっています。お電話しましたのは、月曜日に行ってくださっていた壁塗りがまだ終わっていないようでして。

男性：Chen さま、申し訳ありません。お電話を差し上げるべきでした。実は、台所とダイニングルーム用に選んでいただいた黄色の塗料を切らしてしまったんです。今朝、追加の塗料を持っておうかがいしますので、完了するかと思います。

女性：ああ、それはよかったです。2 階の廊下の塗装も大丈夫そうですか。1 階を仕上げていただいた後、そうしていただくことになっているのですが。

男性：今日すべて終えられるはずです。これからスタッフに電話して、本日すべきことについて確認いたします。

覚えよう！

□ crew 图 作業班　□ run out of ～を切らす　□ shade 图 色調　□ complete 動 ～を完了する
□ upstairs 形 階上の　□ hallway 图 廊下　□ be supposed to *do* ～することになっている
□ downstairs 图 階下

7. 正解 **B**

What type of business does the man work for?

(A) A restaurant supplier
(B) A **painting** company
(C) A real estate agency
(D) A furniture store

男性はどのような仕事をしていますか。

(A) レストラン業者
(B) 塗装会社
(C) 不動産会社
(D) 家具店

🔓 **同じ音が正解**
① painting が同じ音です。

---

8. 正解 **A**

What problem is being discussed?

(A) Some **work has not been finished**.
(B) Some staff members are not satisfied.
(C) An order has not been delivered.
(D) A phone number was not correct.

どんな問題について話し合われていますか。

(A) 一部の仕事が終わっていない。
(B) スタッフの数人が不満を持っている。
(C) 注文品が届いていない。
(D) 電話番号が正しくなかった。

🔓 **言い換えが正解**
② didn't finish the job → work has not been finished の言い換えです。

---

9. 正解 **C**

What does the man offer to do?

(A) Review a project schedule
(B) Make some recommendations
(C) **Contact a work crew**
(D) Reduce a fee

男性は何を申し出ていますか。

(A) プロジェクトのスケジュールを見直す
(B) おすすめをする
(C) 作業員に連絡する
(D) 価格を下げる

🔓 **言い換えが正解**
③ give them a call → contact a work crew の言い換えです。

Part 3　練習問題で確認

087

◀))48

Questions 10 through 12 refer to the following conversation.

🇬🇧 **M:** Excuse me. I'd like to ①purchase this antique **bookcase** as a gift for a friend. But I'm concerned about whether it will fit in her apartment.

🇺🇸 **W:** Well, ②we offer a **full refund** for items **brought back to us** within 30 days of purchase.

M: OK, then I'll take it. I'll pay for it now, but can you hold it for a couple of days? I took the subway to get here, but ③on Saturday I can come back in my **truck** to pick it up.

W: That'll be fine. We'll move the bookcase to our storeroom. When you come for it on the weekend, just show the clerk the receipt I'll give you.

問題 10 〜 12 は次の会話に関するものです。
男性：すみません。このアンティークの本棚を友人への贈り物に買いたいんです。でも、彼女のアパートに合うかどうか気になってしまって。
女性：なるほど、ご購入から 30 日以内の返品でしたら全額返金させていただいております。
男性：わかりました、ではいただきます。支払いは今しますが、商品は 2、3 日置いておいていただけますか。今日は地下鉄で来ていまして。でも、土曜にはトラックでこれを受け取りに戻ってこられます。
女性：承知しました。商品はいったん倉庫に移動します。週末いらっしゃったときに、今お渡しするレシートをスタッフに見せてください。

覚えよう！
□antique 形 アンティークの　□bookcase 名 本棚　□fit 動 合う　□refund 名 返金
□subway 名 地下鉄　□truck 名 トラック　□clerk 名 店員　□receipt 名 レシート

10. 正解 **D**

What does the man want to purchase?

(A) A suitcase
(B) Some chairs
(C) Subway tickets
(D) A piece of **furniture**

男性が購入したいものは何ですか。

(A) スーツケース一つ
(B) いす数脚
(C) 地下鉄の切符
(D) 家具一点

🔓 **言い換えが正解**

① bookcase（本棚）→ furniture（家具）の言い換えです。

---

11. 正解 **A**

What does the woman explain?

(A) **A return policy**
(B) A new product
(C) An upcoming sale
(D) A delivery procedure

女性は何について説明していますか。

(A) 返品条件
(B) 新製品
(C) 次回のセール
(D) 配送手順

🔓 **言い換えが正解**

② full refund（全額返金）... brought back to us（返品した）→ A return policy（返品条件）の言い換えです。

---

12. 正解 **B**

What does the man plan to do on Saturday?

(A) Make a payment
(B) Drive a **vehicle**
(C) Return an item
(D) Wrap a present

男性は土曜日に何をする予定ですか。

(A) 支払い
(B) 車の運転
(C) 返品
(D) プレゼントのラッピング

🔓 **言い換えが正解**

③ truck（トラック）→ vehicle（乗り物）の言い換えです。

Part 3　練習問題で確認

089

リスニングはほぼ同じ戦略で乗り切れる！

練習問題の解説はあえて非常にシンプルにしました。まずは、**同じ音・似た音、言い換え**に気づくことが最優先です。とにかく**正解を取りにいくための基本スタンス**を確立してください。

お気づきの方もいらっしゃると思いますが、実はこの方法、**Part 2 の逆をやっているだけ**です。Part 2 が「同じ音、似た音を**切る**」という戦略を取っているのに対し、Part 3 では逆にそれらを**選ぶ**というやり方ですね。Part 2 では音だけを頼りに「同じ音、似た音」を探しますが、Part 3 では、設問と選択肢が印刷されています。音声と目で見た設問・選択肢から「同じ音、似た音」と「言い換え」を探し、それを選ぶという違いだけです（Part 2 に言い換えはありません）。

この後の **Part 4 でもやり方はまったく同じ**です。ざっくり言えば、**リスニングセクションの Part 2〜4 の計 94 問を同じ方法で解いていくことができる**のです。

だから 600 点を狙うなら、この方法で数問は落としたとしても「同じ音・似た音、言い換えを選ぶ」を徹底しましょう。これは決してギャンブルではありません。細部にこだわりすぎて何をすればいいかわからない、という状態から、まずは安定して 7 割取れるところを目指すのです。それもやることは 1 つです。

さて次は、これまでの練習問題でカバーしきれていない、「3 人の会話、図表問題、意図問題」について説明します。

図表問題は「パートナー情報」で乗り切れ！

「3 人の会話、図表問題、意図問題」について、問題数と難易度、対策のポイントを見ていきましょう。

	3 人の会話	図表問題	意図問題
問題数	たいてい 2 問	2〜3 問	2〜3 問
難易度	普通	易	難

対策のポイント：3人の会話

会話に3人登場してもやることは同じです。難しいことはありません。2人の会話と同じように**「同じ音・似た音、言い換えを選ぶ」**で解いてください。

対策のポイント：図表問題

文字通り「図表」を見て解く問題で、Part 3とPart 4の最後2〜3セットは必ずこの問題です。次の例を見てください。

JT HOTEL TOKYO	
Floor 1	Lobby
Floor 2	Business Center
Floor 3	Conference Rooms
Floor 4	Fitness Center
Floor 5	Guest Rooms

Q. Look at the graphic. Which floor will the man go next?
 (A) Floor 1
 (B) Floor 2
 (C) Floor 3
 (D) Floor 4

図表問題は、設問（問題文）に必ず「Look at the graphic.」と書かれています。「先読み」のときに、その後に続く問題文を見て、どの点に注意して会話を聞けばよいかを確認します。

表と選択肢を見ると、色の塗られたところが共通しています。この場合、会話の音声でここが出てくることはありません。必ず、表でその隣にある情報（これを**「パートナー情報」**と呼びます。この場合は、LobbyやBusiness Centerなどの部分）が発話されます。

そのパートナー情報を聞き取って正解を選べばよいので、場合によっては図表があるほうが先読みや解答が楽な問題もあります。

すべての図表問題がこのパターンに当てはまるわけではありませんが、**「パートナー情報」があるものは確実に取って**いきましょう。

対策のポイント：意図問題

会話中の発言を " " で囲んで引用し、その発言にどういう意図があるのかを問う問題です。**はっきり言って難問**です。落としても構わないですが、誤りの選択肢はかなり的外れなものが並んでいますので、**消去法で解く**ことが有効ではあります。話の流れを理解して、おかしなものを消していくのです。

それでは、これらのポイントも押さえたうえで実践問題に挑戦してみてください。ここでは、本番を想定して 3 人の会話、図表問題、意図問題についても出題します。

実践問題に挑戦

引き続き、問題を解いていきましょう。「わくわくポイント」をおさらいして臨んでください。

＊ 解答用紙 ▶ p. 357　解答と解説 ▶ p. 100

◀)) 49

1. Where is the conversation taking place?
   (A) At a medical clinic
   (B) At a community center
   (C) At a fitness club
   (D) At an auto repair shop

2. Why does the woman say, "It's now almost 10:30"?
   (A) To explain the clinic's business hours to the man
   (B) To suggest her colleague take a break
   (C) To tell the man he is late
   (D) To ask the doctor to see some patients

3. What does the woman ask the man to do?
   (A) Revise a schedule
   (B) Return a phone call
   (C) Complete a form
   (D) Use a different room

次のページへ進む

🔊 50

4. Why did the woman go to the office early?
(A) To ensure that an order is picked up
(B) To arrange a conference call
(C) To prepare for a meeting
(D) To make travel arrangements

5. Why is the man surprised?
(A) Mr. Sykes will not give a presentation on his own.
(B) Mr. Sykes made some changes to a schedule.
(C) The company will be hiring new salespeople.
(D) An explanation is difficult to understand.

6. What does the woman say she has done recently?
(A) She has given someone a present.
(B) She has repaired a machine.
(C) She has received a package.
(D) She has made some sales.

🔊 51

7. Who most likely are the speakers?
(A) Interior decorators
(B) Restaurant staff
(C) Music performers
(D) Store clerks

8. What did the speakers decide to use?
(A) A new menu
(B) Paper cups
(C) A higher stage
(D) Short tables

9. What does the man offer to do?
(A) Prepare some food
(B) Assist a coworker
(C) Make some suggestions
(D) Talk to a manger

次のページへ進む

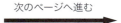

◀)) 52

10. What does Allen ask about?
   (A) The types of products that will be advertised
   (B) The status of some promotional material
   (C) The design of an electrical appliance
   (D) The location of an upcoming event

11. Why was the release of a product postponed?
   (A) There were not enough of them in stock.
   (B) There was a problem with one of its functions.
   (C) A product launch event had to be rescheduled.
   (D) A manufacturer was unable to ship some items.

12. What does the woman say she will do?
   (A) Talk to her colleagues
   (B) Rearrange photographs on a Web page
   (C) Make a hard copy of a pamphlet
   (D) Complete a sales report at her desk

🔊 53

Caterers	
Chefs Catering	Grant Road
Phoenix Kitchen	Seventh Street
Café Galilee	Corwin Street
Fine Delights	Pine Avenue

13. What does the woman say she is responsible for?
   (A) Handing out some prizes
   (B) Calculating some charges
   (C) Selecting a business
   (D) Choosing a venue

14. Why can the man talk for only a minute?
   (A) He has to attend a meeting.
   (B) He has to see a doctor.
   (C) He has to make a phone call.
   (D) He has to meet with a customer.

15. Look at the graphic. What caterer does the man suggest the woman call?
   (A) Chefs Catering
   (B) Phoenix Kitchen
   (C) Café Galilee
   (D) Fine Delights

54

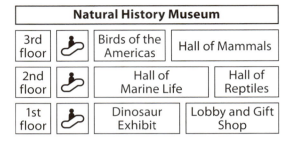

16. Look at the graphic. In which section of the museum will the woman meet her friend?
 (A) Hall of Mammals
 (B) Birds of the Americas
 (C) Hall of Marine Life
 (D) Dinosaur Exhibit

17. According to the woman, what will happen at the museum?
 (A) A repairperson will fix an escalator.
 (B) A newspaper reporter will take pictures.
 (C) Some workshops will be offered.
 (D) Some additional staff will be hired.

18. What does the man offer to get for the woman?
 (A) A map
 (B) A form
 (C) A ticket
 (D) A coupon

解き終わったら解答と解説を Check!

NO TEST MATERIAL ON THIS PAGE
（このページに問題はありません）

Part 3 実践問題

解答と解説

　Part 3 の「わくわくポイント」に沿って解答できましたか。「聞こえた語と同じ音・似た音、言い換え」は**色文字**で表しています。丸数字＋下線部は解説で言及している部分です。

🔊 49

Questions 1 through 3 refer to the following conversation.

🇺🇸 **W:** Good morning and welcome to ①Starshine **Clinic**. How can I help you?

🇨🇦 **M:** Hi, I made an appointment to have my ②eyesight checked. My name is Jason Richmond.

W: Oh, we have your appointment scheduled for 9:30. You missed it. ③It's now almost 10:30.

M: I know, and ④I'm really sorry. I would've been here on time if the traffic on the highway wasn't so horrible.

W: OK, well, it looks like another patient cancelled their appointment for 11:15. We can fit you in then if you'd like. In the meantime, ⑤can you **fill out** this patient **form** while you wait?

問題 1 ～ 3 は次の会話に関するものです。
女性：おはようございます。Starshine Clinic です。いかがなさいましたか。
男性：おはようございます。視力検査の予約をしていた Jason Richmond です。
女性：まあ、9:30 の予約でしたがいらっしゃいませんでしたね。もう 10:30 です。
男性：そうなんです、本当にすみません。高速道路の状況があんなにひどくなければ、時間通りにうかがえたのですが。
女性：そうですか、わかりました。11:15 の方がキャンセルしたようですので、もしよろしければその時間で（予約を）お取りできます。お待ちになる間、こちらの問診票にご記入いただけますか。

覚えよう！
□appointment 图 予約　□eyesight 图 視力　□on time 時間通りに　□traffic 图 交通
□highway 图 高速道路　□horrible 形 ひどく悪い　□patient 图 患者
□fit ~ in ～（人）と会う都合をつける　□in the meantime その間　□fill out ～に記入する

100

1. 正解 **A**

Where is the conversation taking place?
(A) At a medical **clinic**
(B) At a community center
(C) At a fitness club
(D) At an auto repair shop

会話はどこで行われていますか。
(A) 診療所
(B) コミュニティセンター
(C) フィットネスクラブ
(D) 自動車修理店

🔓 同じ音＋ヒントをキャッチ

① clinic が同じ音です。また、また② eyesight（視力）という語も clinic のヒントです。

2. 正解 **C**

Why does the woman say, "It's now almost 10:30"?
(A) To explain the clinic's business hours to the man
(B) To suggest her colleague take a break
(C) To tell the man **he is late**
(D) To ask the doctor to see some patients

女性はなぜ "It's now almost 10:30" と言っていますか。
(A) 男性に診療所の営業時間を説明するため
(B) 同僚に休憩するよう提案するため
(C) 男性が遅れたことを伝えるため
(D) 医師に患者を診察するよう頼むため

🔓 意図問題は難易度高し

③ 9:30の予約に10:30に来ていることから、(C) が正解です。④で I'm really sorry. と謝っている箇所、その後の言い訳もヒントになっています。これは同じ音、言い換えの戦略は使えませんが、あまり気にしすぎず、取れる問題を取っていきましょう。

3. 正解 **C**

What does the woman ask the man to do?
(A) Revise a schedule
(B) Return a phone call
(C) **Complete** a **form**
(D) Use a different room

女性は男性に何をするように頼んでいますか。
(A) スケジュールを修正する
(B) 折り返し電話する
(C) 用紙に記入する
(D) ほかの部屋を使う

🔓 先読みで、誰の発言かに注目

⑤ fill out → complete の言い換えで、さらに form は同じ音なので確実に取りたい問題です。また問題で the **woman** ask と言っているので、会話で女性が話し始めたらヒントが出ると待ちぶせてください。

Part 3　実践問題に挑戦

101

🔊 50

Questions 4 through 6 refer to the following conversation.

🇬🇧 **M:** Hi, Lisa. You're here earlier than usual this morning. Did Mr. Sykes ask you to come into the office early and ①**prepare** a report for him?

🇦🇺 **W:** Actually, he asked me yesterday to help him out with a presentation. A potential customer will be here at ten, and Mr. Sykes and I will be explaining about some of our manufacturing equipment.

M: I see. ②I'm a bit surprised that Mr. Sykes **won't be doing that alone**. He gives that sort of presentation several times a week **without any help**.

W: That's true, but since ③I've **recently sold** four units of our latest packaging machine, he suggested that we do the presentation together.

問題 4 〜 6 は次の会話に関するものです。
男性：やあ、Lisa。今朝はいつもより早いね。Sykes さんが君に早く出社してレポートの準備をするように頼んだのかい？
女性：実は、昨日彼にプレゼンを手伝ってほしいと頼まれたのよ。顧客になってくれそうな人が 10 時に来るから、Sykes さんと私で製造機器について説明をすることになっているの。
男性：そうだったのか。Sykes さんがそれを一人でやらないだなんて、ちょっと驚いたな。似たようなプレゼンを誰にも助けてもらわずに週に何回かやっているから。
女性：そうね。でも最近、私が最新の梱包機を 4 台まとめて売ったから、一緒にプレゼンするように提案したのよ。

覚えよう！
□ usual 形 いつもの　□ prepare 動 〜を準備する　□ presentation 名 プレゼンテーション
□ potential 形 見込みがある　□ manufacturing 名 製造　□ equipment 名 機器、設備
□ unit 名 まとまり、一個　□ latest 形 最新の　□ suggest 動 〜を提案する

4. 　正解　**C**

Why did the woman go to the office early?

(A) To ensure that an order is picked up
(B) To arrange a conference call
(C) To **prepare** for a meeting
(D) To make travel arrangements

なぜ女性は早くオフィスに行ったのですか。

(A) 注文品が確実に引き取られたか確かめるため
(B) 電話会議を手配するため
(C) 会議の準備をするため
(D) 旅行を手配するため

🔓 同じ音＋先読みでヒントをキャッチ

① prepare が同じ音です。問題が「なぜ女性は早く出社しているか」なので、会話冒頭の You're here earlier than usual this morning. という発言を聞いて、この後にヒントが出るはずだと当たりをつけましょう。

5. | 正解 | **A** |

Why is the man surprised?

(A) Mr. Sykes will **not** give a presentation **on his own**.
(B) Mr. Sykes made some changes to a schedule.
(C) The company will be hiring new salespeople.
(D) An explanation is difficult to understand.

なぜ男性は驚いたのですか。

(A) Sykes さんが一人でプレゼンをしないから。
(B) Sykes さんがスケジュールに変更を加えたから。
(C) 会社が新しい販売員を雇うから。
(D) 説明を理解するのが難しかったから。

🔓 言い換え＋ヒントを待ちぶせ

② won't be doing that alone と without any help が (not) on his own に言い換えられています。この問題もしっかり先読みして、会話で I'm a bit surprised が聞こえたら、ヒントの出どころだと考えて待ちぶせます。

6. | 正解 | **D** |

What does the woman say she has done **recently**?

(A) She has given someone a present.
(B) She has repaired a machine.
(C) She has received a package.
(D) She has **made some sales**.

女性は最近何をしたと言っていますか。

(A) 誰かにプレゼントを渡した。
(B) 機械を修理した。
(C) 小包を受け取った
(D) 販売した。

🔓 先読みで、誰の発言かに注目

③ sold → made some sales の言い換えです。問題は What does the **woman** say ...? ですから、当然、女性に注目しましょう。③ recently の直後にヒントが出ています。

Part 3 実践問題に挑戦

103

🔊 51

Questions 7 through 9 refer to the following conversation with three speakers.

🇺🇸 **W1:** Listen up, everyone! It's time to get ready for this ①evening's anniversary party. First, we'll position the tables and chairs according to this drawing.

🇦🇺 **W2:** Wait, there'll probably be a few speeches during tonight's ②dinner, right?

W1: Yes, so please set up the microphone on the stage, too.

🇨🇦 **M:** Um, but according to your drawing, the long table will be blocking the stairs to the stage.

W2: You're right. Let's put it on the far side of the room instead.

M: But if it's over there, we'll have to walk all the way around it to reach the ③kitchen entrance.

W2: OK, then ④let's not use it at all. ⑤We have **shorter ones** in storage.

W1: ⑥Great. I'll check the guest list. Then I'll get two or three of those tables depending on how many we need.

M: ⑦I can **give you a hand** with them, Reiko.

問題 7 〜 9 は 3 人の話し手による次の会話に関するものです。
女性 1：みんな聞いて！ 今晩の記念式典の準備に入ります。まずこの図面に描かれている通りに、テーブルといすを並べましょう。
女性 2：ちょっと待って。夕食中にスピーチが予定されているのよね？
女性 1：そう、だからステージ上にマイクのセットもお願い。
　男性：おや、でもあなたの図面だと長テーブルがステージへの階段をふさいでしまいますね。
女性 2：そうね。代わりに部屋の（ステージから）離れた場所に置きましょう。
　男性：でも、それを向こうにやるとキッチンの入り口まで歩くのに遠回りになりませんか。
女性 2：わかった。では長いのを使うのはやめて、倉庫にある短いテーブルを使いましょう。
女性 1：それがいいわ。私、来賓リストをチェックしてから短いテーブルを 2、3 台持ってくる。いくつ必要かな。
　男性：僕も手伝うよ、Reiko。

覚えよう！
□position 動 〜を配置する　□drawing 名 線画　□speech 名 スピーチ　□block 動 〜をふさぐ
□instead 副 代わりに　□reach 動 〜に達する　□entrance 名 入り口　□storage 名 倉庫
□give 〜 a hand 〜（人）に手を貸す

104

7. 正解 **B**

Who most likely are the speakers?
(A) Interior decorators
(B) **Restaurant** staff
(C) Music performers
(D) Store clerks

話し手たちは誰だと考えられますか。
(A) インテリア装飾者
(B) レストランのスタッフ
(C) 音楽の演奏者
(D) 店員

🔓 **言い換えが正解**

話し手が 3 人になっても特別なことはしません。解き方は 2 人での会話のときとまったく同じです。① party ② dinner ③ kitchen に関係があるのは (B) の restaurant です。なお、3 人による会話の問題は Part 3 全体でたいてい 2 問です。

8. 正解 **D**

What did the speakers decide to use?
(A) A new menu
(B) Paper cups
(C) A higher stage
(D) **Short tables**

話し手たちは何を使うことにしましたか。
(A) 新しいメニュー
(B) 紙コップ
(C) より高さのあるステージ
(D) 短いテーブル

🔓 **言い換え＋ヒントをキャッチ**

⑤ shorter ones の言い換えを選びます。その前に女性 2 が④ let's not use it (それを使うのはやめましょう) と長テーブルを使わないように提案している部分と、その直後に女性 1 が⑥ Great. と同意している部分もヒントになります。

9. 正解 **B**

What does the man offer to do?
(A) Prepare some food
(B) **Assist** a coworker
(C) Make some suggestions
(D) Talk to a manger

男性は何を申し出ていますか。
(A) 食事を準備する
(B) 同僚を手伝う
(C) 提案をする
(D) マネジャーに話す

🔓 **言い換えが正解**

⑦ give you a hand (君に手を貸す) → assist の言い換えです。

🔊 52

Questions 10 through 12 refer to the following conversation with three speakers.

🇬🇧 **M1:** Hi. ①How's the **flier** for the trade fair coming along? We'll be handing it out next weekend, so I'd like to see it soon.

🇨🇦 **M2:** Hi, Allen. We have to make a few adjustments to the page layout, but it's nearly ready.

🇺🇸 **W:** Oh, Andrew, you mentioned that the company will be releasing a new microwave oven.

M2: Yeah, I heard it will go on sale this month. Shouldn't we include a picture and description of that model in the flier, too?

M1: Well, it was supposed to be in stores already, but ②we decided to **put off** its release until we have **sufficient inventory** to meet the expected demand for the product.

W: OK. So, all the appliances that'll be on display next weekend are in the flier. We'll finish our work on it now, and I'll ③print out a copy and put it on your desk this afternoon.

問題 10 〜 12 は 3 人の話し手による次の会話に関するものです。
男性 1：こんにちは。今度の見本市のチラシの進み具合はどうですか。来週末には配布予定なのですぐに見たいのですが。
男性 2：やあ、Allen。ページのレイアウトに若干調整が必要だけど、ほとんど完成だよ。
女性：ねえ Andrew、会社は新しい電子レンジを発売する予定だって言っていたよね。
男性 2：うん、今月には発売予定だと聞いた。そのモデルの写真と説明もチラシに入れたほうがいいかな。
男性 1：いや、とっくに店頭に並んでいる予定ではあったのですが、予想される製品の需要を満たすのに十分な在庫が確保できるまで販売を延期したんです。
女性：なるほど。では、来週末に陳列される電化製品は全部チラシに載ることになりますね。今から仕上げに入って 1 枚プリントアウトします。午後にはあなたのデスクに持っていけるはずです。

覚えよう！
□flier 名 チラシ　□come along 進行する　□adjustment 名 調整　□layout 名 レイアウト
□mention 動 〜と述べる　□release 動 〜を発売する　□microwave oven 名 電子レンジ
□description 名 説明　□put off 動 〜を延期する　□sufficient 形 十分な　□inventory 名 在庫
□demand 名 需要　□appliance 名 電化製品

10. 正解 **B**

What does Allen ask about?

(A) The types of products that will be advertised

(B) **The status** of some **promotional material**

(C) The design of an electrical appliance

(D) The location of an upcoming event

Allen は何について尋ねていますか。

(A) 宣伝される製品の種類

(B) 販促資料の進捗

(C) 電化製品のデザイン

(D) 次のイベントの場所

106

🔓 先読みで「3人」だと予想

① flier（チラシ）→ promotional material（販促資料）の言い換え。How's coming along? と状況を尋ねている部分も The status を見つけるヒントになります。

問題に具体的な人物名（今回は Allen）が入っていたら、3人の話し手が登場すると考えてまず間違いありません。2人のときと解き方に変わりはありませんが、3人出るだろうと予想することで落ち着いて取り組むことができます。

---

11. | 正解 **A**

Why was the release of a product **postponed**?

(A) There were not enough of them in **stock**.

(B) There was a problem with one of its functions.

(C) A product launch event had to be rescheduled.

(D) A manufacturer was unable to ship some items.

なぜ製品の発売は延期されたのですか。

(A) 十分な在庫がないから。

(B) ある機能に問題があったから。

(C) 製品の発売イベントのスケジュールが変更されたから。

(D) 製造者がいくつかの部品を発送できなかったから。

🔓 高度な言い換え。数をこなして慣れる

高度な言い換えが連続する難問です。まず② put off（〜を延期する）→ postpone。次に inventory（在庫）→ stock の言い換えを聞き取ります。今は間違えても構いません。このような言い換え表現を、経験として自分の中にためていくことが大切です。

---

12. | 正解 **C**

What does the **woman say she will do**?

(A) Talk to her colleagues

(B) Rearrange photographs on a Web page

(C) **Make a hard copy of a pamphlet**

(D) Complete a sales report at her desk

女性は何をすると言っていますか。

(A) 同僚と話す

(B) ウェブサイトの写真を配置し直す

(C) パンフレットを印刷する

(D) デスクで売上報告を完成させる

🔓 頻出の問題

③ copy が同じ音。問題に woman say she will do? とあるので女性がどんな発言をするかを待ちぶせてください。Part 3 にはこのように「○○はこの後何をするでしょう?」といった問題が必ず出ます。

Part 3 実践問題に挑戦

107

🔊 53

Questions 13 through 15 refer to the following conversation and list.

W: Ryan, do you have a moment? I'm ① **in charge of picking** a caterer for our company's awards ceremony. Could you tell me which one you think would be best?

M: No problem, but I can talk for just a minute because I have to leave for a ② **doctor's** appointment. Which businesses are you considering?

W: Well, here's a list of local caterers. ③ The **first two** are pretty far from our company, so I'll **cross them off the list**. The one on Corwin Street is a few blocks away and offers French food. The other makes ④ **sandwiches** and is just around the corner **on Pine Avenue**.

M: Hmm. I think ⑤ **sandwiches are best** since the ceremony will be held in the afternoon. Why don't you call them first and find out if their prices are within our budget?

Caterers	
Chefs Catering	Grant Road
Phoenix Kitchen	Seventh Street
Café Galilee	Corwin Street
Fine Delights	**Pine Avenue**

ケータリング業者	
Chefs Catering	グラント通り
Phoenix Kitchen	7番通り
Café Galilee	コーウィン通り
Fine Delights	パイン大通り

問題 13 〜 15 は次の会話とリストに関するものです。

女性：Ryan、ちょっといい？ 私、会社の授与式のケータリング業者を選ぶ担当なんだけど、どこの店がいちばんいいと思う？

男性：もちろんさ、でもちょっとしか時間がないんだ。医者の予約が入ってて行かなくちゃ。どんな業者を考えてるの？

女性：ええと、これが近所のケータリング業者のリストなの。最初の2つは会社からかなり遠いから外すつもり。コーウィン通りにある業者は数ブロック先にあってフレンチを出すみたい。別の店はサンドイッチを作っているところね。パイン大通りの角の店。

男性：うーん。式典は午後だからサンドイッチの店がいちばんいいかもね。まずそこに電話して料金が予算内に収まるか調べてごらんよ。

覚えよう！
□ **in charge of** 〜の担当で　□ **caterer** 图 仕出し業者　□ **award** 图 賞　□ **ceremony** 图 式典
□ **consider** 動 〜を考える　□ **local** 形 地元の　□ **cross** 動 〜を消す　□ **price** 图 価格
□ **budget** 图 予算

13. 正解 **C**

What does the woman say she is **responsible for**?

(A) Handing out some prizes
(B) Calculating some charges
(C) **Selecting** a business
(D) Choosing a venue

女性は何の責任があると言っていますか。

(A) 賞品を渡す
(B) 請求額を計算する
(C) 業者を選ぶ
(D) 会場を選ぶ

> 🔓 **頻出の重要表現をチェック**
>
> ① in charge of → responsible for の言い換え。ともに「～の担当・責任で」という意味の非常に重要な表現です。picking → selecting の言い換えから正解を選びましょう。business は業者のことです。

14. 正解 **B**

Why can the man talk for only a minute?

(A) He has to attend a meeting.
(B) He has to see a **doctor**.
(C) He has to make a phone call.
(D) He has to meet with a customer.

なぜ男性は少ししか話せないのですか。

(A) 彼はミーティングに参加する必要がある。
(B) 彼は医者に診てもらう必要がある。
(C) 彼は電話をする必要がある。
(D) 彼は顧客に会う必要がある。

> 🔓 **正解したい「同じ音」**
>
> 必ず取りたい問題です。② doctor が同じ音です。

15. 正解 **D**

Look at the graphic. What caterer does the man suggest the woman call?

(A) Chefs Catering
(B) Phoenix Kitchen
(C) Café Galilee
(D) **Fine Delights**

図表を見てください。どのケータリング業者に電話するよう、男性は女性にすすめていますか。

(A) Chefs Catering
(B) Phoenix Kitchen
(C) Café Galilee
(D) Fine Delights

> 🔓 **図表問題。パートナー情報を聞き取ろう**
>
> ③ まず女性の発言から The first two are …, so I'll cross them off the list. (最初の2つは…だから候補のリストから外すつもり) というヒントがあるので、(A) と (B) は消えます。同様に④の文でサンドイッチを出す店は Pine Avenue にあることがわかります。⑤でサンドイッチ店をすすめているので、(D) が正解です。

109

🔊 54

Questions 16 through 18 refer to the following conversation and floor directory.

🇨🇦 **M:** Welcome to the Natural History Museum. Can I help you find something?

🇺🇸 **W:** Hi. I'm supposed to meet ①<u>a friend on the **second floor**</u>. Could you tell me how to get there?

M: Sure. Here's a brochure with our floor directory. All you have to do is walk through the dinosaur exhibit and take the escalator. ②**<u>The Hall of Reptiles is now being renovated</u>**, so your friend will be in the **<u>other exhibition</u>** on that floor.

W: OK, thanks. By the way, I read in the newspaper that you'll be ③**<u>hiring some extra staff</u>** to help out during the tourist season.

M: Yes, we are. If you want to fill out an ④<u>application **form**</u>, I can get one for you if you'd like.

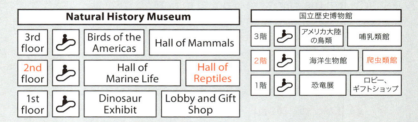

問題 16 ～ 18 は次の会話とフロアマップに関するものです。

男性：Natural History Museum へようこそ。何かお探しですか。

女性：ええ。2 階で友人に会うことになっているのですが、どうやって行けばいいか教えてくださいますか。

男性：もちろんです。こちらがフロアのご案内が載ったパンフレットになります。恐竜の展示を通り抜けて、エスカレーターに乗っていただくだけです。「爬虫類館」は現在改装中ですので、お連れさまはフロアの別の展示室にいらっしゃるかと思います。

女性：ありがとうございます。ところで、旅行客が増える時期のために追加のスタッフを募集すると新聞で読んだのですが。

男性：ええ、募集中です。応募用紙にご記入されるようでしたら、用紙をお持ちしますよ。

覚えよう!
□ brochure 名 パンフレット　□ directory 名 案内　□ dinosaur 名 恐竜
□ escalator 名 エスカレーター　□ renovate 動 ～を改装する　□ application 名 応募
□ form 名 用紙

16. 正解　C

Look at the graphic. In which section of the museum will the woman meet her friend?
(A) Hall of Mammals
(B) Birds of the Americas
(C) **Hall of Marine Life**
(D) Dinosaur Exhibit

図表を見てください。女性はどの区画で友人と会いますか。

(A) 哺乳類館
(B) アメリカ大陸の鳥類
(C) 海洋生物館
(D) 恐竜展

🔓 **パートナー情報で正解ゲット**

① 女性の発言から友人は 2 階にいることがわかります。また②男性の発言から Hall of Reptiles は改装中であることがわかるので、友人は Hall of Marine Life にいます。

17. 正解　D

According to the woman, what will happen at the museum?
(A) A repairperson will fix an escalator.
(B) A newspaper reporter will take pictures.
(C) Some workshops will be offered.
(D) **Some additional staff** will be **hired**.

女性によると、博物館で何が予定されていますか。

(A) 修理工がエスカレーターを直す。
(B) 新聞記者が写真を撮る。
(C) ワークショップが開催される。
(D) 追加のスタッフが雇われる。

🔓 **同じ音＋言い換えが正解**

③ hiring と hired が似た音（同じ語）で、extra → additional の言い換えです。

18. 正解　B

What does the man offer to get for the woman?
(A) A map
(B) A **form**
(C) A ticket
(D) A coupon

男性が女性に渡すと申し出ているものは何ですか。

(A) 地図
(B) 用紙
(C) チケット
(D) クーポン

🔓 **同じ音をキャッチ**

④ form が同じ音です。

Part 3　実践問題に挑戦

実践問題はどうでしたか。本番と同じレベルの、あるいは本番より少し難しい
問題を収録してあるので、間違えてしまった人もいるかもしれません。しかし、誰
だって初めからできるわけではありません。たくさん間違って、たくさん見直して
できるようになるのです。ただ、確かなことは、あなたが練習問題や実践問題に
取り組み、Part 3 に対する経験を積んだということです。

　そして戦略を立てて解いたことで、確かな手応えをつかんだことと思います。
その手応えは Part 4 でも生かすことができます。Part 4 に進む前に、次のペー
ジから Part 3 の頻出パターンを確認しておきましょう。

| PART 3 |

頻出の出題パターン

Part 2 では同じ音・似た音と言い換えの「ひっかけ例リスト」を紹介しましたが、Part 3 ではよく出題される問題文のパターンを紹介します。

全体を問うもの① **「場所」問題**

全体を問う問題は、いずれも**トークの冒頭 10 秒**をチェックしましょう。

問題例 Where are the speakers?
話し手たちはどこにいますか。

会話例 OK. We have a lot of reservation for lunch hour today.
よし、今日はランチにたくさんの予約が入っているよ。

→ 「予約」「ランチ」という語から、いる場所はレストランだとわかります。

全体を問うもの② **「目的」問題**

問題例 What is the purpose of this conversation?
この会話の目的は何ですか。

会話例 Hello, I'm calling to make sure your appointment for next week tour.
もしもし、来週のツアーのご予約を確認するためにお電話しております。

→ 目的は予約の確認です。

全体を問うもの③ **「職業」問題**

問題例 Who most likely is the man?
男性の職業は何だと思われますか。

会話例 Welcome to LaniKai Zoo, and I'm Jeff, a tour guide of this night program.
LaniKai 動物園へようこそ。今晩のツアーガイドをする Jeff です。

→ 職業はツアーガイドです。

部分を問うもの① ▶ ピンポイント問題

具体的な言葉について問う問題です。問題を先読みして、会話中に対象の**単語が出てきたらすぐに解答**します。

問題例 ▷ What will happen next Monday?
次の月曜日に何が起きますか。

↓ 会話音声を聞きながら **Monday** が出てくるあたりに集中

会話例 ▷ M: I have an appointment for a dentist next **Monday**.
男性：次の月曜日に歯医者の予約があるんです。

→ 歯医者に行く、が正解です。

部分を問うもの② ▶ next 問題

「〇〇（話し手の一人）がこの後何をするでしょう?」という設問です。**ヒントは will、be going to、next、then**。しっかりキャッチしましょう。

問題例 ▷ What will the woman most likely do next?
女性は次に何をしますか。

↓ **未来**を表す言葉に集中

会話例 ▷ W: I**'ll** call Mary to discuss how we deal with it.
女性：それについてどう対処するか Mary と電話で話します。

→ Mary（「同僚」などに言い換えられる可能性大）と電話で話す、が正解です。

部分を問うもの③ ▶ **「頼む」問題**

　その名の通り、依頼している内容を問う問題です。**Please ...、Would you ...?、Can you ...? で話された内容が正解**です。

問題例 ▷ What does the woman ask the man to e-mail her?
　　　　女性は男性にメールで何を送るように頼んでいますか。

　　　　　↓　何かを**頼む言葉**に集中

会話例 ▷ W: Then, **could you** send the photo with next e-mail?
　　　　女性：では、次のメールで写真を送っていただけますか。

　　　→ 正解は**写真**です。

部分を問うもの④ ▶ **offer 問題**

　何かを offer（申し出ている）内容を問う問題です。**I'll ...、Let me ...、Shall I ... で話された内容が正解**です。

問題例 ▷ What does the man offer the woman to do?
　　　　男性は女性に何をすると言っていますか。

　　　　　↓　上記の**ヒントフレーズ**を待ちぶせて集中

会話例 ▷ M: **Let me** show you the sample over there.
　　　　男性：あちらでサンプルをお見せいたします。

　　　→ サンプルを見せる、が正解です。

Part 3 頻出の出題パターン

115

部分を問うもの⑤ ▶ **suggest 問題**

suggest（提案している）内容を問う問題です。**Why don't you ...?、Shall we ...?、How about ...?** で話された内容が正解になります。

問題例 〉 What does the man suggest the woman do?
男性は女性に何をしようと提案していますか。

⬇ 上記の**ヒントフレーズ**を待ちぶせて集中

会話例 〉 M: **Why don't you** call the restaurant and ask how many tables are available?
男性：レストランに電話して席がいくつ空いているか聞いてみたらどうですか。

➡ レストランに電話する、または利用可能な席数を尋ねる、が正解です。

こうした問題のほかに、実践問題の前に紹介した図表問題と意図問題が 2 〜 3 問ずつ出ます。

次はいよいよリスニングセクションの最終パートです。Part 3 での戦略を生かして攻略していきましょう！

Part 4
1分弱スピーチ 30 題

Part 4 はこんな問題	118
正解への近道	120
練習問題で確認	125
実践問題に挑戦	138
トークの展開リスト	156

Part 4 はこんな問題

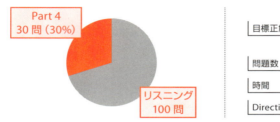

目標正解数	**20問**
問題数	**30問**
時間	**約15分**
Directions	**約30秒**

問題形式

1人の話し手によるトーク音声が約45秒間流れ、その内容に関する**3つの問題**に答えます。

トークのジャンルは出題頻度の高い順に
① 電話・留守番メッセージ
② 会議・業務関連アナウンス
③ 案内・館内放送　④ トーク
⑤ ラジオ放送　⑥ ニュース番組
⑦ 人物紹介　⑧ ツアー

71. Where is this announcement taking place?

(A) At a dock
(B) In an airport
(C) At a bus station
(D) In a train station

> 1つのトークにつき、**3つの問題**が印刷されています。

⋮

注意1 ▷ **「図表問題」**が後半で出題されます。**2～3問**です。
注意2 ▷ " "がついた**「話し手の意図を問う問題」**（意図問題）が出ます。**2～3問**です。

118

解答の流れ

■ PART 4 Directions (約 30 秒)
Part 4 の指示文が英語で流れます。

放送音声	すること
Part 4 の Directions (指示文) が英語で流れる。	**約30秒** 問題 71 〜 73 を**先読み**
■ **1 セット目開始** 問題番号とトークジャンルの音声が流れる。 Questions 71-73 refer to the following XXXXX.	**3秒** **XXXXX (advertisement など) の**部分が聞こえたら、トークのジャンルを頭にセット。たとえば、広告＝「商品の説明」だな、と予測する。
トークとそれに関する 3 つの質問音声が流れる。 (トーク) M: Hello ... ※ 1 人の話し手のトークが続く	**約45秒** 問題 71 の選択肢を見る → ヒントが出たら仮で解答 (選択肢に軽くチェックを入れる) 問題 72 の選択肢を見る → ヒントが出たら仮で解答 問題 73 の選択肢を見る → ヒントが出たら仮で解答
(問題) 71. Where does the ...? ポーズ [解答時間]	**5秒** **8秒** 問題 71 を解答 (マークシートを塗りつぶす) ※図表問題はポーズが 12 秒
72. According to the speaker, ...? ポーズ [解答時間]	**5秒** **8秒** 問題 72 を解答 (マークシートを塗りつぶす)
73. What will the listeners do ...? ポーズ [解答時間]	**5秒** **8秒** 問題 73 を解答 (マークシートを塗りつぶす) 解答したら、音声がまだ続いていても**問題 74 〜 76 の先読みに進む。**
■ **2 セット目開始** ※ 以降 No. 100 まで繰り返し	**約85秒** トークジャンルを確認 → トークを聞きながら選択肢を見る → 仮解答 → 解答 → 次の問題の先読み

Part 4 問題形式と解答の流れ

119

正解への近道

基本戦略

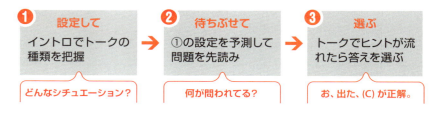

わくわくPoint

聞こえた語、言い換え、先読み工夫。

　ハードで長いPart 3が終わった後に、Part 4が待ち受けています。わたしがTOEICを初めて受けたのは10年ほど前ですが（今とは少し形式が異なりました）、そのときに「まだ続くの？」と思ったことを覚えています。頭の中のブドウ糖が全部持っていかれるような、ものすごい情報処理を求めるテストだな、と感じました。体内のブドウ糖に関して考えたのは、後にも先にもこの時しかありません。

　その後、自分なりに対策をするようになり、頭のスタミナを温存するにはどうしたらいいかを考えました。そこで、思いついたのが**「省エネ先読み」**です。Part 3とPart 4では先読みが欠かせません。それを楽にするために考えた結果がこの方法です。

　例を使って見てみましょう。

先読み工夫その1 情報量のカット

問題を先読みするときは、最も重要な部分に絞って頭に入れましょう。

According to the speaker, why is the place well known?

✕ 悪い例 話し手によれば、なぜその場所は有名なのか。

〇 良い例 なぜ／その場所／有名?

Part 4 では**話し手は 1 人**です。したがって、According to the speaker「話し手によれば」の speaker は 1 人しかいないわけです。Part 4 では何回もこのフレーズが出てきますが、この部分はないものとして考えましょう。次のイメージで先読みしてください。

According to the speaker, **why is the place well known?**

なお、**Part 3 では話し手が 2 人または 3 人**いますから、この部分は要注意です。以下の例を見てください。

According to the woman, why is the place well known?

Part 3 の場合は、誰の発言が問われているかは大切な情報です。女性の発話がヒントであると教えてくれているわけですから、イメージとしてはこうなります。

According to the **woman**, why is the place well known?

〇 良い例 女性／なぜ／その場所／有名?

TOEIC 対策の講義をしていて、Part 3 と Part 4 の正解数が伸びない一つの大きな原因は、皆さん自身が問題を難しくしているのではないか、という点です。典型的なのが、以下のような場合です。

Where do the listeners most likely work?

筆者「この英文を訳してみて」 ➡ 学生「え…?（無言）」

どこがわからないのか尋ねると、「most likely」の意味がわからないと言うのです。結論から言えば、most likely は取ってしまっても何の問題もありません。

Where do the listeners most likely work?

× 悪い例　聞き手はどこで働いていると最も考えられ得るか。

……なんて、めんどくさい訳し方をしないで

Where do the listeners most likely work?

○ 良い例　どこ／聞き手／働いてる?

と必要なことだけチェックすればいいのです。

　この「情報のカット」は選択肢でも同じことが言えます。

× 悪い選択肢の見方（全部を見ていて工夫がない）

Why will the speaker be busy?

(A) He will be leading a meeting.
(B) He will be moving soon.
(C) He will be on a business trip.
(D) He will be transferred abroad.

○ 良い選択肢の見方（共通するものは頭の中でカットしている）

Why will the speaker be busy?

(A) He will be **leading a meeting.**　　→ 会議を進行
(B) He will be **moving soon.**　　→ すぐ異動する
(C) He will be **on a business trip.**　　→ 出張中
(D) He will be **transferred abroad.**　　→ 海外に転勤

　選択肢で共通する部分は問われませんから（←問題として成り立たない）、必要なところだけ先読みをしたほうがよほど現実的です。

先読み工夫その2 前情報ゲット

今度は逆の視点から見てみます。先ほどと同じ例文を見てください。

According to the speaker, why is **the place well known**?

後半の色文字部分から**「ある場所が有名であること」**がわかります。同じく

Why will the speaker be **busy**?
「話し手はなぜ忙しくなるのですか」 ➡ 「なぜ／忙しい?」

という設問からは、トークの中で**話し手が「必ず忙しくなる」ことがわかる**のです。つまり、音声を聞く前から**トークの内容の一部がわかる**ということです。これを意識して練習問題を解いていけば、そのうちに「あ、またこのパターンだな」とわかるようになるので、楽に解けるようになります。

特に「図表問題」は、「先読み」で図や表をチェックしておくだけで、どのような内容のトークが流れてくるかイメージしやすいはずです。

また、次のような設問もよく出てきます。

What will the listeners most likely **do next**?
聞き手は次に何をしますか。

これから何をするかが問われているので、**その行動のきっかけになる発話**を意識することで、よりポイントを絞ってトークを聞く姿勢が養えるはずです。

Part4 正解への近道

先読み工夫その3 訳出はざっと

「先読み工夫その1」でも簡単に触れましたが、設問と選択肢を頭の中できれいに訳す必要はありません。先読みの時間は限られているからです。

実際にわたしが TOEIC のスコアを伸ばそうと必死になっていたときは、頭の中でこのように訳していました。

What type of business is being **advertised**?
→「何の広告?」

What is the speaker mainly **discussing**?
→「何を話し合ってる?」

What does the speaker ask the **listener to do**?
→「聞き手に何しろって?」

Where does the speaker most likely **work**?
→「職場どこ?」

Part 3 で会得した戦略 (「同じ音・似た音、言い換え」の選択肢が正解) に、この工夫を足してください。もちろん、こうした先読みの工夫はこの Part 4 だけでなく Part 3 にも有効です。では、自分なりに工夫しながら練習問題に取り組んでください。

124

練習問題で確認

トークを聞いて、それぞれの設問に最も合う答えを (A) 〜 (D) から選んでください。

＊ 解答用紙 ▶ p. 356　解答と解説 ▶ p. 130

◀) 55

1. According to the speaker, what is special about the restaurant?
   (A) Its owner grows the ingredients used there.
   (B) Its chef changes the menu on a daily basis.
   (C) It has been operating for many decades.
   (D) It has a beautiful view of the countryside.

2. Why does the speaker say, "It's a favorite among the staff"?
   (A) To explain why he made a choice
   (B) To make a recommendation
   (C) To agree with one of his customers
   (D) To correct a misunderstanding

3. What does the speaker say he will do next?
   (A) Find out what ingredients are in a dish
   (B) Serve the listeners some refreshments
   (C) Give the listeners time to make a decision
   (D) Answer any questions about the menu

次のページへ進む

◀ッ)) 56

4. Who is the speaker most likely addressing?
(A) Potential customers
(B) Guest speakers
(C) A board of directors
(D) New employees

5. Why does the speaker apologize?
(A) She did not send an e-mail on time.
(B) She did not provide some information.
(C) She made a last-minute change to a schedule.
(D) She gave the listeners the wrong password.

6. What will the listeners most likely do next?
(A) Go on a tour
(B) Meet a manager
(C) Pick up a manual
(D) Fill out some paperwork

🔊 57

7. Why is the speaker calling?
   (A) To apologize for an error
   (B) To inquire about an estimate
   (C) To order some products
   (D) To request some changes

8. What does the speaker mention about his coworkers?
   (A) They are impressed with a design.
   (B) They anticipate an increase in shoppers.
   (C) They received positive customer reviews.
   (D) They feel that a poster is too big.

9. According to the speaker, what will attract more attention?
   (A) A wider advertisement
   (B) A larger logo
   (C) A brighter store
   (D) A lighter color

次のページへ進む

◀)) 58

10. What type of business is being advertised?
- (A) A software company
- (B) An electronics store
- (C) A local marketing firm
- (D) A Web design firm

11. According to the speaker, how is this business different from others?
- (A) It allows customers to try out products.
- (B) It wraps gifts at no extra charge.
- (C) It sells new and used products.
- (D) It is open every day of the year.

12. How will the business celebrate its grand opening?
- (A) By giving customers prizes
- (B) By offering free delivery
- (C) By extending its business hours
- (D) By offering some discounts

解き終わったら解答と解説を Check!

NO TEST MATERIAL ON THIS PAGE
（このページに問題はありません）

Part 4　練習問題で確認

Part 4 練習問題

解答と解説

Part 3 + Part 4 の「わくわくポイント」に沿って解答できましたか。「聞こえた語と同じ音・似た音、言い換え」は**色文字**で表しています。丸数字＋下線部は解説で言及している部分です。

🔊 55

Questions 1 through 3 refer to the following talk.

🇬🇧 Hello. My name is Brendon, and I'll be your waiter. Since we opened just a few days ago, let me tell you a little bit about our menu. What makes the dishes unique here is that they all include ①**ingredients** from the restaurant **owner**'s very own farm. Her name is Anita, and she ②**grows** over one hundred types of herbs and vegetables there. OK, this week's special entrée is lasagna. That's served with a big Italian salad and a choice of soup. ③It's a favorite among the staff. Now ④I'll **give** you a few **minutes to** read over the menu and **decide** what you'll be having. ⑤After that, I'll be back to take your orders.

問題 1 ～ 3 は次のトークに関するものです。
こんにちは。ウエーターの Brendon と申します。当店は数日前にオープンしたばかりですのでメニューに関して少し説明いたしますね。メニューの一番の特徴はなんといってもすべての料理にオーナー直営の農場から仕入れた材料を使っていることです。オーナーの Anita が 100 種以上のハーブや野菜をそこで栽培しているんですよ。今週のおすすめの前菜はラザニアです。たっぷり野菜のイタリアンサラダとお好きなスープが付きます。スタッフの間で人気なんですよ。では、しばしメニューをご覧ください。お決まりになるころに、ご注文をうかがいにまいります。

覚えよう！
□unique 形 独自の　□ingredient 名 材料　□farm 名 農場　□herb 名 ハーブ　□entrée 名 前菜
□lasagna 名 ラザニア　□serve 動 〜を提供する　□order 名 注文　（問題）□on a daily basis 日々

1.　正解　A

According to the speaker, what is special about the restaurant?

(A) Its **owner grows** the **ingredients** used there.
(B) Its chef changes the menu on a daily basis.
(C) It has been operating for many decades.
(D) It has a beautiful view of the countryside.

話し手によると、このレストランの特別なこととは何ですか。

(A) オーナーがそこで使用する材料を育てている。
(B) シェフが日替わりでメニューを変更している。
(C) 何十年も営業している。
(D) 地方の美しい風景がある。

130

🔓 **同じ語が正解**

トークの① ingredients from the ... owner's ...（オーナーの…からの材料）と、② grows（〜を育てる）に、選択肢 (A) と同じ語が出てきます。

2. 正解　**B**

Why does the speaker say, "It's a favorite among the staff"?

(A) To explain why he made a choice
(B) To make a **recommendation**
(C) To agree with one of his customers
(D) To correct a misunderstanding

なぜ話し手は「スタッフの間で人気なんですよ」と言ったのですか。

(A) なぜ彼がその選択をしたのか説明するため
(B) おすすめをするため
(C) 顧客の一人に同意するため
(D) 誤解を正すため

🔓 **意図問題。難しいのでわかる問題だけ取ろう**

意図問題です。③の発言は「スタッフの間で人気なんですよ」というポジティブなコメント。この It が指すものはその前に出てくる「今週のおすすめであるラザニア」で、お客さんにすすめていることに異論はないでしょう。

3. 正解　**C**

What does the speaker say he will do next?

(A) Find out what ingredients are in a dish
(B) Serve the listeners some refreshments
(C) **Give** the listeners time to make a **decision**
(D) Answer any questions about the menu

話し手は次に何をすると言っていますか。

(A) 料理にどんな材料が入っているか見つけだす
(B) 聞き手に軽食を提供する
(C) 聞き手に決める時間を与える
(D) メニューに関する質問に答える

🔓 **似た語が正解**

④ decide と (C) decision が似た語です。give ... minutes to ... decide（決める時間を与える）と言っています。⑤の After that という部分も、聞き手に時間をとってもらうというヒントになっています。

Part 4　練習問題で確認

131

🔊 56

Questions 4 through 6 refer to the following excerpt from a meeting.

Welcome back from lunch, everyone. As part of today's ①<u>orientation</u>, I'll be giving you ②<u>**a tour**</u> of ③<u>your **new** workplace</u> in a moment. But first I want to make something clear about the instructions in the ④<u>**employee** handbook</u> I gave you this morning. Just before the break, someone asked me about the online time-clock. In the manual, it says that you have to use the clock every day. ⑤<u>**I'm sorry that I didn't mention** you need a password to access the system</u>. Until you have one, you don't have to input when you start or finish work. Jane Martinez, a manager in our administration department, will be here tomorrow to explain more about the system and give you your passwords. All right, ⑥<u>now please follow me.</u>

問題 4 〜 6 は次の会議の抜粋に関するものです。
皆さん、昼食からお戻りになったでしょうか。今日のオリエンテーションの一環として、すぐに皆さんを新しい職場にご案内しましょう。が、先に午前中にお配りした社員ハンドブックの説明について、はっきりさせておきたいことがあります。休憩に入る直前にオンラインタイムレコーダーについての質問がありました。マニュアルには毎日使用するよう書いてありますが、システムにアクセスするにはパスワードが必要であるとお伝えしていなかったことをお詫びします。パスワードをもらうまでは、始業・終業時に入力する必要はありません。管理部のマネジャーである Jane Martinez が明日、ここで詳細を説明します。また、その際に皆さんのパスワードもお渡しする予定です。はい、それでは皆さん、私についてきてください。

覚えよう！
□orientation 名 オリエンテーション　□workplace 名 職場　□in a moment すぐに
□instruction 名 説明、指示　□break 名 休憩　□mention 動 〜に言及する
□password 名 パスワード　□access 動 〜にアクセスする　□system 名 システム
□input 動 入力する　□administration 名 管理　□explain about 〜について説明する
（問題）□address 動 〜に話しかける

4. 　正解　**D**

Who is the speaker most likely addressing?

(A) Potential customers
(B) Guest speakers
(C) A board of directors
(D) **New** employees

話し手は誰に向けて話していますか。

(A) 潜在顧客
(B) ゲストスピーカー
(C) 役員
(D) 新しい社員

🔓 **ヒントを聞き取り、「誰に話しているか」をチェック**

① orientation、③ your new workplace、④ employee handbook といった語句がヒント。また、会社のシステムについて説明していること、必要なパスワードがまだ配布されていないことからも新しい社員に向けての話だとわかります。

5. 　正解　**B**

Why does the speaker apologize?

(A) She did not send an e-mail on time.
(B) **She did not provide** some information.
(C) She made a last-minute change to a schedule.
(D) She gave the listeners the wrong password.

なぜ話し手は謝っているのですか。

(A) 時間通りにメールを送らなかった。
(B) 情報を提供していなかった。
(C) スケジュールに急な変更を加えた。
(D) 聞き手に誤ったパスワードを与えた。

🔓 **言い換えが正解**

⑤ I'm sorry は聞き取りやすいですが、その後の I didn't mention ... を理解しないと解けない問題です。「パスワードが必要なことについて話していなかった」ということが (B) で He did not provide some information. と言い換えられています。

6. 　正解　**A**

What will the listeners most likely do next?

(A) Go on **a tour**
(B) Meet a manager
(C) Pick up a manual
(D) Fill out some paperwork

聞き手は次に何をすると考えられますか。

(A) ツアーに行く
(B) マネジャーに会う
(C) マニュアルを取る
(D) 書類に記入する

🔓 **同じ語が正解**

冒頭の②③の文で職場ツアーに行くと言っています。最後の⑥で follow me と言っているところから、これからツアーが始まることがわかります。

Part 4 練習問題で確認

◀))) 57

Questions 7 through 9 refer to the following telephone message.

🇨🇦 Hello. This is Bruce Howard calling from Solamar Apparel. We received the sample of the advertising poster you created for us. ①The design is quite **impressive**. Everyone I work with feels the same way. However, there are ②a couple of **changes** we'd like you to make before it's sent to the printers. It's going to be posted around the Davenport Shopping Mall, which is huge. In order for customers to know where our store is located, ③we want the poster to include a basic map of the mall near the bottom. I'll e-mail that to you. ④Also, could you make our **logo twice as big**? If it's **larger**, we think that more people will notice the poster. Thank you.

問題 7 ～ 9 は次の電話のメッセージに関するものです。
もしもし。Solamar Apparel の Bruce Howard です。ご作成いただいた広告ポスターのサンプルを拝受いたしました。素晴らしい出来です。携わってる全員が同じ思いでおります。しかしながら印刷する前に 2、3 点、お願いしたい変更があります。このポスターは Davenport Shopping Mall に貼りだされる予定ですが、あそこは非常に大きな場所です。どこに私たちの店があるのかお客様がわかるように、ポスターの下の方にショッピングセンターの簡単な地図を入れていただきたいのです。地図はこの後メールでお送りします。また、ロゴを倍の大きさにしていただけますか。大きくなれば、より多くのお客様にポスターに気づいていただけると考えております。よろしくお願いいたします。

覚えよう！
□receive 動 〜を受け取る 　□sample 名 サンプル 　□create 動 〜を制作する 　□quite 副 かなり
□impressive 形 印象に残る 　□post 動 〜を掲示する 　□mall 名 ショッピングセンター
□huge 形 非常に大きな 　□bottom 名 底部 　□notice 動 〜に気づく
（問題）□estimate 名 見積もり

7. 正解 **D**

Why is the speaker calling?
(A) To apologize for an error
(B) To inquire about an estimate
(C) To order some products
(D) To request some **changes**

なぜ話し手は電話をしていますか。
(A) 間違いをお詫びするため
(B) 見積もりについて問い合わせるため
(C) 商品を注文するため
(D) 変更を依頼するため

🔓 **同じ語が正解**

②と (D) の changes が同じ音です。また、③と④で地図を追加すること、ロゴの大きさを変えることを頼んでいるところもヒントになります。

8. 正解 **A**

What does the speaker mention about his coworkers?
(A) They are **impressed** with a design.
(B) They anticipate an increase in shoppers.
(C) They received positive customer reviews.
(D) They feel that a poster is too big.

話し手は同僚について何と言っていますか。
(A) デザインに感銘を受けている。
(B) 買い物客が増えると期待している。
(C) 顧客からよい評価を受けた。
(D) ポスターが大きすぎると感じている。

🔓 **似た語が正解**

① impressive と (A) impressed が似た音です。直後の Everyone ... でほかの人も同じ気持ちであることを伝えています。

9. 正解 **B**

According to the speaker, what will attract more attention?
(A) A wider advertisement
(B) **A larger logo**
(C) A brighter store
(D) A lighter color

話し手によると、何によって注目が高まりますか。
(A) より広範囲な広告
(B) より大きなロゴ
(C) より明るい店
(D) より明るい色

🔓 **同じ語と言い換えが正解**

④ logo が同じ音です。twice as big ＝「2 倍の大きさ」と理解できなくても、直後の larger がヒントになります。

Part 4　練習問題で確認

🔊 58

Questions 10 through 12 refer to the following advertisement.

🇺🇸 Are you looking for a great gift idea? Then come to the Appletree Center for friendly service and very affordable prices. We carry a wide variety of ①**computers, cameras, appliances and much more**. ②We're also the **only business** in town selling both **new and used products**. What's more, every Saturday and Sunday this month, we'll be giving demonstrations of several of the kitchen appliances on our shelves. But that's not all! Our 10-year anniversary will be on June 19. On that day, you'll receive ③**five to ten percent off** all purchases over $50. So, come to the Appletree Center for the broadest selection and best deals in town!

問題 10 ～ 12 は次の広告に関するものです。
すてきな贈り物をお探しですか。フレンドリーな接客と非常にお求めやすい価格が売りの Appletree Center にいらしてください。幅広い種類のコンピューター、カメラ、家電、その他多数の商品を取りそろえております。また、当店は街で唯一、新品と中古品の両方を扱っております。さらに今月の土日には店頭にあるキッチン家電の実演も行っていますよ。ただ、それだけではございません！ 6 月 19 日の開店 10 周年を記念して、その日に 50 ドルを超えてお買い上げいただいた方に 5 ～ 10％の割引をいたします。さあ、地域一番の品ぞろえと価格の Appletree Center へお越しください！

覚えよう！
□ affordable 形 手頃な　□ wide 形 広い　□ variety 名 種類　□ business 名 店　□ used 形 中古の
□ several 名 いくつか　□ broad 形 幅広い

10.　正解　**B**

What type of business is being advertised?

(A) A software company
(B) An **electronics** store
(C) A local marketing firm
(D) A Web design firm

どんな種類の会社が宣伝されていますか。

(A) ソフトウエア会社
(B) 家電量販店
(C) 地元のマーケティング会社
(D) ウェブデザイン会社

🔓 **言い換えが正解**

① computers, cameras, appliances and much more → (B) electronics の言い換えです。

11. 正解 **C**

According to the speaker, how is this **business** different from others?
(A) It allows customers to try out products.
(B) It wraps gifts at no extra charge.
(C) It sells **new and used products**.
(D) It is open every day of the year.

話し手によると、この店はほかとどのように違っていますか。
(A) 客が商品を試すことができる。
(B) 無料でラッピングをしている。
(C) 新品と中古品を売っている。
(D) 年中無休である。

> 🔓 **同じ語が正解**
> ② new and used products が同じ語句です。また、その前の only business もヒントになっています。

12. 正解 **D**

How will the business celebrate its grand opening?
(A) By giving customers prizes
(B) By offering free delivery
(C) By extending its business hours
(D) By offering some **discounts**

この店は開店記念をどのように祝いますか。
(A) 顧客に記念品を渡すことで
(B) 無料配送をすることで
(C) 営業時間を延ばすことで
(D) 割引をすることで

> 🔓 **言い換えが正解**
> ③ five to ten percent off → (D) discounts の言い換えです。

Part 4 は、Part 3 と同じやり方で解けることを確認しました。このパートで大事なのは、**イントロでトークのジャンルを把握して展開を予測する**こと。それができていればバッチリです。では、実践問題に進みましょう。

Part 4 練習問題で確認

137

実践問題に挑戦

Part 3 と 4 の「わくわくポイント」を意識しながら解いていきましょう。トークを聞いて、それぞれの設問に最も合う答えを (A) 〜 (D) から選んでください。

＊ 解答用紙 ▶ p. 357　解答と解説 ▶ p. 144

◀ッ) 59

1. What problem does the speaker mention?
   (A) A guest speaker has yet to arrive at the event.
   (B) A conference room does not have enough seats.
   (C) A printer has malfunctioned.
   (D) A registration system is not working properly.

2. What does the speaker ask some of the listeners to do?
   (A) Help to expedite a process
   (B) Assist with setting up tables
   (C) Attend an opening ceremony
   (D) Review a registration procedure

3. What are some of the listeners instructed to do?
   (A) Use a different entrance to the building
   (B) Wait until a problem has been solved
   (C) Wear an identification badge at all times
   (D) Ask questions at the end of a press conference

🔊 60

4. What does the speaker say about the discussion?
   (A) It will start soon.
   (B) It will be recorded.
   (C) It has been delayed.
   (D) It will be very long.

5. Why is the speaker concerned?
   (A) A room has been double booked.
   (B) A room is too small for a meeting.
   (C) A list of topics has been misplaced.
   (D) A club member has not arrived.

6. What was Eric supposed to do?
   (A) Write a book review
   (B) Make some photocopies
   (C) Return a phone call
   (D) Prepare some coffee

次のページへ進む

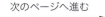

◀))) 61

7. According to the speaker, what is the problem?
- (A) An error was made on an event schedule.
- (B) Organizers did not have enough funds.
- (C) Bad weather has caused a cancellation.
- (D) Some roads have been closed for repairs.

8. According to the speaker, why is money being raised?
- (A) To help pay for building a sports facility
- (B) To preserve a government building
- (C) To cover the costs of an exhibition
- (D) To refurbish a community center

9. What does the speaker warn listeners about?
- (A) Taking pictures of a speaker
- (B) Arriving late for an event
- (C) Driving on slippery roads
- (D) Wearing proper attire

◀)) 62

10. What industry does the speaker most likely work in?
(A) Advertising
(B) Food production
(C) Transportation
(D) Health care

11. According to the speaker, what is expected to increase?
(A) The price of some services
(B) The demand for a product
(C) The number of retail stores
(D) The cost of shipping goods

12. What does the speaker say she will do next?
(A) Answer questions from the media
(B) Discuss an insurance policy
(C) Explain a sales strategy
(D) Introduce an executive

次のページへ進む

🔊 63

13. Where does the speaker work?
(A) At a department store
(B) At a factory
(C) At a museum
(D) At a movie theater

14. What will the listeners be able to do?
(A) Find information on the Internet
(B) Take home some free samples
(C) Use some brand-new products
(D) Participate in a customer survey

15. According to the speaker, what will the listeners do next?
(A) Watch a short film
(B) Put on some glasses
(C) Borrow some clothing
(D) Write down their names

🔊 64

Bus No. 6 to Bathurst Hall	
Willowdale Street	7:55 A.M.
Longview Road	8:00 A.M.
South Boulevard	8:10 A.M.
Jerome Avenue	8:15 A.M.

16. Who most likely is the speaker?

(A) A travel agent

(B) A conference organizer

(C) A hotel receptionist

(D) A research assistant

17. Look at the graphic. Where is the hotel in which Mr. Delaney is staying?

(A) On Willowdale Street

(B) On Longview Road

(C) On South Boulevard

(D) On Jerome Avenue

18. What does the speaker ask the listener to do?

(A) Return a phone call

(B) Confirm a reservation

(C) Introduce a presenter

(D) E-mail some paperwork

解き終わったら解答と解説を Check!

Part 4 実践問題

解答と解説

「聞こえた語と同じ音・似た音、言い換え」は色文字で表しています。丸数字と下線部は解説で言及している部分です。

🔊 59

Questions 1 through 3 refer to the following announcement.

🇺🇸 Welcome to the Greenville Business Conference. ①We **apologize** for the long wait to enter the conference center. **Unfortunately**, we're experiencing a **problem** accessing the online **registration system**. Because of that, we're unable to check who has already registered and paid in advance. ②For those of you who printed out your registration confirmation e-mail, we'd like you to **help** us speed up the check-in process. **Please** form a new line in front of the conference-pass table in the lobby. ③For those of you who don't have the confirmation, **we ask that you stay** where you are just a little longer as we **resolve** the issue. Thank you for your patience.

問題 1 ～ 3 は次のアナウンスに関するものです。
Greenville Business Conference へようこそ。会議場内への入場を長らくお待たせし、申し訳ありません。残念ながら、オンライン登録システムへの接続に問題が発生しております。これにより、どなたが事前に登録してお支払いいただいたか、確認ができない状態です。申し込み確認のメールをプリントアウトされている方は、チェックイン手続きの時間短縮にご協力いただけますようお願いいたします。ロビーのカンファレンスパス (を発行する) テーブルの前にお並びください。確認書をお持ちでないお客様には、問題が解決するまでその場で今しばらくお待ちいただきたく存じます。ご不便をおかけいたしますが、よろしくお願いいたします。

覚えよう!
□conference 名 会議 □apologize 動 謝罪する □enter 動 ～に入る □unfortunately 副 残念ながら
□experience 動 ～に直面する □registration 名 登録 □confirmation 名 確認
□resolve 動 ～を解決する □issue 名 問題
(問題) □malfunction 動 故障している、うまく作動しない □expedite 動 ～を早める

---

1. 正解 **D**

What **problem** does the speaker mention?

(A) A guest speaker has yet to arrive at the event.

(B) A conference room does not have enough seats.

話し手はどんな問題について言及していますか。

(A) ゲストスピーカーがイベントにまだ到着していない。

(B) 会議室に十分な席がない。

144

(C) A printer has malfunctioned.

(D) A **registration system** is not working properly.

(C) プリンターが故障している。

(D) 登録システムがきちんと作動していない。

🔓 同じ語が正解。ヒントをキャッチ

① apologize と Unfortunately というネガティブな単語がヒントです。problem という音が聞こえた後で、registration system という (D) と同じ音が出てきます。

---

2. 正解 **A**

What does the speaker **ask** some of the listeners to do?

(A) **Help** to expedite a process

(B) Assist with setting up tables

(C) Attend an opening ceremony

(D) Review a registration procedure

話し手は聞き手の一部に何を頼んでいますか。

(A) 手続きを手早く進められるよう協力する

(B) テーブルの設置を手伝う

(C) 開会式に参加する

(D) 登録システムを見直す

🔓 難問。設問 ask とトーク please が手がかりに

②と (A) に同じ音の help はあるものの「同じ音、似た音」対策だけで対処できない難問です。また、正解の選択肢 (A) にある expedite（〜を早める）の意味を知らないと解けません。しかしながら、設問に ask とあるので話し手が何かを頼むことはわかります。「〜してください」と頼むわけですから、トークの② Please は大きな手がかりになります。(D) は registration というトークと同じ語が出てきますが、不正解。これにひっかからないためには、review がトークの内容に関係のないことを見抜く必要があります。

---

3. 正解 **B**

What are some of the listeners instructed to do?

(A) Use a different entrance to the building

(B) **Wait** until a problem has been **solved**

(C) Wear an identification badge at all times

(D) Ask questions at the end of a press conference

聞き手の一部はどのように指示されていますか。

(A) 建物内に入るのに別の入り口を使う

(B) 問題が解決するまで待つ

(C) 常に ID バッジを身に着ける

(D) 会議の最後に質問をする

🔓 似た音＋言い換えが正解

③ resolve と (B) solved が似た音となりますが、こちらも③の内容を理解していないと解けない問題です。③ We ask that you stay ... の stay が wait に言い換えられていると気づけば、(B) を選ぶことができます。

Part 4 実践問題に挑戦

🔊 60

Questions 4 through 6 refer to the following telephone message.

Hi, ①**Eric.** It's Jenna. ②**We're about to** get this week's book club discussion **started**. ③I expected you here at the library about half an hour ago to help me set up chairs in the meeting room. I guess that you're probably **stuck in traffic**. I heard there were **delays** on the highway. Oh, by the way, ④you said you'd **make copies** of the list of topics we'll be covering this evening. You were going to do that when you arrived, right? But you don't have to bother with that now, as I've already made them. Anyway, I hope you get here soon. In the meantime, I'll lead the discussion. But please take it over when you come. Bye.

問題 4 ～ 6 は次の電話のメッセージに関するものです。
もしもし Eric、Jenna です。もうすぐ今週のブッククラブの話し合いが始まるところ。30 分前に図書館に来て、会議室のいすを並べるのを手伝ってくれるはずだったと思うけど、たぶん渋滞にはまっているのかな。高速道路が渋滞していたらしいから。ところで、あなたが到着したら今晩のトピックに関するコピーをとってくれるって言っていたよね。でも、もう私がやっておいたから心配しないで。いずれにせよ、早く着くといいわね。とりあえずは、私が話し合いを進めておきます。でも着いたら代わってね。それじゃ。

覚えよう！
□ be about to *do* ～しようとするところである　□ get ~ started ～を始める　□ discussion 名 話し合い
□ expect 動 ～と予想する　□ stuck in traffic 渋滞にはまって　□ delay 名 遅れ　□ topic 名 トピック
□ cover 動 ～を扱う　□ arrive 動 到着する　□ bother with ～を心配する　□ in the meanwhile その間
□ take over ～を引き継ぐ
（問題）□ misplace 動 ～を置き忘れる

146

4. 正解 **A**

What does the speaker say about the discussion?

(A) It will **start soon**.
(B) It will be recorded.
(C) It has been delayed.
(D) It will be very long.

話し手は話し合いについて何を言っていますか。

(A) もうすぐ始まる。
(B) 録音される。
(C) 遅れている。
(D) 長時間になる。

🔓 **同じ語＋言い換えが正解**

② started と (A) start がほぼ同じ音です。be about to *do*（［まさに］～しようとしている）もヒントになっています。

---

5. 正解 **D**

Why is the speaker concerned?

(A) A room has been double booked.
(B) A room is too small for a meeting.
(C) A list of topics has been misplaced.
(D) A **club member** has not arrived.

なぜ話し手は心配していますか。

(A) 部屋の予約が重複していた。
(B) 部屋が集まりには狭すぎる。
(C) トピックのリストがどこかに置き忘れられた。
(D) クラブのメンバーが到着していない。

🔓 **やや難問。内容を聞いて答えよう**

③から、Eric がまだ到着していないことがわかります。会話の冒頭①②から Eric が club member であることがわかるので、Eric が (D) club member に言い換えられていると考えてください。

---

6. 正解 **B**

What was Eric supposed to do?

(A) Write a book review
(B) **Make** some photo**copies**
(C) Return a phone call
(D) Prepare some coffee

Eric は何をするはずでしたか。

(A) 本のレビューを書く
(B) コピーをする
(C) 電話を折り返す
(D) コーヒーを準備する

🔓 **同じ語が正解**

④ make と copies が同じ音です。この問題は正解したいところです。

Part 4 実践問題に挑戦

🔊 61

Questions 7 through 9 refer to the following broadcast.

🇬🇧 Good morning, and thank you for listening to Radio 8. In local news, today's celebration of the founding of Bolton City will be ①affected by the **inclement weather**. Organizers have decided to **cancel** the parade due to the snowfall, but the activities scheduled to take place at the Community Center will go ahead. These include a speech by Mayor Brenda Crawford and a photographic exhibition documenting the city's history. Admission will be free. ②However, everyone who attends will be asked for a small **donation** to help **fund** the construction of a new **sports** complex. ③If you plan to **arrive by car**, make sure to be careful and go slowly because it's **slippery** out there.

問題 7 〜 9 は次の放送に関するものです。
おはようございます、Radio 8 のご視聴ありがとうございます。ローカルニュースですが、Bolton City の本日の設立祝賀会は悪天候により変更になります。雪のため主催者がパレードの中止を決定しました。ですがコミュニティセンターでの催し物は予定通り行われます。これには Brenda Crawford 市長のスピーチ、また、市の歴史を写真で振り返る展示も含まれています。入場料は無料です。しかしながら参加者には新たなスポーツ施設を建設するための少額寄付が呼びかけられています。お車で向かわれる際は気をつけてゆっくりおでかけください。路面が滑りやすくなっております。

覚えよう!
☐founding 图 設立 ☐parade 图 パレード ☐snowfall 图 降雪 ☐activity 图 催し物
☐take place 〜を開催する ☐go ahead 進む ☐include 動 〜を含む
☐document 動 〜を記録する ☐fund 動 〜に資金を出す ☐slippery 形 滑りやすい

7. | 正解 | **C** |

According to the speaker, what is the problem?

(A) An error was made on an event schedule.
(B) Organizers did not have enough funds.
(C) **Bad weather** has caused a **cancellation**.
(D) Some roads have been closed for repairs.

話し手によると、問題は何ですか。

(A) イベントスケジュールに間違いがあった。
(B) 主催者に十分な資金がない。
(C) 悪天候により、キャンセルがあった。
(D) 道路が修理工事のため閉鎖された。

🔓 **似た語＋言い換えが正解**
① inclement（荒れた、厳しい）は聞き慣れない単語ですが、weather が同じ語、cancel と cancellation が似た語です。

8. 正解 **A**

According to the speaker, why is money being raised?

(A) To help **pay** for building a **sports** facility
(B) To preserve a government building
(C) To cover the costs of an exhibition
(D) To refurbish a community center

話し手のよると、なぜお金が集められているのですか。

(A) スポーツ施設建設の資金援助のため
(B) 政府の建物を保存するため
(C) 展示の費用をまかなうため
(D) コミュニティセンターを改修するため

🔓 同じ語＋言い換えが正解

② donation（寄付）と fund（～に資金を提供する）→ pay の言い換え。donation と fund の意味を知らない場合は同じ語の sports に気づけるかが鍵となります。

9. 正解 **C**

What does the speaker warn listeners about?

(A) Taking pictures of a speaker
(B) Arriving late for an event
(C) **Driving** on **slippery** roads
(D) Wearing proper attire

話し手は聞き手に何についての注意を呼びかけていますか。

(A) スピーチをする人の写真を撮ること
(B) イベントに遅れること
(C) 滑りやすい路面を運転すること
(D) 適切な服装をすること

🔓 同じ語＋言い換えが正解

③ slippery が同じ語、arrive by car が driving に言い換えられています。さらに be careful、go slowly もヒントになっています。

Part 4 実践問題に挑戦

🔊 62

Questions 10 through 12 refer to the following announcement.

🇺🇸 Thank you for attending this press conference. I'm Lisa Evans, the president of Everfresh, and I have a few exciting announcements to make. First, on behalf of everyone at our company, ①I'm pleased to announce that we will begin exporting **our avocados** to the European market next month. ②Consumer **demand** for avocados has been **growing** in the region, and we anticipate that this will continue. As of today, we have already received twenty-eight pre-orders from several large retail businesses. While we realize there's a lot of competition among ③avocado producers, we're confident that consumers will prefer ④our high-quality, organic **products**. Now, on the topic of quality, ⑤I want to **introduce** our new **vice president** of quality assurance.

問題 10 〜 12 は次のアナウンスに関する問題です。
記者会見にご出席いただき、ありがとうございます。Everfresh の社長の Lisa Evans です。本日はいくつかわくわくするような発表をいたします。まず、全社員を代表して、来月よりヨーロッパ市場に弊社のアボカドを輸出することになりましたことを発表でき、うれしく思っております。ヨーロッパでは、アボカドの需要が増えており、それは今後も続くであろうと見ております。今日までに、大手小売店さまより 28 もの事前注文をすでにいただいております。アボカド生産者の競合他社はほかにたくさんあることは存じ上げておりますが、われわれは消費者の皆さまが弊社の高品質で無農薬の商品を選んでくださると確信している次第です。さて、品質の話題に移りたいと思います。ここで事業品質管理を担当する新しい副社長をご紹介いたします。

覚えよう！
□ press conference 記者会見　□ president 名 社長　□ announcement 名 発表
□ on behalf of 〜を代表して　□ export 動 〜を輸出する　□ avocado 名 アボカド　□ demand 名 需要
□ anticipate 動 〜を予測する　□ retail 名 小売　□ vice president 副社長、事業部長
□ assurance 名 保証

10. 正解　**B**

What industry does the speaker most likely work in?
(A) Advertising
(B) **Food production**
(C) Transportation
(D) Health care

話し手はどの産業で働いている可能性が高いですか。
(A) 広告
(B) 食料生産
(C) 輸送
(D) 医療

🔓 **言い換えで正解ゲット**

① our avocados と、③ avocado producers → food production の言い換えに気づけば答えられます。自社商品について語っている後半④の our high-quality, organic products の部分も production のヒントになっています。

11. 正解　**B**

According to the speaker, what is expected to **increase**?
(A) The price of some services
(B) The **demand** for a product
(C) The number of retail stores
(D) The cost of shipping goods

話し手によれば、何が増える・上がると期待されていますか。
(A) 一部サービスの値段
(B) 商品への需要
(C) 小売店の数
(D) 配送の値段

🔓 **同じ音＋言い換えが正解**

② demand が同じ音。growing → 設問 increase の言い換えです。

12. 正解　**D**

What does the speaker say she will do next?
(A) Answer questions from the media
(B) Discuss an insurance policy
(C) Explain a sales strategy
(D) **Introduce** an **executive**

話し手は次に何をすると言っていますか。
(A) メディアからの質問に答える
(B) 保険要項を話し合う
(C) 販売戦略を説明する
(D) 役員を紹介する

🔓 **同じ音＋言い換えが正解**

⑤ introduce が同じ音、vice president → executive の言い換えです。

Part 4　実践問題に挑戦

151

🔊 63

Questions 13 through 15 refer to the following talk.

🇨🇦 Everyone, welcome to Creytola ①Stationery. I'll be guiding you on this tour, during which ②you'll be able to see our designers at work and where we manufacture the products our brand is famous for. ③You'll also be able to **try out** a variety of our pens and markers for yourselves and **test a few we haven't even released yet**. Since it can get messy in the ④**factory**, we'll be lending all of you protective eyewear and clothing. Please put them on before we go inside. But before that, I'd like you to follow me down this hallway to our small theater for visitors, where ⑤we'll **watch a short movie** about the history of the company.

問題 13 ～ 15 は次のトークに関するものです。
皆さん、Creytola Stationery へようこそ。私がこのツアーをご案内いたします。ツアー内で皆さんは、わが社のデザイナーの作業と、弊社ブランドの有名な商品が製造されるところをご覧いただくことができます。さらに、ご自身でさまざまなペンやマーカーをお使いいただくことができますし、未発売の製品を試すことも可能です。工場内は雑然としている場所もありますので、目を保護するゴーグルと防護服をお貸し出しします。中へ入る前にそれらを身に着けてください。が、その前に私についてきていただき、ご訪問者向け上映小ルームまで通路を進んでください。そこで弊社の歴史についての短い映像をご覧いただきます。

覚えよう！
□manufacture 動 ～を製造する　□brand 名 ブランド　□try out ～を使ってみる
□messy 形 散らかった　□lend 動 ～を貸し出す　□protective 形 保護の　□visitor 名 訪問者

152

13. 正解 **B**

Where does the speaker work?
(A) At a department store
(B) At a **factory**
(C) At a museum
(D) At a movie theater

話し手はどこで働いていますか。
(A) 百貨店
(B) 工場
(C) 博物館
(D) 映画館

🔓 **同じ語＋ヒントをキャッチ**

④ factory が同じ語です。また、①の会社名に Stationery（文房具）とあること、②の
商品を生産している場所を見られるという説明、③の未発売の商品を試すことができる
という部分も、ヒントになっています。

---

14. 正解 **C**

What will the listeners be able to do?
(A) Find information on the Internet
(B) Take home some free samples
(C) **Use** some **brand-new products**
(D) Participate in a customer survey

聞き手ができることは何ですか。
(A) インターネットで情報を見つける
(B) 無料の試供品を持ち帰る
(C) 新製品を使う
(D) 顧客調査に参加する

🔓 **言い換えが正解**

③の後半部分 a few we haven't even released yet を (C) で brand-new products
と表しています。また、③の try out、test → use の言い換えです。

---

15. 正解 **A**

According to the speaker, what will the listeners do next?
(A) **Watch a short film**
(B) Put on some glasses
(C) Borrow some clothing
(D) Write down their names

話し手によれば、聞き手は次に何をしますか。
(A) 短い映像を見る
(B) メガネをかける
(C) 服を借りる
(D) 名前を書く

🔓 **同じ語＋言い換えが正解**

⑤ watch と short が同じ語、movie → film の言い換えです。

Part 4　実践問題に挑戦

🔊 64

Questions 16 through 18 refer to the following telephone message and schedule.

🇦🇺 Hello, Mr. Delaney. This is Anna Brown. Welcome to Richmond City, and ① thank you so much for coming to give a talk at our Food Science **Conference**. I hope the accommodations we arranged for you are suitable. As you know, the conference will be at Bathurst Hall. ② The most convenient way to get there is by bus. Since the keynote tomorrow starts at nine o'clock in the morning, I suggest that you take Bus No. 6. According to the schedule I sent you by e-mail, ③ it'll stop directly in front of **your hotel at 8:10 A.M.** Oh, one more thing. I understand you need a projector for your session, so ④ **please give me a call back** as soon as possible so I can reserve the right one. Thanks again, and see you tomorrow.

Bus No. 6 to Bathurst Hall	
Willowdale Street	7:55 A.M.
Longview Road	8:00 A.M.
South Boulevard	8:10 A.M.
Jerome Avenue	8:15 A.M.

Bathurst Hall 行き 6 番バス	
ウィロウデイル通り	7:55 A.M.
ロングビュー通り	8:00 A.M.
サウス・ブルーバード	8:10 A.M.
ジェローム大通り	8:15 A.M.

問題 16 〜 18 は次の電話のメッセージとスケジュールに関するものです。

Delaney さん、こんにちは。こちら Anna Brown です。リッチモンド・シティへようこそ。そして、Food Science Conference でお話しいただき、本当にありがとうございます。こちらでご用意したお部屋が適しているといいのですが。ご存じのように会議は Bathurst Hall で行われます。会場へはバスをお使いいただくのが最も便利です。明日の基調講演は午前 9 時に始まりますので、6 番バスをご利用ください。メールでバスのスケジュールをお送りしましたが、午前 8 時 10 分にご滞在のホテルの真正面に停車します。それともう一つ、ご講演でプロジェクターをお使いになるとお聞きしております。適切な機器を予約したく、できるだけ早く折り返しのお電話をください。あらためてお礼申し上げます、それではまた明日。

覚えよう！

□ accommodations 名 (通例、複数形で) 宿泊施設　□ suitable 形 適した　□ directly 副 まさに
□ projector 名 プロジェクター　□ session 名 集まり、講習会　□ reserve 動 〜を予約する

16. 正解　**B**

Who most likely is the speaker?
(A) A travel agent
(B) A **conference** organizer
(C) A hotel receptionist
(D) A research assistant

話し手は誰の可能性が高いですか。
(A) 旅行代理人
(B) 会議の主催者
(C) ホテルの受付係
(D) 研究助手

🔓 **同じ語＋ヒントをキャッチ**

① conference が同じ音です。次の文でホテルの手配をしたこと、②で会場への行き方を説明している点、④プロジェクターの予約について話しているところからも (B) が正解です。

17. 正解　**C**

Look at the graphic. Where is the hotel in which Mr. Delaney is staying?
(A) On Willowdale Street
(B) On Longview Road
(C) On **South Boulevard**
(D) On Jerome Avenue

図表を見てください。Delaney さんが滞在しているホテルはどこにありますか。
(A) ウィロウデイル通り
(B) ロングビュー通り
(C) サウス・ブルーバード
(D) ジェローム大通り

🔓 **図表の「パートナー情報」を見て解答**

③バスは午前 8 時 10 分にあなたのホテルの真正面に停まる、と説明しているので、時刻表から (C) の South Boulevard が正解です。

18. 正解　**A**

What does the speaker ask the listener to do?
(A) **Return a phone call**
(B) Confirm a reservation
(C) Introduce a presenter
(D) E-mail some paperwork

話し手は聞き手に何を頼んでいますか。
(A) 折り返し電話する
(B) 予約を確定する
(C) 発表者を紹介する
(D) 書類をメールする

🔓 **言い換えが正解**

④ please give me a call back の言い換えが (A) return a phone call です。

Part 4　実践問題に挑戦

155

PART 4

トークの展開リスト

　わたしが大学受験をする際、『ジャンル別英文読解以前』（研究社）という参考書がありました。大学入試で問われる英文の「背景知識」について書かれたもので、興味深く読んだことを覚えています。当時、自分が苦手としていた科学系の英文について、典型的な論点を把握することができました。

　Part 4 で冒頭にトークのジャンルが紹介されることについては「基本戦略」で述べましたが、ここではもう少しつっこんで、各ジャンルで**どんな話が展開されるのか**について予備知識をまとめました。トークの内容は要約していますが、こういった流れがある、と知っていることは大きなアドバンテージになるはずです。

トークの種類	内容	代表的な流れ
電話の メッセージ	注文の確認	「こちら○○ケータリングですが、ご注文いただいた内容についてご確認です。人数は 10 名さまとうかがっていますが、デザートの量だけがとても多かったので気になりお電話いたしました」
	業務の連絡	「もしもし、こちら Kevin です。今、取引先からオフィスに向かっているんだけど、渋滞がすごくて帰社が午後のミーティングの直前になりそうなんだ。プレゼン用のプロジェクターがきちんと作動するか確認してほしいんだけど」
	欠席の連絡	「Kate です。昨晩から気分がすぐれなくて、今も続いています。今日は休みます。週末に仕上げるはずだった新しいコーヒーメーカーのデザインは、この電話の後にメールに添付しますので、ご確認ください。最終的な判断はマネジャーに見てもらってからのほうがよさそうですね」

自動音声ガイド	店舗のインフォメーション	「○○シアターへお電話をありがとうございます。音声ガイドにしたがって番号を押してください。ただ今上映中の作品については1を、チケットの購入については2を、劇場へのアクセスについては3を、スタッフにつなぐ、またはその他の案内については4を押してください」
	営業時間	「○○スーパーマーケットです。本日の営業時間は終了いたしました。明日から12月27日までは営業時間を2時間延長し、夜9時まで営業します。年明けの営業は1月3日からです」
アナウンス	会議の抜粋	「本日は2つのトピックについて皆さんにご案内します。まずはアジアでの営業利益ですが、先月比5%の成長が見られました。皆さんのご尽力によるものです。次ですが、営業部のThomasが来月退職します。退職セレモニーは金曜日の夜6時から、アロイ通りのレストランで行われます」
	交通機関の遅れ	「Winter駅をご利用の皆さま。Spring Field行きの特急列車に現在遅れが生じています。2つ前のRedfern駅に停車していますが、原因は現在確認中です。4番ホームに到着予定でしたが、3番に変更になります。繰り返します。3番に到着しますので、移動をお願いします」
	ゲートの変更	「上海行きのS45便はゲートの変更があります。14番ゲートから16番ゲートに変更されました。入国審査を済ませていないお客様はお急ぎください。なお、出発時刻は変更ありません」
トーク	人物の紹介	「本日は海洋生物学の世界的権威、White博士にお越しいただいています。博士はこの20年、カリブ海近海での調査に力を入れていて、先月、研究成果をまとめた著作を出されたばかりです。ワークショップの最後に博士のサイン会がありますので、書店で本を購入し、サインをご希望の方は整理券をお受け取りください」

Part4　トークの展開リスト

トーク	授賞スピーチ	「このたび長年、当社に貢献した Thomas 氏に勤続 30 年の賞が贈られます。氏は大学卒業後、当社がまだガレージビジネスだった時代から献身的に当社の成長を支えてきてくださいました。今回、シドニーオフィス開設にあたっても、氏の類いまれな交渉術と人柄により、ご尽力されました。今年度の社長賞に十分値する働きと、30 年の勤務を記念して Thomas からひと言いただきましょう!」
ニュース	天気	「水曜から続いている大雪で、各地でさまざまな影響が出ています。ルーク大通りはすでに閉鎖され、通ることができません。バスを含むすべての交通機関がストップしていますが、地下鉄は本数を減らして運行予定です。今後の情報は午後 2 時のニュースでお知らせいたします。次はスポーツです」
	イベント	「長くアメリカで活躍されたバスケットボール界のスター Jackson 氏と一緒にプレーできるイベントが、コミュニティセンターの体育館で開催されます。入場料は無料ですが、スポーツ施設建設のための寄付が呼びかけられていますのでご協力をお願いします。予約が必要ですからオンライン、または直接センターで申し込みをしてください。参加者に記念 T シャツが当たる抽選会も行われます」
広告	商品の説明	「忙しい朝に、優雅なひとときを加えたくありませんか。Fillipo 社の新製品であるこのエスプレッソマシーンはわずか 40 秒で本格的なエスプレッソ、カプチーノなど、コーヒーをお好みの濃さでいれられるすぐれものです。バリスタの厳しい基準をクリアした、洗練されたデザインと場所を取らない小さなこのマシーンとともに、ぜひすてきな朝のひとときをお過ごしください!」

Part 5

品詞と文法が大事

Part 5 はこんな問題	160
正解への近道	162
練習問題で確認	165
実践問題に挑戦	220
「瞬殺」リスト	231

Part 5 はこんな問題

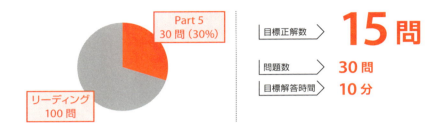

問題形式

英文の**空欄に入る**のに最も適切な語を選ぶ問題です。

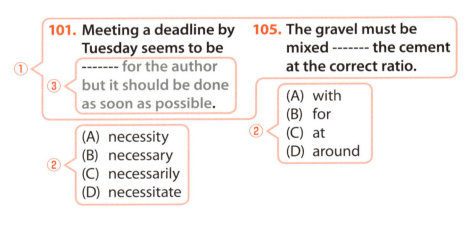

101. Meeting a deadline by Tuesday seems to be ------- for the author but it should be done as soon as possible.

(A) necessity
(B) necessary
(C) necessarily
(D) necessitate

105. The gravel must be mixed ------- the cement at the correct ratio.

(A) with
(B) for
(C) at
(D) around

① 短文30問スピード勝負！

短文穴埋め形式の問題が縦に2列、計30問並んでいます。リーディングセクションからはタイムマネジメントが非常に重要になりますので、**解く問題、捨てる問題を意識して**、このパートで時間を使いすぎないように気をつけてください。

▶1問15秒が目安
Part 5は、時間をかけて考えれば解ける、という問題形式ではありません。**いちばんやってはいけないことは時間のロス**です。

② 選択肢が識別のヒント！

選択肢を確認し、以下3つのどのタイプの問題か判断してください。つまり、**問題は文頭ではなく選択肢から見る**のが鉄則です。

▶品詞問題、文法問題、語彙問題
問題の詳細はこの後見ていきますが、品詞問題と文法問題は短時間で、かつ確実に正解できるタイプの問題です。一方で語彙問題は全文を読む必要があり、4つの選択肢すべての意味がわからないと正解できません。30球のバッティングセンターで、球速60kmの低速から150kmの速球がランダムにくると考えてください。剛速球はヒットにできなくてOKです。

③ 問題文を全部は読まない！

約半数の問題は**問題文の一部を読むことで解答できます**。1秒でも時間を節約するために、問題文の意味を理解するよりも、**正解を取る意識**を徹底してください。

▶割り切りも必要
できそうな問題ほど文章の意味をすべて理解したくなるものですが、割り切った話「選んだ答えが合っていればいい」のです。**ほかの選択肢がなぜダメかの検証は不必要というより、禁止**です。

Part 5 問題形式

正解への近道

基本戦略

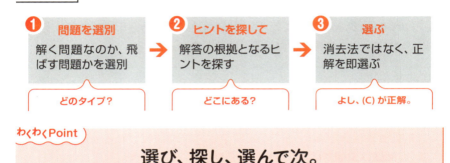

わくわくPoint

選び、探し、選んで次。

　高校生のころ、片思いの人から「和久くんに似た人が主人公やねん」とある本をすすめられました。タイトルは『ぼくは勉強ができない』。勉強ができないのは事実とはいえ、今考えれば失礼な話です。その中に「なぜ、人間は、悩むのだろう。いつか役立つからだろうか。だとしたら、役立てるということを学んでいかなくてはならない」(※)という一文がありました。あれから20年たってこれはPart 5にそのまま当てはまるやんけ、とかなわなかった恋とともに思い出します。

※引用：『ぼくは勉強ができない』（山田詠美 著、新潮文庫、1996年、p.55）

❶「なぜ、Part 5で、悩むのだろう」
　→ 答えを知らないからです
❷「いつかわかるからだろうか」
　→ テスト中は無理ですが、今が「いつか」です
❸「だとしたら、役立つやり方を学ばなければならない」
　→ 続きをお読みください

Part 5 の問題は大きく次の 3 つに分けられます。

1. 品詞問題　　2. 文法問題　　3. 語彙問題

600 点の取得を目指す今は、「品詞問題」と「文法問題」を確実に取りましょう。「語彙問題」は単語の意味を知らなければ解けないので、試験中に悩むのは時間の無駄です。これを「かなわない語彙」と呼びます。以上をまとめるとこうなります。

	品詞問題	文法問題	語彙問題
難易度	易しい	普通	難しい
解答時間	かからない	問題による	かかる
読む量	少ない	問題による	全文
学習効果の出方	早い	普通	遅い
600 点取得のために	解く	解く	知っていれば解く

↓

ここで、15 問を目指す。

では、それぞれの問題の見分け方を説明します。

見分け方その1　選択肢の前半が共通 → 品詞問題

例〉(A) **positiv**e
　　(B) **positiv**ely
　　(C) **positiv**ity
　　(D) **positiv**es

この例のように、選択肢の**単語の前半が共通**しているものは**品詞問題**です。問題文の空欄に合う品詞の単語を答えます。

見分け方その2 単語が共通 → 文法問題

例〉 (A) to **arrive**
(B) will **arrive**
(C) has **arrived**
(D) **arriving**

　この例のように、選択肢の**単語自体が共通**しているものは**文法問題**です。文法的に、問題文の空欄に合うものを選びます。また、動詞の形や時制を選ぶ問題、he / his / him / himself など代名詞の形を選ぶ問題も文法問題となります。

見分け方その2 単語がバラバラ → 語彙問題

例〉 (A) order
(B) relocation
(C) supplier
(D) amount

　上記の例のように、選択肢に**異なる単語が並んでいる**場合は**語彙問題**です。問題文に合う意味の単語を選ぶ必要があります。

　次ページから、問題がどのタイプなのかを瞬時に判断する練習をしていきましょう。

練習問題で確認

Part 5 識別練習問題

　以下の選択肢を見て、「品詞」「文法」「語彙」のどの問題タイプに該当するかを選んでください。10 問を 20 秒、つまり **1 問 2 秒** で判断してください。選択肢の単語の意味は考えずに、瞬時に分けることが大切です。

1. (A) they
(B) their
(C) them
(D) themselves

品詞　　文法　　語彙

2. (A) now
(B) when
(C) instead of
(D) due to

品詞　　文法　　語彙

3. (A) welcoming
(B) welcome
(C) welcomed
(D) welcomes

品詞　　文法　　語彙

Part 5　練習問題で確認

4. (A) accounts
(B) accounted
(C) accountant
(D) accountable

品詞　　文法　　語彙

5. (A) will be held
(B) to hold
(C) to be held
(D) will hold

品詞　　文法　　語彙

6. (A) order
(B) option
(C) menu
(D) lesson

品詞　　文法　　語彙

7. (A) without
(B) throughout
(C) as
(D) following

品詞　　文法　　語彙

8. (A) satisfy
(B) satisfaction
(C) satisfied
(D) satisfying

品詞　　文法　　語彙

9. (A) leave
(B) leaving
(C) to leave
(D) have left

品詞　　文法　　語彙

10. (A) fill
(B) hire
(C) set
(D) give

品詞　　文法　　語彙

識別練習問題

解答と解説

色文字が正解です。 ※問題の識別が目的のため、選択肢の意味は省略しています。

1. (A) they
(B) their
(C) them
(D) themselves

品詞　　**文法**　　語彙

代名詞が並んでいます。文法問題です。

2. (A) now
(B) when
(C) instead of
(D) due to

品詞　　文法　　**語彙**

選択肢がバラバラです。語彙問題です。

3. (A) welcoming
(B) welcome
(C) welcomed
(D) welcomes

品詞　　**文法**　　語彙

選択肢の前半は同じですが、動詞の形が問われています。文法問題です。

4. (A) accounts
(B) accounted
(C) accountant
(D) accountable

品詞　　文法　　語彙

選択肢の前半が同じです。品詞問題です。

5. (A) will be held
(B) to hold
(C) to be held
(D) will hold

品詞　　**文法**　　語彙

動詞の形が問われています。文法問題です。

6. (A) order
(B) option
(C) menu
(D) lesson

品詞　　文法　　**語彙**

選択肢がバラバラです。語彙問題です。

7. (A) without
(B) throughout
(C) as
(D) following

品詞　　文法　　**語彙**

選択肢がバラバラです。語彙問題です。

8. (A) satisfy
(B) satisfaction
(C) satisfied
(D) satisfying

品詞　　文法　　語彙

選択肢の前半が同じです。品詞問題です。

9. (A) leave
(B) leaving
(C) to leave
(D) have left

品詞　　**文法**　　語彙

動詞の形が問われています。文法問題です。

10. (A) fill
(B) hire
(C) set
(D) give

品詞　　文法　　**語彙**

選択肢がバラバラです。語彙問題です。

　さあ、これで問題の種類が分けられるようになりました。本番では 1、3、4、5、8、9 のタイプの問題を取りにいくことになります。では品詞問題と文法問題について詳しく見ていきましょう。

品詞問題のルール

ルールその1 6つの品詞がある

まずは以下の6つの名前を覚えてください。1分でやってみましょう。

品詞

名詞、動詞、形容詞、副詞、前置詞、接続詞

覚え方

「めいどうけいふくぜんせつ!」

各品詞の頭だけ、数回口に出して覚えてください。

ルールその2 どんな働きがあるか

ルール1で覚えた各品詞の働きです。5分で覚えてください。5分の投資がのちのちものを言います。

1	名詞	主語、動詞の目的語、前置詞の目的語（前置詞の後ろにくる語）、補語※
2	形容詞	名詞を修飾、補語
3	副詞	名詞以外すべてを修飾。主に動詞を修飾する
4	前置詞	名詞とセットで形容詞句または副詞句の働きをする
5	動詞	文型と時制を決定する
6	接続詞	後ろにSV（主語＋動詞）が続く

※ 補語（SVOCのC）とは、ざっくり言って主語とイコール（＝）になるものです。

ルールその3 どんな形をしているか

6つの品詞のうち、接続詞、前置詞以外の語尾をまとめました。単語の意味がわからなくても、品詞がわかれば解ける問題に役立ちます。

名詞

-ment、-th、-cy、-ty、-ce、-er(-or)、-ness、-sm、-sion、-tion

たとえば、vacan**cy**、hospitali**ty**、busi**ness**、informa**tion** は上記の語尾で終わっているので、すぐに名詞だとわかります。名詞を作る語尾の覚え方は以下の通りです。

-ment、-th、-cy、-ty、-ce、-er(-or)、-ness、-sm、-sion、-tion
▶「**メントス買いたいっス、あーねえっす、すいましょんしょん**」と覚えます。

形容詞

-ant、-ic、-al、-ive 、-ent 、-able、-ful、-ous

vac**ant**、consider**able**、beauti**ful**、fam**ous** は色文字の部分で形容詞だとわかります。

-ant、-ic、-al、-ive 、-ent 、-able、-ful、-ous
▶「**アンチカリビエント ラブル フルハウス**」と覚えましょう。

動詞

-en、en-、-ize、-fy、-ate、

satis**fy**、communic**ate**、wid**en**、organ**ize** は色文字のところで動詞だとわかります。

-en、en-、-ize、-fy、-ate
▶「**エン エン イゼ ファイ エイト**」と覚えてください。

| 副詞 |

　基本的に -ly で終わります。また、形容詞に -ly がついたものも副詞と考えてください。beautiful**ly**、ear**ly**、careful**ly** などの単語があります。

品詞問題攻略のためのチェック項目

□ ６つの品詞が言えるか
□ ６つの品詞の働きが言えるか
□ 単語の語尾を見てどの品詞かわかるか

Part 5 練習問題で確認

例題①：品詞識別

次の語の品詞を選んでください。ルールその3「どんな形をしているか」をもとに解答してください。

1. document　　　　　　　　　　　　　Ⓐ Ⓑ Ⓒ Ⓓ

(A) 名詞　　(B) 動詞　　(C) 形容詞　　(D) 副詞

2. satisfy　　　　　　　　　　　　　　Ⓐ Ⓑ Ⓒ Ⓓ

(A) 名詞　　(B) 動詞　　(C) 形容詞　　(D) 副詞

3. careful　　　　　　　　　　　　　　Ⓐ Ⓑ Ⓒ Ⓓ

(A) 名詞　　(B) 動詞　　(C) 形容詞　　(D) 副詞

4. enclose　　　　　　　　　　　　　　Ⓐ Ⓑ Ⓒ Ⓓ

(A) 名詞　　(B) 動詞　　(C) 形容詞　　(D) 副詞

5. situation　　　　　　　　　　　　　Ⓐ Ⓑ Ⓒ Ⓓ

(A) 名詞　　(B) 動詞　　(C) 形容詞　　(D) 副詞

6. important　　　　　　　　　　　　　Ⓐ Ⓑ Ⓒ Ⓓ

(A) 名詞　　(B) 動詞　　(C) 形容詞　　(D) 副詞

7. vacant　　　　　　　　　　　　　　Ⓐ Ⓑ Ⓒ Ⓓ

(A) 名詞　　(B) 動詞　　(C) 形容詞　　(D) 副詞

8. really　　　　　　　　　　　　　　Ⓐ Ⓑ Ⓒ Ⓓ

(A) 名詞　　(B) 動詞　　(C) 形容詞　　(D) 副詞

9. entrance   Ⓐ Ⓑ Ⓒ Ⓓ

    (A) 名詞   (B) 動詞   (C) 形容詞   (D) 副詞

10. agreement   Ⓐ Ⓑ Ⓒ Ⓓ

    (A) 名詞   (B) 動詞   (C) 形容詞   (D) 副詞

11. remarkable   Ⓐ Ⓑ Ⓒ Ⓓ

    (A) 名詞   (B) 動詞   (C) 形容詞   (D) 副詞

12. organize   Ⓐ Ⓑ Ⓒ Ⓓ

    (A) 名詞   (B) 動詞   (C) 形容詞   (D) 副詞

13. currently   Ⓐ Ⓑ Ⓒ Ⓓ

    (A) 名詞   (B) 動詞   (C) 形容詞   (D) 副詞

14. retirement   Ⓐ Ⓑ Ⓒ Ⓓ

    (A) 名詞   (B) 動詞   (C) 形容詞   (D) 副詞

15. convenient   Ⓐ Ⓑ Ⓒ Ⓓ

    (A) 名詞   (B) 動詞   (C) 形容詞   (D) 副詞

16. decision   Ⓐ Ⓑ Ⓒ Ⓓ

    (A) 名詞   (B) 動詞   (C) 形容詞   (D) 副詞

Part 5 練習問題で確認

17. officially　　　Ⓐ Ⓑ Ⓒ Ⓓ

(A) 名詞　　(B) 動詞　　(C) 形容詞　　(D) 副詞

18. shorten　　　Ⓐ Ⓑ Ⓒ Ⓓ

(A) 名詞　　(B) 動詞　　(C) 形容詞　　(D) 副詞

19. temporarily　　　Ⓐ Ⓑ Ⓒ Ⓓ

(A) 名詞　　(B) 動詞　　(C) 形容詞　　(D) 副詞

20. useful　　　Ⓐ Ⓑ Ⓒ Ⓓ

(A) 名詞　　(B) 動詞　　(C) 形容詞　　(D) 副詞

例題①

解答と解説

色文字の選択肢が正解です。

1. docu**ment** 文書

(A) **名詞**　(B) 動詞　(C) 形容詞　(D) 副詞

2. satis**fy** 〜を満足させる

(A) 名詞　(B) **動詞**　(C) 形容詞　(D) 副詞

3. care**ful** 注意深い

(A) 名詞　(B) 動詞　(C) **形容詞**　(D) 副詞

4. **en**close 〜を同封する

(A) 名詞　(B) **動詞**　(C) 形容詞　(D) 副詞

5. situa**tion** 状況

(A) **名詞**　(B) 動詞　(C) 形容詞　(D) 副詞

6. import**ant** 重要な

(A) 名詞　(B) 動詞　(C) **形容詞**　(D) 副詞

7. vac**ant** 空いた

(A) 名詞　(B) 動詞　(C) **形容詞**　(D) 副詞

8. real**ly** 本当に

(A) 名詞　(B) 動詞　(C) 形容詞　(D) **副詞**

9. entran**ce** 入り口

(A) **名詞**　(B) 動詞　(C) 形容詞　(D) 副詞

10. agree**ment** 同意

(A) **名詞**　(B) 動詞　(C) 形容詞　(D) 副詞

Part 5　練習問題で確認

11. remarkable 驚くべき

(A) 名詞　　(B) 動詞　　**(C) 形容詞**　　(D) 副詞

12. organize ～を取りまとめる

(A) 名詞　　**(B) 動詞**　　(C) 形容詞　　(D) 副詞

13. currently 現在のところ

(A) 名詞　　(B) 動詞　　(C) 形容詞　　**(D) 副詞**

14. retirement 退職

(A) 名詞　　(B) 動詞　　(C) 形容詞　　(D) 副詞

15. convenient 便利な

(A) 名詞　　(B) 動詞　　**(C) 形容詞**　　(D) 副詞

16. decision 決断

(A) 名詞　　(B) 動詞　　(C) 形容詞　　(D) 副詞

17. officially 公的に

(A) 名詞　　(B) 動詞　　(C) 形容詞　　**(D) 副詞**

18. shorten ～を短くする

(A) 名詞　　**(B) 動詞**　　(C) 形容詞　　(D) 副詞

19. temporarily 一時的に

(A) 名詞　　(B) 動詞　　(C) 形容詞　　**(D) 副詞**

20. useful 役に立つ

(A) 名詞　　(B) 動詞　　**(C) 形容詞**　　(D) 副詞

前置詞 vs 接続詞

p.171 で前置詞と接続詞の働きについて確認しましたが、ここで例文とともに 2 つの品詞を見てみましょう。

例〉 When I got up in the morning, my mother was listening to the radio with my father.
僕が朝起きた時、母は父とラジオを聞いていた。

上記の英文に接続詞が 1 つ、前置詞が 3 つあります。以下の色文字を見てください。

例〉 **When** I got up **in** the morning, my mother was listening **to** the radio **with** my father.

最初の when が接続詞で後の 3 つが前置詞です。TOEIC では、それぞれの意味ももちろん重要ですが、いちばん注目したいのは「何が後ろに続くか」です。

例文では When の後に I got、つまり主語（S）＋動詞（V）が、各前置詞の後にはそれぞれ the morning / the radio / my father と名詞句が続いています。

この並び順が非常に重要です。前置詞や接続詞に不安がある人は、意味を覚える前に、その語句の後ろに何がきているかを注意して見てください。

次のページに代表的な前置詞（句）と接続詞（句）をまとめましたので参考にしてください。

Part 5 練習問題で確認

179

前置詞（句）

前置詞	代表的な意味
at	～（時刻、狭い場所）で
on	～（曜日、日付、路面やリスト）の上
in	～（年など）で　※ at より広い場所
for	～（期間）の間、～のために　※接続詞での使い方もあります。
since	～以来　※接続詞での使い方もあります。
over	～を覆って、～にわたって
within	～以内に
by	～までに、～の近くに
until	～まで　※接続詞での使い方もあります。
despite	～にもかかわらず
without	～なしで
along	～に沿って
instead of	～の代わりに
due to / owing to	～が原因で

接続詞（句）

接続詞	代表的な意味
when	～のとき
while	～する間
since	～以来、～なので　※前置詞での使い方もあります。
once	いったん～したら
though / although	～だけれども
as	～なので　※前置詞での使い方もあります。
because	～なので
if	もし～なら
unless	～でない限り

例題②：前置詞・接続詞識別

前置詞（句）か接続詞（句）かを選んでください。Part 5 では、前置詞と接続詞が選択肢に混在して出題されます。それぞれを見分けることが狙いです。

1. if Ⓐ Ⓑ

(A) 前置詞 (B) 接続詞

2. at Ⓐ Ⓑ

(A) 前置詞 (B) 接続詞

3. because of Ⓐ Ⓑ

(A) 前置詞句 (B) 接続詞句

4. because Ⓐ Ⓑ

(A) 前置詞 (B) 接続詞

5. with Ⓐ Ⓑ

(A) 前置詞 (B) 接続詞

6. when Ⓐ Ⓑ

(A) 前置詞 (B) 接続詞

7. as soon as Ⓐ Ⓑ

(A) 前置詞句 (B) 接続詞句

8. along Ⓐ Ⓑ

(A) 前置詞 (B) 接続詞

Part 5 練習問題で確認

181

9. by ⒜ ⒝

(A) 前置詞　　　(B) 接続詞

10. during ⒜ ⒝

(A) 前置詞　　　(B) 接続詞

11. due to ⒜ ⒝

(A) 前置詞句　　　(B) 接続詞句

12. without ⒜ ⒝

(A) 前置詞　　　(B) 接続詞

13. once ⒜ ⒝

(A) 前置詞　　　(B) 接続詞

14. though ⒜ ⒝

(A) 前置詞　　　(B) 接続詞

15. among ⒜ ⒝

(A) 前置詞　　　(B) 接続詞

16. while ⒜ ⒝

(A) 前置詞　　(B) 接続詞

17. despite Ⓐ Ⓑ

(A) 前置詞　　　(B) 接続詞

18. owing to Ⓐ Ⓑ

(A) 前置詞句　　　(B) 接続詞句

Part 5 練習問題で確認

例題②

解答と解説

色文字の選択肢が正解です。

1. if もし〜なら

(A) 前置詞   **(B) 接続詞**

2. at 〜で

(A) 前置詞   (B) 接続詞

3. because of 〜が原因で

(A) 前置詞句   (B) 接続詞句

4. because 〜なので

(A) 前置詞   **(B) 接続詞**

5. with 〜と一緒に

(A) 前置詞   (B) 接続詞

6. when 〜のとき

(A) 前置詞   **(B) 接続詞**

7. as soon as 〜するとすぐに

(A) 前置詞句   **(B) 接続詞句**

8. along 〜に沿って

(A) 前置詞   (B) 接続詞

9. by 〜までに、〜の近くに

(A) 前置詞   (B) 接続詞

10. during 〜の間

(A) 前置詞   (B) 接続詞

11. due to 〜が原因で

   (A) 前置詞句　　　(B) 接続詞句

12. without 〜なしで

   (A) 前置詞　　　(B) 接続詞

13. once いったん〜したら

   (A) 前置詞　　　**(B) 接続詞**

14. though 〜だけれども

   (A) 前置詞　　　**(B) 接続詞**

15. among 〜の間

   (A) 前置詞　　　(B) 接続詞

16. while 〜する間

   (A) 前置詞　　　**(B) 接続詞**

17. despite 〜にもかかわらず

   (A) 前置詞　　　(B) 接続詞

18. owing to 〜が原因で

   (A) 前置詞句　　　(B) 接続詞句

Part 5 練習問題で確認

例題③：名詞選択

　名詞を選べるようになることが狙いです。(A) 〜 (D) の中から名詞を選んでください。名詞の働きは「主語」「動詞の目的語」「前置詞の目的語」（前置詞の後ろにくる語）、「補語」です（「ルールその 2」より）。したがって、これらの位置が空いていたら名詞を入れてください。

1. for -------.　　　　　　　　　　　　　　　ⒶⒷⒸⒹ
   (A) distribute
   (B) distributed
   (C) distribution
   (D) distributional

2. the -------.　　　　　　　　　　　　　　　ⒶⒷⒸⒹ
   (A) combination
   (B) combine
   (C) combined
   (D) combinable

3. their -------.　　　　　　　　　　　　　　ⒶⒷⒸⒹ
   (A) payment
   (B) pay
   (C) payable
   (D) paid

4. an ------.　　　　　　　　　　　　　　　　ⒶⒷⒸⒹ
   (A) operate
   (B) operators
   (C) operator
   (D) operational

5. on -------. Ⓐ Ⓑ Ⓒ Ⓓ
   (A) complete
   (B) completion
   (C) completely
   (D) completed

6. for -------. Ⓐ Ⓑ Ⓒ Ⓓ
   (A) helped
   (B) helpful
   (C) to help
   (D) help

7. the -------. Ⓐ Ⓑ Ⓒ Ⓓ
   (A) valuable
   (B) valuably
   (C) valued
   (D) value

8. nutritional -------. Ⓐ Ⓑ Ⓒ Ⓓ
   (A) healthy
   (B) healthiest
   (C) heal
   (D) health

9. final -------.   Ⓐ Ⓑ Ⓒ Ⓓ

    (A) decide

    (B) decision

    (C) decidedly

    (D) decided

10. an -------.   Ⓐ Ⓑ Ⓒ Ⓓ

    (A) appointive

    (B) appoint

    (C) appointment

    (D) appointments

例題③

解答と解説

色文字の選択肢が正解です。

1. for -------. （←前置詞の後ろ）

(A) distribute   (A) 動 〜を分配する
(B) distributed   (B) distribute の過去形
(C) distribution   (C) 名 分配
(D) distributional   (D) 形 分配の

「ション（-sion/tion）がついたら名詞でション」と覚えてください。

2. the -------. （←冠詞の後ろ）

(A) combination   (A) 名 組み合わせ
(B) combine   (B) 動 〜を結合する
(C) combined   (C) combine の過去形
(D) combinable   (D) 形 結合できる

「the ＋形容詞＋名詞」という語順もありますが、空欄の後ろはピリオドで終わっているので名詞しか入りません。

3. their -------. （←所有格の後ろ）

(A) payment   (A) 名 支払い
(B) pay   (B) 動 〜を払う
(C) payable   (C) 形 支払うべき
(D) paid   (D) pay の過去形

their（所有格）の後ろには名詞が入ります。

Part 5 練習問題で確認

4. an ------. （←冠詞の後ろ）

(A) operate
(B) operators
(C) **operator**
(D) operational

(A) 動 ～を操作する、運営する
(B) operator の複数形
(C) 名 オペレーター
(D) 形 運転可能な

> an は冠詞で「1 つの」という意味なので、複数形の s がついている (B) は不正解です。

5. on -------. （←前置詞の後ろ）

(A) complete
(B) **completion**
(C) completely
(D) completed

(A) 動 ～を仕上げる
(B) 名 修了、完了
(C) 副 完全に
(D) complete の過去形

> 「ションがついたら…」の復習問題です。

6. for -------. （←前置詞の後ろ）

(A) helped
(B) helpful
(C) to help
(D) **help**

(A) help（動詞）の過去形
(B) 形 役に立つ
(C) help の to 不定詞
(D) 名 助け

> help は動詞以外に、このように名詞で「助け」という意味もあります。それを知らなくても消去法で解けます。空欄は前置詞とピリオドの間なので名詞しか入りません。(A) は過去形なので動詞、(B) は -ful で終わっているので形容詞、(C) は to 不定詞（to ＋動詞の原形）なので不正解です。

7. the -------. （←冠詞の後ろ）

(A) valuable
(B) valuably
(C) valued
(D) **value**

(A) 形 価値の高い
(B) 副 高価に
(C) value（～を評価する）の過去形
(D) 名 価値

> 問題 2 と同じ考え方です。(A) は -able で終わっているので形容詞、（B) は副詞、(C) は過去形＝動詞なので不正解です。

8. nutritional -------. （←形容詞の後ろ）

(A) healthy
(B) healthiest
(C) heal
(D) health

(A) 形 健康的な
(B) healthy の最上級形
(C) 動 ～を癒やす
(D) 名 健康

空所は形容詞とピリオドの間ですから、名詞しか入りません。

覚えよう！ | □ nutritional 形 栄養上の

9. final -------. （←形容詞の後ろ）

(A) decide
(B) decision
(C) decidedly
(D) decided

(A) 動 ～を決定する
(B) 名 決定
(C) 副 きっぱりと
(D) decide の過去形

問題 8 と同じ考え方です。

10. an -------. （←冠詞の後ろ）

(A) appointive
(B) appoint
(C) appointment
(D) appointments

(A) 形 任命制の
(B) 動 ～を任命する
(C) 名 約束
(D) appointment の複数形

単数形の (C) が正解です。

Part 5 練習問題で確認

191

例題④：形容詞選択

　次は形容詞の位置の確認です。(A) 〜 (D) の中から形容詞を選んでください。形容詞の役割は「名詞修飾」か「補語」でした。したがって、これらの位置が空いていたら形容詞を入れてください。

1. on ------- cars.　　　　　　　　　　　　　Ⓐ Ⓑ Ⓒ Ⓓ
    (A) new
    (B) newly
    (C) news
    (D) newest

2. with ------- anticipation.　　　　　　　　Ⓐ Ⓑ Ⓒ Ⓓ
    (A) publicity
    (B) publicize
    (C) public
    (D) publicist

3. by ------- gains.　　　　　　　　　　　　Ⓐ Ⓑ Ⓒ Ⓓ
    (A) proportion
    (B) proportionality
    (C) proportionally
    (D) proportional

4. his ------- presentation.　　　　　　　　Ⓐ Ⓑ Ⓒ Ⓓ
    (A) remark
    (B) remarkable
    (C) remarkably
    (D) remarking

5. ------- support.   Ⓐ Ⓑ Ⓒ Ⓓ

   (A) technical

   (B) technique

   (C) technologies

   (D) technically

6. The offer was -------.   Ⓐ Ⓑ Ⓒ Ⓓ

   (A) attract

   (B) attracting

   (C) attractive

   (D) attraction

7. The ticket is -------.   Ⓐ Ⓑ Ⓒ Ⓓ

   (A) validation

   (B) validate

   (C) valid

   (D) validates

8. the ------- estimate.   Ⓐ Ⓑ Ⓒ Ⓓ

   (A) originally

   (B) original

   (C) originate

   (D) origin

9. the ------- price. Ⓐ Ⓑ Ⓒ Ⓓ
  (A) total
  (B) totally
  (C) totalize
  (D) totalizing

10. The proposal was -------. Ⓐ Ⓑ Ⓒ Ⓓ
  (A) innovation
  (B) innovative
  (C) innovativeness
  (D) innovate

例題④

解答と解説

色文字の選択肢が正解です。

1. on ------- cars. (←名詞の前)

　(A) new
　(B) newly
　(C) news
　(D) newest

　(A) 形 新しい
　(B) 副 新たに
　(C) 名 ニュース
　(D) new の最上級形

cars が名詞です。名詞の前なので形容詞を入れます。

2. with ------- anticipation. (←名詞の前)

　(A) publicity
　(B) publicize
　(C) public
　(D) publicist

　(A) 名 注目、宣伝
　(B) 動 〜を公表する
　(C) 形 公の
　(D) 名 広報係

「ション」(名詞) の前なので形容詞を入れます。

覚えよう！ │ □anticipation 名 期待

3. by ------- gains. (←名詞の前)

　(A) proportion
　(B) proportionality
　(C) proportionally
　(D) proportional

　(A) 名 割合
　(B) 名 釣り合い
　(C) 副 釣り合って
　(D) 形 比例した

gain は動詞で「〜を得る」という意味もありますが、前に by があること、複数形の s が
ついていることにより名詞だとわかります。

覚えよう！ │ □gain 名 利益

Part 5　練習問題で確認

195

4. his ------- presentation. (←名詞の前)

(A) remark
(B) remarkable
(C) remarkably
(D) remarking

(A) 動 〜とコメントする
(B) 形 注目すべき
(C) 副 非常に
(D) remark の ing 形

「ション」(名詞) の前なので形容詞を入れます。

5. ------- support. (←名詞の前)

(A) technical
(B) technique
(C) technologies
(D) technically

(A) 形 技術的な
(B) 名 技術
(C) technology の複数形
(D) 副 技術的に

support (名詞) の前なので形容詞を入れます。

覚えよう! | □ support 名 支援

6. The offer was -------. (←補語の位置)

(A) attract
(B) attracting
(C) attractive
(D) attraction

(A) 動 〜を引きつける
(B) attract の ing 形
(C) 形 魅力的な
(D) 名 名所、呼び物

補語の位置なので offer = attractive と考えます。

7. The ticket is -------. (←補語の位置)

(A) validation
(B) validate
(C) valid
(D) validates

(A) 名 認証
(B) 動 〜を有効にする
(C) 形 有効な
(D) validate の 3 人称単数現在形

名詞も入りそうな問題ですが、名詞の場合「有効化、認証」という意味になり、文意が通りません。

8. the ------- estimate. (←名詞の前)

(A) originally
(B) original
(C) originate
(D) origin

(A) 副 初めは
(B) 形 もともとの
(C) 動 〜を引き起こす
(D) 名 起源

> estimate は -ate で終わっていますが、the がついていて後ろがピリオドなので名詞です。冠詞と名詞の間には形容詞を入れます。

覚えよう！ │ □ estimate 名 見積もり

9. the ------- price. (←名詞の前)

(A) total
(B) totally
(C) totalize
(D) totalizing

(A) 形 合計の
(B) 副 まったく
(C) 動 〜を合計する
(D) totalize の ing 形

> the（冠詞）＋ 形容詞 ＋ 名詞のパターンは覚えておきましょう。

10. The proposal was -------. (←補語の位置)

(A) innovation
(B) innovative
(C) innovativeness
(D) innovate

(A) 名 一新、革新
(B) 形 革新的な
(C) 名 革新性
(D) 動 〜を刷新する

> これも名詞でもよさそうですが、冠詞のつかない innovation は「一新、革新」という意味なので、文意がおかしくなります。形容詞を入れて「革新的であった」とするほうが自然です。

覚えよう！ │ □ proposal 名 提案

Part 5 練習問題で確認

197

例題⑤：副詞選択

次は副詞を選べるようになることが狙いです。副詞はさまざまなところに入りますが、以下を覚えておけば瞬時に問題が解けます！

副詞が入る位置
❶ 一般動詞の前、be 動詞の後ろ
❷ 形容詞の前
❸ be 動詞 + 動詞の ing 形（進行形）の間
❹ be 動詞 + 動詞の過去分詞形（受動態）の間
❺ have + 動詞の過去分詞形（現在完了形）の間
❻ 自動詞 + 前置詞の間

(A) ～ (D) の中から最も適切なものを選んでください。

1. The employees ------- meet twice a month.　Ⓐ Ⓑ Ⓒ Ⓓ
   (A) general
   (B) generalize
   (C) generally
   (D) generalized

2. The firm ------- released incorrect data.　Ⓐ Ⓑ Ⓒ Ⓓ
   (A) mistakenly
   (B) mistake
   (C) to mistake
   (D) mistaking

3. He responded ------- to the proposal.　Ⓐ Ⓑ Ⓒ Ⓓ
   (A) favorable
   (B) favorite
   (C) favorably
   (D) favoring

4. The restaurant offers ------- authentic dishes.   Ⓐ Ⓑ Ⓒ Ⓓ

    (A) remark

    (B) remarkably

    (C) remarked

    (D) remarkableness

5. We rely ------- on social media.   Ⓐ Ⓑ Ⓒ Ⓓ

    (A) increase

    (B) increases

    (C) increasing

    (D) increasingly

6. She wrote ------- about modern life in Tokyo.   Ⓐ Ⓑ Ⓒ Ⓓ

    (A) general

    (B) generalize

    (C) generally

    (D) generalized

Part 5　練習問題で確認

7. The café is ------- located, on Shijo Street in Kyoto.

(A) (B) (C) (D)

(A) center
(B) centers
(C) centralize
(D) centrally

8. The new employee has to adapt ------- to changes.

(A) (B) (C) (D)

(A) readies
(B) readily
(C) readiness
(D) ready

9. The logo is ------- visible.

(A) (B) (C) (D)

(A) prominent
(B) prominently
(C) prominence
(D) prominences

10. The president is ------- reviewing the figures in the headquarters.

(A) (B) (C) (D)

(A) close
(B) closed
(C) closing
(D) closely

例題⑤

解答と解説

色文字の選択肢が正解です。

1. The employees ------- meet twice a
month. (←動詞の前)
(A) general
(B) generalize
(C) generally
(D) generalized

従業員たちは通常、月に2回集まっている。

(A) 形 全体的な
(B) 動 〜を一般化する
(C) 副 通常
(D) generalize の過去形

2. The firm ------- released incorrect data.
(↑動詞の前)
(A) mistakenly
(B) mistake
(C) to mistake
(D) mistaking

覚えよう！ □ incorrect 形 間違った

その企業は誤って間違ったデータを発表した。

(A) 副 誤って
(B) 動 〜を間違う
(C) mistake の to 不定詞
(D) mistake の ing 形

3. He responded ------- to the proposal.
(↑自動詞＋前置詞の間)
(A) favorable
(B) favorite
(C) favorably
(D) favoring

覚えよう！ □ respond to 〜に反応する

彼はその提案に好意的に応対した。

(A) 形 好意的な
(B) 形 気に入りの
(C) 副 好意的に
(D) favor (〜に賛成する) の ing 形

4. The restaurant offers ------- authentic
dishes. (←形容詞の前)
(A) remark
(B) remarkably
(C) remarked
(D) remarkableness

覚えよう！ □ authentic 形 本物の、本格的な

そのレストランは非常に本格的な料理を出している。

(A) 動 〜とコメントする
(B) 副 非常に
(C) remark の過去形
(D) 名 意外性

Part 5 練習問題で確認

5. We rely ------- on social media.
（↑自動詞＋前置詞の間）

(A) increase
(B) increases
(C) increasing
(D) increasingly

覚えよう！ │ □ rely on ～に頼る

私たちはますますソーシャルメディア
に依存するようになっている。

(A) 動 増加する
(B) increase の 3 人称単数現在形
(C) increase の ing 形
(D) 副 ますます

---

6. She wrote ------- about modern life in
Tokyo. （←自動詞＋前置詞の間）

(A) general
(B) generalize
(C) generally
(D) generalized

覚えよう！ │ □ modern 形 現代の

彼女はおおむね東京の現代の生活に
ついて書いた。

(A) 形 全体的な
(B) 動 ～を一般化する
(C) 副 だいたい
(D) generalize の過去形

---

7. The café is ------- located, on Shijo Street
in Kyoto. （←受動態の間）

(A) center
(B) centers
(C) centralize
(D) centrally

そのカフェは京都の中心部、四条通
りに位置している。

(A) 名 中心
(B) center の複数形
(C) 動 ～を中心に集める
(D) 副 中心部に

---

8. The new employee has to adapt -------
to changes. （←自動詞＋前置詞の間）

(A) readies
(B) readily
(C) readiness
(D) ready

覚えよう！ │ □ adapt to ～に適応する

その新入社員は変化にすぐに順応し
なければならなかった。

(A) 動 ready（～を用意させる）の 3
人称単数現在形
(B) 副 すぐに、たやすく
(C) 名 準備のできていること
(D) 形 準備のできた

9. The logo is ------- visible. (←形容詞の前)

(A) prominent
(B) prominently
(C) prominence
(D) prominences

そのロゴは際立って目につく。

(A) 形 目立った
(B) 副 際立って
(C) 名 卓越
(D) prominence の複数形

10. The president is ------- reviewing the figures in the headquarters. (←進行形の間)

(A) close
(B) closed
(C) closing
(D) closely

その社長は本社で念入りに数字を見直している。

(A) 動 〜を閉める
(B) close の過去形
(C) close の ing 形
(D) 副 念入りに

覚えよう！ □review 動 〜を見直す □figure 名 数字 □headquarters 名 本社

例題⑥：前置詞・接続詞選択

前置詞 vs 接続詞を判別するための問題です。日本語も参考にして、(A) 〜 (D) の中から最も適切なものを選んでください。見分け方は「後ろにくるのが名詞だけならば前置詞、SV（主語＋動詞）が続けば接続詞」です。これを徹底してください。

1. ------- high costs, 彼らは購入を見送った. ⒶⒷⒸⒹ
- (A) If
- (B) When
- (C) Because of
- (D) During

2. ------- leaving the factory, 電気を消してください. ⒶⒷⒸⒹ
- (A) Before
- (B) Though
- (C) By
- (D) In

3. 割引が適用されます ------- you purchase more than three items once. ⒶⒷⒸⒹ
- (A) if
- (B) without
- (C) despite
- (D) until

4. 静かに待っていてください ------- all the board members have exited the room. ⒶⒷⒸⒹ
- (A) during
- (B) until
- (C) of
- (D) by

204

5. 道路は閉鎖されます ------- construction. Ⓐ Ⓑ Ⓒ Ⓓ

    (A) when
    (B) as soon as
    (C) during
    (D) because

6. 結果を公表します ------- the figure have
been analyzed. Ⓐ Ⓑ Ⓒ Ⓓ

    (A) in addition to
    (B) by
    (C) as soon as
    (D) for

7. ------- our leader changes the plan,
橋の建設は遅れるだろう. Ⓐ Ⓑ Ⓒ Ⓓ

    (A) Owing to
    (B) Within
    (C) Due to
    (D) If

8. 払い戻しをしています ------- two days of
purchase に限って. Ⓐ Ⓑ Ⓒ Ⓓ

    (A) above
    (B) during
    (C) within
    (D) when

Part 5 練習問題で確認

9. ------- Mr. Saito is not a chef himself,
その店のメニューのすべてを決めています．   Ⓐ Ⓑ Ⓒ Ⓓ

   (A) Although
   (B) After
   (C) Before
   (D) Until

10. The next item ------- the agenda
はオフィスの移転についてです．   Ⓐ Ⓑ Ⓒ Ⓓ

   (A) on
   (B) without
   (C) over
   (D) despite

例題⑥

解答と解説

色文字の選択肢が正解です。

1. ------- high costs, 彼らは購入を見送った.

(A) If
(B) When
(C) Because of
(D) During

費用の高さが原因で、彼らは購入を見送った。

(A) 接 もし〜なら
(B) 接 〜のとき
(C) 前 〜が原因で
(D) 前 〜の間

> 空欄の後ろは名詞だけです。つまり前置詞が入ります。(C)(D) が残り、高い費用「が原因で」と考えて (C) を選びます。

2. ------- leaving the factory, 電気を消してください.

(A) Before
(B) Though
(C) By
(D) In

工場を出る前に電気を消してください。

(A) 前 〜の前に
(B) 接 〜だけれども
(C) 前 〜によって
(D) 前 〜で

> leaving は動名詞です。前には前置詞しか入らないので (A)(C)(D) が残り、工場を出る「前に」と考えて (A) を選びます。before には前置詞、接続詞それぞれの使い方があります。

覚えよう！ │ □factory 名 工場

3. 割引が適用されます ------- you purchase more than three items once.

(A) if
(B) without
(C) despite
(D) until

もし一度に 4 品以上購入されたら、割引が適用されます。

(A) 接 もし〜なら
(B) 前 〜なしで
(C) 前 〜にもかかわらず
(D) 接 〜まで

> you purchase と SV が続くので、(A) と (D) が残ります。「もし」買うなら、と考えて (A) を選びます。until には前置詞、接続詞それぞれの使い方があります。

覚えよう！ │ □purchase 動 〜を購入する　□more than 〜を超えて

Part 5　練習問題で確認

4. 静かに待っていてください ------- all the board members have exited the room.

(A) during
(B) until
(C) of
(D) by

すべての役員が部屋を退出するまで、静かに待っていてください。

(A) 前 〜の間
(B) 接 〜まで
(C) 前 〜の
(D) 前 〜によって

空欄の後ろは SV が続きます。until に前置詞と接続詞のそれぞれの使い方があることがポイントです。役員が部屋を出る「まで」と考えて (B) を選びます。

覚えよう！ │ □board member 名 役員　□exit 動 〜を出る

5. 道路は閉鎖されます ------- construction.

(A) when
(B) as soon as
(C) during
(D) because

建設中、道路は閉鎖されます。

(A) 接 〜のとき
(B) 接 〜するとすぐに
(C) 前 〜の間
(D) 接 〜なので

空欄の後ろは名詞ですので、唯一の前置詞である (C) が正解です。

覚えよう！ │ □construction 名 建設

6. 結果を公表します ------- the figure have been analyzed.

(A) in addition to
(B) by
(C) as soon as
(D) for

数字が分析されたら、すぐに結果を公表します。

(A) 前 〜に加えて
(B) 前 〜によって
(C) 接 〜するとすぐに
(D) 接 〜というのは

空欄の後ろが SV なので、接続詞の (C) (D) が残ります。文意から (C) が正解です。

覚えよう！ │ □analyze 動 〜を分析する

7. ------- our leader changes the plan, 橋の建設は遅れるだろう.

(A) Owing to
(B) Within
(C) Due to
(D) If

もしリーダーが計画を変更したら、橋の建設は遅れるだろう。

(A) 前 〜が原因で
(B) 前 〜以内に
(C) 前 〜のために
(D) 接 もし〜なら

> 空欄の後ろが SV なので、接続詞の (D) が正解です。

8. 払い戻しをしています ------- two days of purchase に限って.

(A) above
(B) during
(C) within
(D) when

購入から 2 日以内に限って払い戻しをしています。

(A) 前 〜の上方に
(B) 前 〜の間
(C) 前 〜以内に
(D) 接 〜のとき

> 空欄の後ろが名詞なので接続詞の (D) は消えます。購入から 2 日「以内」と考えて (C) を選びます。

9. ------- Mr. Saito is not a chef himself, その店のメニューのすべてを決めています.

(A) Although
(B) After
(C) Before
(D) Until

Saito 氏は彼自身シェフではないものの、その店のメニューのすべてを決めています。

(A) 接 〜だけれども
(B) 接 〜の後で
(C) 接 〜の前に
(D) 接 〜まで

> SV が続いていますが、(A) 〜 (D) すべて接続詞の用法がある語です。Saito さん自身はシェフではない「けれども」、という意味になる (A) が正解です。

10. The next item ------- the agenda はオフィスの移転についてです.

    (A) on
    (B) without
    (C) over
    (D) despite

議題の（上に載っている）次の項目はオフィスの移転についてです。

(A) 前 〜の上に
(B) 前 〜なしで
(C) 前 〜にわたって
(D) 前 〜にもかかわらず

空欄の後ろが名詞なので前置詞が入ります。ただ選択肢はすべて前置詞なので、議題に「載っている」と考えて (A) を選びます。

覚えよう！│□item 名 項目　□agenda 名 議題

文法問題の攻略

　ここまで、Part 5 で必ず取りたい品詞問題を集中して練習してきました。次は文法問題の攻略です。かつて平成が始まったばかりのころ、某バンドがいくつかの大事なことを教えてくれました。たくさんの大事なことが歌われた後にそれがいちばん大事だと締められたときは、どれがいちばん大事なのか幼いわたしは戸惑ったものです。

　大人になった今、いちばん大事なことが 4 つくらい並ぶことはあっていいんだなと思います。Part 5 の「それが大事」は次の通りです。

それが大事1 格

　「格」、いわゆる I – my – me – mine というやつです。

格のルール

❶ 主語の位置なら主格
❷ 名詞の前なら所有格
❸ 動詞の後ろ、前置詞の後ろは目的格
❹ 同じ人（その人自身）は再帰代名詞
　 特に by one's own と by oneself は暗記

それが大事2 比較

　難しい構文は覚える必要はありません。次の 3 つを確認してください。

比較のルール

❶ than があったら　-er / more ~
❷ the / of / in があったら　-est / most ~
❸ as ~ as の間はそのままの形

Part 5 練習問題で確認

211

それが大事 3 接続詞セット

下記を覚えていれば解けます。

接続詞群

❶ not only A but also B　　A だけでなく B も
❷ both A and B　　　　　　A と B の両方
❸ either A or B　　　　　　A と B のどちらか
❹ neither A nor B　　　　　A も B も〜でない
❺ whether A or B　　　　　A か B か

それが大事 4 動詞の形

時制（過去形など）と原形（s などがつかないそのままの形）がポイントです。

動詞の形のポイント

❶ to 不定詞（to ＋動詞の原形）、助動詞の後ろ、please があったら原形
❷ for / over / since があったら現在完了形
❸ 未来と過去を表す語に注意

　もちろんほかにも重要な文法事項はありますが、まずはこれらをしっかり押さえましょう。スコアアップに直結するものばかりですので、練習問題を解きながら、一気にマスターしてください。

例題⑦：文法問題

「それが大事 1 〜 4」を活用しながら解いていきましょう。(A) 〜 (D) の中から最も適切なものを選んでください。

1. The company didn't hire additional staff since Mr. Tachikawa said he would do the task by -------.   Ⓐ Ⓑ Ⓒ Ⓓ
   (A) him
   (B) himself
   (C) his
   (D) he

2. Please ------- the user's manual before using your headphone.   Ⓐ Ⓑ Ⓒ Ⓓ
   (A) read
   (B) reading
   (C) to read
   (D) had read

3. The meeting room in our headquarters can normally ------- about 100 people.   Ⓐ Ⓑ Ⓒ Ⓓ
   (A) accommodate
   (B) accommodated
   (C) accommodating
   (D) accommodation

4. My colleague ------- back from a business trip to Seoul yesterday.   Ⓐ Ⓑ Ⓒ Ⓓ
   (A) come
   (B) came
   (C) has come
   (D) coming

5. Sales of the device have been increasing
------- the past three years.   Ⓐ Ⓑ Ⓒ Ⓓ

(A) along
(B) under
(C) by
(D) over

6. Because the manager's arrival is delayed,
the report will be checked ------- than
planned at the meeting.   Ⓐ Ⓑ Ⓒ Ⓓ

(A) late
(B) latest
(C) later
(D) lateness

7. All stores on Maple Avenue ------- early
yesterday because of the roadwork.   Ⓐ Ⓑ Ⓒ Ⓓ

(A) are closed
(B) to close
(C) closing
(D) closed

8. All employees should update ------- timesheets daily.

(A) theirs
(B) them
(C) their
(D) they

Ⓐ Ⓑ Ⓒ Ⓓ

9. ------- road map and coupon-book are available at the tourist information center.

(A) Neither
(B) Both
(C) Either
(D) Whether

Ⓐ Ⓑ Ⓒ Ⓓ

10. Employees in the sales department must obtain permission from ------- supervisors to apply for long holidays.

(A) they
(B) their
(C) theirs
(D) themselves

Ⓐ Ⓑ Ⓒ Ⓓ

例題⑦

解答と解説

色文字の選択肢が正解です。

1. The company didn't hire additional staff
since Mr. Tachikawa said he would do the
task by -------.
(A) him
(B) himself
(C) his
(D) he

Tachikawa 氏がその仕事を彼自身で
やると言ったので、その企業は追加の
人員を雇わなかった。

(A) 目的格
(B) 再帰代名詞
(C) 所有格
(D) 主格

> 文末の by を見て、-self を選びにいきましょう。→ それが大事 1【格】

覚えよう！ │ □additional 形 追加の　□task 名 仕事

2. Please ------- the user's manual before
using your headphone.
(A) read
(B) reading
(C) to read
(D) had read

ヘッドフォンをご使用になる前にユー
ザーマニュアルを読んでください。

(A) 原形
(B) ing 形
(C) to 不定詞
(D) 過去完了形

> please があるので、原形の read を選びます。→ それが大事 4【動詞の形】

覚えよう！ │ □manual 名 マニュアル

3. The meeting room in our headquarters can normally ------- about 100 people.

(A) **accommodate**
(B) accommodated
(C) accommodating
(D) accommodation

本社のその会議室は通常約 100 人を収容できる。

(A) 動 ～を収容する
(B) accommodate の過去形
(C) accommodate の ing 形
(D) 名 宿泊施設

> normally の前の can に注目すれば、助動詞の後で動詞の原形が正解になります。→ それが大事 4【動詞の形】

覚えよう！│□ headquarters 名 本社

4. My colleague ------- back from a business trip to Seoul yesterday.

(A) come
(B) **came**
(C) has come
(D) coming

同僚が昨日ソウル出張から戻った。

(A) 原形
(B) 過去形
(C) 現在完了形
(D) ing 形

> yesterday は過去を表す語ですから、過去形の (B) を選びます。→ それが大事 4【動詞の形】

覚えよう！│□ colleague 名 同僚 □ business trip 名 出張

5. Sales of the device have been increasing ------- the past three years.

(A) along
(B) under
(C) by
(D) **over**

そのデバイスの売上が過去 3 年にわたって増えている。

(A) 前 ～に沿って
(B) 前 ～の下に
(C) 前 ～によって
(D) 前 ～にわたって

> 現在完了形 (have ＋過去分詞) があるので over を選びます。→ それが大事 4【動詞の形】

覚えよう！│□ device 名 機器

Part 5 練習問題で確認

217

6. Because the manager's arrival is delayed, the report will be checked ------- than planned at the meeting.

(A) late
(B) latest
(C) later
(D) lateness

部長の到着が遅れたので、その報告は会議で予定されていたより遅く確認される予定だ。

(A) 副 遅れて
(B) late の最上級
(C) late の比較級
(D) 图 遅れること

> than があるので比較級が正解です。→ それが大事 2 【比較】

覚えよう！ │ □ arrival 图 到着

7. All stores on Maple Avenue ------- early yesterday because of the roadwork.

(A) are closed
(B) to close
(C) closing
(D) closed

昨日の早い時間、メープル通りの店は道路工事のためにすべて閉まっていた。

(A) 受動態
(B) to 不定詞
(C) ing 形
(D) 過去形

> yesterday があるので過去形です。→ それが大事 4 【動詞の形】

覚えよう！ │ □ roadwork 图 道路工事

8. All employees should update ------- timesheets daily.

(A) theirs
(B) them
(C) their
(D) they

全従業員は毎日自分たちの勤怠表を更新する必要がある。

(A) 所有代名詞
(B) 目的格
(C) 所有格
(D) 主格

> timesheet が名詞なので、所有格が入ります。→ それが大事 1 【格】

覚えよう！ │ □ update 動 ～を更新する

9. ------- road map and coupon-book are available at the tourist information center.

(A) Neither
(B) Both
(C) Either
(D) Whether

ロードマップとクーポン帳はともに観光案内所で手に入る。

(A) （A も B も）〜ない
(B) （A と B の）両方
(C) （A か B の）どちらか
(D) （A か B）か

> and の前後で品詞が同じです。both A and B を覚えていればすぐ解けます。→ それが大事 3【接続詞セット】

覚えよう！｜□ coupon-book 名 クーポン帳

10. Employees in the sales department must obtain permission from ------- supervisors to apply for long holidays.

(A) they
(B) their
(C) theirs
(D) themselves

販売部の社員は長期休暇の申請をする際、自分たちの上司から許可を得なければならない。

(A) 主格
(B) 所有格
(C) 所有代名詞
(D) 再帰代名詞

> supervisors が名詞なので、所有格が入ります。→ それが大事 1【格】

覚えよう！｜□ sales department 名 販売部　□ obtain 動 〜を得る　□ permission 名 許可
　　　　　　□ supervisor 名 上司　□ apply for　〜を申請する

　それでは、ここまでで確認した事項に対応できるかを実践問題で試してみましょう。

Part 5　練習問題で確認

219

実践問題に挑戦

それでは実際に TOEIC 形式の問題を解いてみましょう。「わくわくポイント」の **「選び、探し、選んで次」** を頭に入れて進めてください。

＊ 解答用紙 ▶ p. 358　解答と解説 ▶ p. 223

1. The manager would like Ms. Gale to give a ------- on our monthly sales at the next meeting.
   - (A) present
   - (B) presentation
   - (C) presenter
   - (D) presenting

2. The task of the intern is to record what both the boss ------- the manager are discussing in the meeting.
   - (A) nor
   - (B) and
   - (C) or
   - (D) but

3. Ms. Donaldson's hard work led to a ------- campaign this year.
   - (A) success
   - (B) successful
   - (C) succeed
   - (D) successfully

4. The app allows users to ------- open shops and restaurants near them.
   - (A) location
   - (B) located
   - (C) locating
   - (D) locate

5. DTC Construction clearly states that safety is our highest ------- on the Website.
   - (A) compensation
   - (B) priority
   - (C) rule
   - (D) benefit

6. It is important to protect the private information of customers ------- it is confidential.
   - (A) due to
   - (B) because
   - (C) before
   - (D) as soon as

7. Please ------- the requested documents to your supervisor by September 15.
(A) submit
(B) submitted
(C) to submit
(D) submitting

8. To expand their market share, the company made a competitive ------- for the contract.
(A) gift
(B) donation
(C) present
(D) offer

9. Because the firm deals with M&A business, the level of ------- required in the text is very high.
(A) formal
(B) formally
(C) formality
(D) formalize

10. We are pleased to announce that we have entered into ------- with the city government on the project.
(A) partner
(B) partners
(C) partnering
(D) partnership

11. It is quite ------- for the staff in the office to take an extra holiday during the summer because their busiest season is spring.
(A) normalize
(B) normal
(C) normally
(D) normalcy

次のページへ進む

12. Although some workers were tired after work, they discussed the problem ------- at the meeting.
(A) active
(B) activate
(C) actively
(D) activation

13. The CEO announced that ensuring factory ------- is the goal of the next fiscal year.
(A) stand
(B) standardly
(C) standardize
(D) standardization

14. Our main task is to ------- new products that enhance the lives of our customers.
(A) create
(B) creation
(C) creative
(D) creatively

15. The worker was able to ------- handle the tractor over the rough terrain.
(A) impress
(B) impression
(C) impressive
(D) impressively

解き終わったら解答と解説を Check!

Part 5 実践問題

解答と解説

Part 5 の「わくわくポイント」とこれまでの例題で身につけた対策に沿って解答できましたか。正解と解説を見ていきましょう。色文字の選択肢が正解です。

1. 正解 **B**

The manager would like Ms. Gale to give a ------- on our monthly sales at the next meeting.

(A) present
(B) presentation
(C) presenter
(D) presenting

その部長は Gale さんに次の会議で月間売上についてプレゼンをしてほしいと考えている。

(A) 動 ～を進呈する
(B) 名 プレゼンテーション
(C) 名 発表者
(D) present の ing 形

🔓 **品詞問題**

空欄の前に冠詞 a があるので、名詞を選びます。

2. 正解 **B**

The task of the intern is to record what both the boss ------- the manager are discussing in the meeting.

(A) nor
(B) and
(C) or
(D) but

そのインターンの仕事は会議中、上司とマネジャーの両方が何を話し合っているかを記録することだ。

(A) neither とセットの語です
(B) both とセットの語です
(C) either / whether とセットの語です
(D) not only A but also B の形で使われます

🔓 **接続詞セットの問題**

空欄の前の both に気づけば、すぐに正解を選ぶことができます。

覚えよう! │ □ record 動 ～を記録する

Part 5 実践問題に挑戦

223

3. 正解 **B**

Ms. Donaldson's hard work led to a ------- campaign this year.
(A) success
(B) successful
(C) succeed
(D) successfully

Donaldson 氏の献身的な仕事が今年のキャンペーンの成功につながった。

(A) 名 成功
(B) 形 成功した
(C) 動 成功する
(D) 副 成功して

🔓 **品詞問題**

空欄の後ろの campaign が名詞なので、名詞を修飾する形容詞を選びます。

覚えよう！ │ □lead 動 ～を導く ※ led は過去形

4. 正解 **D**

The app allows users to ------- open shops and restaurants near them.
(A) location
(B) located
(C) locating
(D) locate

そのアプリでユーザーは近くにある営業中の店やレストランの場所を確認できる。

＊選択肢の訳は省略

🔓 **文法問題**

動詞の形を選ぶ問題。to 不定詞を作る to の後ろなので、原形を選びます。

覚えよう！ │ □locate 動 ～の場所をつきとめる　□allow A to *do* A に～することを許可する、可能にさせる

5. | 正解 | **B** |

DTC Construction clearly states that safety is our highest ------- on the Website.

(A) compensation
(B) priority
(C) rule
(D) benefit

DTC Construction はウェブサイトで安全を最重要視しているとはっきり述べている。

(A) 图 埋め合わせ
(B) 图 優先事項
(C) 图 ルール
(D) 图 利益

🔓 **語彙問題**

現段階では不正解でも構いません。まず選択肢の単語を見て意味がわかれば、設問を頭から読んで解きます。知らない単語が複数ある場合は飛ばしてください。

覚えよう！ | □ state 動 ～を述べる

---

6. | 正解 | **B** |

It is important to protect the private information of customers ------- it is confidential.

(A) due to
(B) because
(C) before
(D) as soon as

機密事項のため、顧客の個人情報を守ることは重要である。

(A) 前 ～が原因で
(B) 接 ～なので
(C) 接 ～する前に
(D) 接 ～したらすぐに

🔓 **品詞・語彙問題**

空欄の後ろに SV が続くので、(B) ～ (D) の接続詞が正解の候補として残ります。文意に合う接続詞を考えると、理由を表す (B) が正解です。実際の問題には、このように 2 つの観点から考える必要のある問題も出題されます。

覚えよう！ | □ confidential 形 機密の

Part 5 実践問題に挑戦

7. 正解 **A**

Please ------- the requested documents to your supervisor by September 15.

(A) **submit**
(B) submitted
(C) to submit
(D) submitting

要請された文書を 9 月 15 日までにあなたの上役に提出してください。

＊選択肢の訳は省略

🔓 **文法問題**

Please の後なので原形を選びます。

覚えよう！ │ □ submit 動 〜を提出する

8. 正解 **D**

To expand their market share, the company made a competitive ------- for the contract.

(A) gift
(B) donation
(C) present
(D) **offer**

市場でのシェアを拡大するために、その企業は契約に際してほかに負けない申し出をした。

(A) 名 贈り物
(B) 名 寄付
(C) 名 プレゼント
(D) 名 申し出

🔓 **語彙問題**

語彙問題ですが、このレベルの単語であれば正解したいところです。

覚えよう！ │ □ competitive 形 ほかに負けない　□ contract 名 契約

9. 正解 **C**

Because the firm deals with M&A business, the level of ------- required in the text is very high.

(A) formal
(B) formally
(C) formality
(D) formalize

その企業は M&A の案件を扱っているため、文書は非常にフォーマルな形式が求められている。

(A) 形 格式張った
(B) 副 正式に
(C) 名 正式さ
(D) 動 ～を正式のものにする

🔓 **品詞問題**
前置詞 of の後ろなので、名詞を入れます。

覚えよう！ │ □firm 動 企業

10. 正解 **D**

We are pleased to announce that we have entered into ------- with the city government on the project.

(A) partner
(B) partners
(C) partnering
(D) partnership

そのプロジェクトにおいて、われわれは市当局と提携を結ぶに至ったことを喜んでお知らせいたします。

(A) 名 パートナー
(B) 名 partner の複数形
(C) 動 partner（～と組む）の ing 形
(D) 名 提携

🔓 **品詞問題＋α**
品詞の判別だけでは解けない問題です。into が前置詞なので後ろに名詞がきますが、すべて名詞のため正解になる可能性があります。(A) は可算名詞（数えられる名詞）なので前に a が必要。(B) 複数形ですが「市当局とのパートナーたち」では意味が通りません。(C) 動名詞として考えると後ろに人がきます。(D) 後ろに with を伴い、「～との提携」という意味になります。これが正解です。

覚えよう！ │ □announce 動 ～を知らせる　□government 名 政府

Part 5 実践問題に挑戦

11. 正解 **B**

It is quite ------- for the staff in the office to take an extra holiday during the summer because their busiest season is spring.

(A) normalize
(B) normal
(C) normally
(D) normalcy

そのオフィスのスタッフが最も忙しいのは春なので、夏期に特別休暇を取るのはごく普通のことだ。

(A) 動 ～を標準化する
(B) 形 普通の
(C) 副 普通に
(D) 名 正常

🔓 **品詞問題**

空欄の前に quite（きわめて）という語がありますが、副詞なので補語にはなりません。補語になる形容詞を選びます。

覚えよう！ | □extra 形 余分の、臨時の

12. 正解 **C**

Although some workers were tired after work, they discussed the problem ------- at the meeting.

(A) active
(B) activate
(C) actively
(D) activation

仕事の後で疲れている社員もいたが、彼らはその問題を会議で熱心に話し合った。

(A) 形 活発な
(B) 動 ～を活性化する
(C) 副 活発に
(D) 名 活性化

🔓 **品詞問題**

空欄の後ろは前置詞＋名詞の修飾です。空欄には「彼らがどのように話し合ったか」、つまり動詞 discussed を修飾する副詞を入れます。

13. 正解 D

The CEO announced that ensuring factory ------- is the goal of the next fiscal year.

(A) stand
(B) standardly
(C) standardize
(D) standardization

その CEO は、工場の規格をしっかり統一することが次の会計年度の目標だと発表した。

(A) 動 立つ
(B) 副 標準的に
(C) 動 〜を規格化する
(D) 名 規格統一

品詞問題

ensuring factory ＋空欄が that 節の中の主語になっています。名詞の (D) を選べば「工場の規格統一を確実に行うこと」となり文意が通ります。

覚えよう！ □ ensure 動 〜を確実にする　□ fiscal year 名 会計年度

14. 正解 A

Our main task is to ------- new products that enhance the lives of our customers.

(A) create
(B) creation
(C) creative
(D) creatively

われわれの主な仕事は顧客の生活の質を高める新たな製品を作ることだ。

(A) 動 〜を創造する
(B) 名 創造物
(C) 形 創造的な
(D) 副 創造的に

文法問題

to 不定詞なので、動詞の原形を選びます。

覚えよう！ □ product 名 製品　□ enhance 動 〜を高める

15. 正解　**D**

The worker was able to ------- handle
the tractor over the rough terrain.
(A) impress
(B) impression
(C) impressive
(D) impressively

その作業員は荒れた地形の上でトラク
ターをとてもうまく扱うことができた。

(A) 動 〜に印象を与える
(B) 名 印象
(C) 形 印象的な
(D) 副 目覚ましく

🔓 **品詞問題**
動詞の前が空いているので副詞を入れます。

覚えよう！ │ □terrain 名 地形

　これだけは取ってほしいという「品詞問題」「文法問題」を中心に 15 題出題し
ました。特に品詞問題に関しては、ぜひ完璧にマスターしてください。それがい
ちばん大事です。

PART 5

「瞬殺」リスト

リーディングセクションはタイムマネジメントが鍵なことは前述しましたが、ここでは「この場合はこれ！」とすぐに解けるものをまとめました。もちろん、文法的にきちんと理解して解くことが理想ではありますが、Part 6 と 7 になるべく多くの時間を残すために使えるテクニックを紹介します。

	空欄付近の構造	選ぶべき選択肢
1	文頭が空欄、かつすぐに「, 」(カンマ)	副詞
2	動詞の前	副詞
3	形容詞の前	副詞
4	数詞の前	副詞
5	be 動詞＋動詞の ing (進行形) の間	副詞
6	be 動詞＋動詞の過去分詞形 (受動態) の間	副詞
7	have ＋動詞の過去分詞形 (現在完了形) の間	副詞
8	自動詞の後ろ	副詞
9	他動詞 ＋ 名詞の後ろ	副詞
10	be 動詞＋動詞の過去分詞形 (受動態) の後ろ	副詞
11	主語が空欄	名詞
12	動詞の目的語が空欄	名詞
13	前置詞の目的語が空欄	名詞
14	所有格の後ろ	名詞
15	冠詞 (a、an、the) の後ろが空欄で名詞がない	名詞
16	名詞の前。特に冠詞 ＋ 空欄 ＋ 名詞	形容詞
17	be 動詞の後ろの補語がない	形容詞
18	to 不定詞を作る to の後ろ	動詞の原形
19	please の後ろ	動詞の原形
20	助動詞 (can / should / may / must) の後ろ	動詞の原形
21	as ～ as の間	原級 (そのままの形)

Part 5 「瞬殺」リスト

231

22	問題文に than があって選択肢に形容詞または副詞が並ぶ	比較級（-er / more ~）
23	問題文に the / in / of / 所有格があって、選択肢に形容詞または副詞が並ぶ	最上級（-est / most ~）
24	both A and B の問題	both か and
25	either A or B の問題	either か or
26	neither A nor B の問題	neither か nor
27	whether A or B の問題	whether か or
28	not only A but (also) B の問題	only か but
29	（代名詞問題で）後ろに名詞	所有格
30	（代名詞問題で）on 空欄 own	所有格

Part 6
難問とのけんかをやめて

Part 6 はこんな問題	234
正解への近道	236
練習問題で確認	240
実践問題に挑戦	245
接続副詞リスト 30	259

Part 6 はこんな問題

問題形式

1つの文書について、さまざまなタイプの4つの問題が出題されます。

Questions 131–134 refer to the following memo. ③

To: All MicroFoxx Staff
From: Brenda Chung
Date: August 24

Beginning on September 1, all employees who use the company parking lot will be required to display a permit in their vehicle. ① ___131.___ this area is exclusively for company staff and guests, other people have been leaving their cars there recently. The new ① ___132.___ will help to . . .
Permits are currently available through the administration department. ② ___133.___. After receiving it, make sure not to lose it. If you do, you will have to complete a form for a ① ___134.___. . . .

---

131. (A) As a result
    (B) In addition to
    (C) In spite of
    (D) Even though

133. (A) Please pick yours up by the end of this month.
    (B) の選択肢英文
    (C) の選択肢英文
    (D) の選択肢英文

① 文中に 4 つの問題！

　長文穴埋め形式の問題です。1 文書につき 4 つの問題が出題されます。問題の種類は語彙、品詞、文法、**文挿入問題**です。**文挿入問題**以外は、Part 5 と同じ考え方で解くことができます。

▶ **4 問あるうち、約半数が語彙問題**

　語彙問題の設問や選択肢に知らない単語が複数あった場合は、正解することは困難。次に進みましょう。

② 文挿入問題は難しくない！

　空所に挿入するための長い選択肢（文）が 4 つ並ぶ問題、それが文挿入問題です。ただ、この問題は難問ではないので取りにいきたいところ。正解以外の選択肢がかなりトンチンカンなのです。この問題が 4 問中どこで出題されているかを確認し、そこまでは文書を読んで文脈を追います。

▶ **ヒントを探せ**

　文挿入問題には必ずヒントがあります。ヒント探すためのポイントはこの後解説します。

③ 文書の種類を確認、場合によっては読み飛ばす！

　冒頭（左の例では memo）の部分で、これからどんな文書を読むのかがわかります。読む文の「設定」を最初に必ず確認してください。memo ならその組織の一員になったつもりで、e-mail ならあなたに宛てられたメールのつもりで臨場感を持つことが文を深く読む助けになります。

　一方で時間は限られています。文法問題、品詞問題は Part 5 と同じく空欄の前後だけ見て解くことが可能です。解答に影響しない文は読み飛ばす技を身につけましょう。

▶ **語彙（文の流れを問う問題含む）、文挿入 → 前後をしっかり読んで解く**
▶ **文法、品詞問題 → 空欄の前後だけ見て解く**

Part 6　問題形式

正解への近道

基本戦略

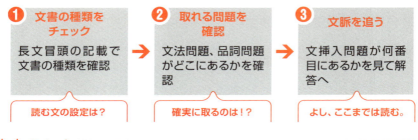

わくわくPoint

語彙は捨て、品詞と文法は取り、
文挿入は解きにいく。

　Part 6 は「涙など見せない強気なあなた」（『元気を出して』by 竹内まりや）を悲しませるほどの難パートです。理由は、割ける時間が非常に短いこと、語彙問題の出題率が高いこと、文脈を理解する必要のある問題が出題されることによります。また、Part 7 に 54 問（！）の問題が残っているにもかかわらず、Part 6 の難問で時間を使い、Part 7 で時間が足りずにタイムアップという人が非常に多いです。

　個人的には Part 6 は良問がそろい、自分の英語力を上げるために格好のパートであると思います。が、まずはスコア 600 を取るために戦略的に考えるなら「いかに捨てるか」がものを言うパートです。

　特に語彙問題はレベルが高く、前後の文脈から推測できそうな気がするので時間をかけてしまう人がいますが、選択肢の単語の意味がわからない時点で正解にいたる可能性はほぼゼロです。そこにすがらず、解ける問題に集中しましょう。竹内さんも「終りを告げた恋に　すがるのはやめにして　ふりだしから　また始

めればいい」と歌っています。知らない語彙は諦めて先に進めば、解ける問題を
見つけることはとても簡単です。

秘策その1 **文書の種類は9パターン**

　まず、文書の種類を確認し、そのスタイルを想定して読み進めていきます。例
を参考にして（　　）にどのタイプの問題かを書き入れてください。

例〉 advertisement 　（　広告　　　　　　　　　　　）

1. article 　　　　　（　　　　　　　　　　　　　）

2. notice 　　　　　（　　　　　　　　　　　　　）

3. e-mail 　　　　　（　　　　　　　　　　　　　）

4. instructions 　　（　　　　　　　　　　　　　）

5. press release 　　（　　　　　　　　　　　　　）

6. Web page 　　　（　　　　　　　　　　　　　）

7. letter 　　　　　（　　　　　　　　　　　　　）

8. information 　　　（　　　　　　　　　　　　　）

| 正解 |

1. article （ 記事 ）
2. notice （ お知らせ ）
3. e-mail （ メール ）
4. instructions （ 説明書 ）
5. press release （ 会見・報道発表 ）
6. Web page （ ウェブページ ）
7. letter （ 手紙 ）
8. information （ 情報 ）

　それぞれの文書がどう展開し、どこに気をつけて読んでいけばいいかは、この後の練習問題と実践問題で見ていきましょう。

秘策その2 品詞問題・文法問題は即解く

Part 5 で品詞問題と文法問題の例題をたくさん解きました。その経験はこの Part 6 でも生きてきます。パッと見て答えがわかるものは解く、わからないものはいさぎよく諦めて次の問題に進みましょう。Part 6 も**とにかく時間勝負**です。

秘策その3 文挿入問題は消去法で解く

文挿入問題の選択肢は長いので意味を理解するのに少し時間はかかりますが、**不正解の選択肢はかなり的外れ**。消去法で正解を選びます。

次のページから練習問題を使って解説します。

練習問題で確認

吹き出しの数字の順に見ていきましょう。

* 解答用紙 ▶ p. 356　解答と解説 ▶ p. 242

手順 1
まず文書の種類を確認。これから読むのは社内メモ。

Questions 1–4 refer to the following **memo**.

To:　　All MicroFoxx Staff
From:　Brenda Chung
Date:　August 24

手順 3
文書を読んでいく。memo であることを頭に入れて、誰から誰へのお知らせかを確認。日付も解答のヒントになることがある。

Beginning on September 1, all employees who use the company parking lot will be required to display a permit in their vehicle. ------- this area is exclusively for company staff
1.
and guests, other people have been leaving their cars there recently. The new ------- will help to ensure that there are
2.
enough parking spaces for everyone at MicroFoxx, as cars without a parking permit can be towed.

Permits are currently available through the administration department. -------. After receiving it, make sure not to lose it.
3.
If you do, you will have to complete a form for a -------. As for
4.
visitor parking, guests can continue to use the spaces next to the building's main entrance without a permit.

Thank you for your cooperation.

Brenda Chung
Administration Department

240

1. (A) As a result
   (B) In addition to
   (C) In spite of
   (D) Even though

> **手順 2-1**
> 順に選択肢を確認。接続詞の問題。(A) ～ (D) の意味を知っていれば解く。知らなければ諦める。

2. (A) feature
   (B) design
   (C) policy
   (D) roles

> **手順 2-2**
> 語彙問題。(A) ～ (D) の意味を知っていれば解く。知らなければ諦める。

3. (A) Please pick yours up by the end of this month.
   (B) Each guest will receive one of these documents.
   (C) For these reasons, the process is time-consuming.
   (D) We will contact you when they become available.

> **手順 2-3**
> 文挿入問題。少なくとも、文書内にある 3 の空欄までは文脈を追いながら読む。

4. (A) replace
   (B) replacement
   (C) replaces
   (D) replaceable

> **手順 2-4**
> 品詞問題。前に a があることから名詞で、かつ単数。即、正解を選ぶ。

　この場合、問題 4 で正解を選べれば、1 問は取れたことになります。また、この正解があることで、問題 3 が解ければ、その下の部分を読む必要がなくなります（時間短縮）。スコア 600 を取るために必要な正解数は全体の半分ですから、深追いせずに次の問題に進んでいきましょう。

Part 6　練習問題で確認

Part 6 練習問題

解答と解説

　下線部は解説で言及している部分です。また、特に重要な箇所と正解の選択肢を色文字にしています。

Questions 1–4 refer to the following **memo**.

To:　　All MicroFoxx Staff
From:　Brenda Chung
Date:　August 24

Beginning on September 1, all employees who use the company parking lot will be required to display a permit in their vehicle. ------- this area is exclusively for company staff and guests, other people have been leaving their cars there recently. The new ------- will help to ensure that there are enough parking spaces for everyone at MicroFoxx, as cars without a parking permit can be towed.

1.

2.

Permits are currently available through the administration department. -------. After receiving **it**, make sure not to lose **it**. If you do, you will have to complete a form for **a** -------. As for visitor parking, guests can continue to use the spaces next to the building's main entrance without a permit.

3.

4.

Thank you for your cooperation.

Brenda Chung
Administration Department

覚えよう！
□permit 名 許可証　□vehicle 名 車両　□exclusively for 〜専用で　□tow 動 〜をレッカー移動する
□administration department 管理部、総務部　□as for 〜に関しては
（選択肢）□time-consuming 多大な時間のかかる

242

問題 1–4 は次の社内メモに関するものです。

宛先：　　MicroFoxx 全社員
差出人：　Brenda Chung
日付：　　8 月 24 日

9 月 1 日より、社の駐車場を利用している従業員全員が、車両内に許可証を提示しなければならなくなります。この場所は社員と来客専用であるにもかかわらず、最近、外部の人が車を置いています。新しい規定により、許可証のない車をレッカー移動できるので、MicroFoxx 社員全員の駐車場を確保することにつながります。

許可証は現在、管理部で入手できます。今月中に自分のものを受け取ってください。受け取った後は紛失しないようにしてください。紛失した場合、再発行のための用紙に記入しなければなりません。来客用駐車場に関しては、来客には引き続きビル正面玄関脇のスペースを許可証なしで使っていただけます。

ご協力をよろしくお願いします。

Brenda Chung
管理部

1. (A) As a result
   (B) In addition to
   (C) In spite of
   (D) Even though

　(A) 結果として
　(B) 〜に加えて
　(C) 〜にもかかわらず
　(D) 〜であるにもかかわらず

2. (A) feature
   (B) design
   (C) policy
   (D) roles

　(A) 特徴
　(B) デザイン
　(C) 規定
　(D) 役割

3. **(A) Please pick yours up by the end of this month.**
   (B) Each guest will receive one of these documents.
   (C) For these reasons, the process is time-consuming.
   (D) We will contact you when they become available.

　(A) 今月中に自分のものを受け取ってください。
　(B) 来客は全員、この書類のどれかを受け取ります。
　(C) こうした理由から、その工程はとても時間がかかります。
　(D) それらが入手可能になったらご連絡します。

4. (A) replace
   (B) replacement
   (C) replaces
   (D) replaceable

　(A) 〜を交換する
　(B) 再発行
　(C) replace の 3 人称単数現在形
　(D) 交換可能な

Part 6　練習問題で確認

243

1. 正解 D

🔓 接続詞問題。消去法＋意味を考えて解く

空欄の後ろには SV（主語＋動詞）が続きます。したがって、前置詞の働きをする (B) (C) は不可です。まずはカンマの前までの意味を確認します。

this area is exclusively for company staff and guests,（この場所は社員と来客専用である）

次にカンマの後を確認すると、other people have been leaving their cars there recently.（外部の人が最近駐車している）で、ルールに違反した内容です。「～であるにもかかわらず」という意味の (D) が正解です。

2. 正解 C

🔓 語彙問題。単語を知っていれば解く

空欄の前に The new とあります。「新しい何か」を問う語彙問題です。空欄の後ろを見ると、無許可で車が停められている状況に対処する何かであることがわかります。このことから (C) policy（規定）が正解です。

3. 正解 A

🔓 文挿入問題。この前後は特に集中して読む

空欄の前から、駐車の許可証が手に入ることがわかります。空欄の後ろでは、それ (it) を受け取った後は失くさないように、との記述があります。つまり、「許可証を受け取る」内容が入るはずです。この内容に合致している (A) が正解です。

4. 正解 B

🔓 品詞問題。即、解く

冠詞の後ろなので名詞です。-ment で終わっている (B) が正解。なお、4 を解いた後は、As for 以降は読まなくて OK です。

実践問題に挑戦

引き続き、TOEIC 形式の問題を解いていきましょう。手順は**「文書の種類を確認」→「選択肢を確認」→「文書を読んで文脈をとらえる」**です。

＊ 解答用紙 ▶ p. 358　解答と解説 ▶ p. 249

Questions 1–4 refer to the following letter.

March 16

Olivia Stevens
8983 Byers Lane
Davis, CA 95616

Dear Ms. Stevens,

Enclosed is a questionnaire for you to fill out regarding your recent experience with Atkins Commercial Cleaning. -------.
1.
Their feedback has helped us to make improvement in our service. It should only take a few minutes to ------- the form.
2.
After filling in your answers, please return the questionnaire in the green envelope. This has been pre-addressed and stamped. -------, all you have to do is seal it and drop it in a mailbox.
3.

As a token of our appreciation, we enter the names of each person who completes a survey into a drawing. In December, a winner will be selected to receive a voucher for two hours of ------- cleaning.
4.

Yours sincerely,

Johann Roth

Johann Roth
Atkins Commercial Cleaning

Part 6 実践問題に挑戦

245

1. (A) You should receive your order soon.
   (B) Traditional methods have a big impact.
   (C) We send this to all of our customers.
   (D) Our cleaning products are very effective.

2. (A) revise
   (B) complete
   (C) download
   (D) correct

3. (A) Therefore
   (B) Similarly
   (C) Otherwise
   (D) Instead

4. (A) upcoming
   (B) cooperative
   (C) accustomed
   (D) complimentary

Questions 5–8 refer to the following Web page.

---

www.altwelrealty.com/properties/ventura

For Sale in Ventura

A beachside lifestyle could be yours! Altwel Realty ------- an
5.
open house at 329 Belfast Lane on April 16 and 17. This stylish
two-story house has a large kitchen, three bedrooms and two
bathrooms. Its large sea-facing windows let in plenty of light,
and it is ------- with a security system.
6.

------- you will not be able to make it to the open house, you
7.
can meet with one of our agents for a private tour of this
property. Our rental office opens every day at 9 A.M. and closes
at 7 P.M. -------. Additionally, if you want to know more about
8.
another house or apartment in Ventura, stop by our office at
6093 Arvin Street or call us at 555-0188.

---

5. (A) has been holding
(B) will be holding
(C) was holding
(D) held

6. (A) equipment
(B) equip
(C) equipping
(D) equipped

7. (A) If
(B) Until
(C) So that
(D) Whether

8. (A) After that, we will refurbish all
of our offices on the second
floor.
(B) Contact us between those
times to schedule your
appointment.
(C) We are unsure when we
will be able to accept more
reservations.
(D) However, the restaurant will
be open later beginning next
month.

Questions 9–12 refer to the following article.

JetWave Airways Rolls out Budget Fares

SYDNEY, Australia (23 May) — JetWave is the latest airline carrier to introduce basic economy fares. The company hopes the move will allow it to ------- more budget travellers. At the
9.
same time, it wants people to know that the new fares will not mean poor service.

"These days, customers feel they have to choose ------- a
10.
good in-flight experience or a low fare," commented JetWave spokesperson Garret Stiles. "Our focus with the new fares is to show customers that they can have both."

-------. Therefore, customers who buy a budget JetWave ticket
11.
will not receive a refund even if they cancel their booking in advance. Although they will not receive air miles, ------- check
12.
one bag and enjoy an in-flight meal at no extra cost.

---

9. (A) transfer
(B) attract
(C) provide
(D) reimburse

10. (A) either
(B) while
(C) despite
(D) which

11. (A) There is one way to make changes to your itinerary.
(B) Refunds will be granted on a case-by-case basis.
(C) Passengers should confirm their flight booking.
(D) Changes and cancellations will not be allowed.

12. (A) to be able
(B) are able to
(C) our ability to
(D) they will be able to

Part 6 実践問題

解答と解説

　下線部は解説で言及している部分です。また、特に重要な箇所と正解の選択肢を**色文字**にしています。

Questions 1–4 refer to the following <u>letter</u>.

> **手順 1**
> 文書は手紙。①誰から（Johann Roth）②誰へ（Olivia Stevens）③いつ（March 16）出されたものかを確認。手紙の差出人と受取人の所属も文書読解の助けになる。

<u>March 16</u>

<u>Olivia Stevens</u>
8983 Byers Lane
Davis, CA 95616

Dear <u>Ms. Stevens</u>,

<u>Enclosed is a questionnaire</u> for you to fill out regarding your recent experience with Atkins Commercial Cleaning. ------- .
1.
<u>Their</u> feedback has helped us to make improvement in our service. It should only take a few minutes to ------- the form.
2.
<u>After filling in your answers</u>, please return the questionnaire in the green envelope. <u>This has been pre-addressed and stamped</u>.
------- , <u>all you have to do is seal it and drop it in a mailbox</u>.
3.

As a token of our appreciation, we enter the names of each person who completes a survey into a drawing. In December, <u>a winner will be selected to receive a voucher for two hours of</u>
------- cleaning.
4.
Yours sincerely,

Johann Roth

Johann Roth
Atkins Commercial Cleaning

覚えよう！
□ enclose 動 ～を同封する　□ questionnaire 名 アンケート　□ feedback 名 反応、意見
□ pre-addressed 形 あらかじめ宛名が書かれた　□ as a token of ～の印として　□ appreciation 名 感謝
□ drawing 名 抽選

Part 6 実践問題に挑戦

249

問題 1–4 は次の手紙に関するものです。

3月16日

Olivia Stevens
95616 カリフォルニア州 デイビス
バイヤーズ通り 8983

Stevens 様

先日の Atkins Commercial Cleaning のご利用についてご記入いただきたく、アンケート用紙を同封しております。弊社ではこちらをすべてのお客様にお送りしています。いただいたご感想はサービス向上に役立てております。用紙の記入には数分しかかかりません。回答ご記入後に、アンケート用紙を緑色の封筒に入れてご返送ください。こちらにはあらかじめ宛先と切手が付いております。したがって、封をして投函していただくだけで結構です。

感謝の印として、アンケートにご記入くださった方それぞれのお名前を、抽選に登録いたします。12月に当選者が決定し、当選した方に 2 時間分の無料クリーニング券が贈られます。

よろしくお願いいたします。

Johann Roth
Atkins Commercial Cleaning

> **手順 2**
> 問題 1 と 3 に照準を絞る。

1. (A) You should receive your order soon.
   (B) Traditional methods have a big impact.
   (C) We send this to all of our customers.
   (D) Our cleaning products are very effective.

   (A) ご注文品は間もなく到着するはずです。
   (B) 伝統的な手法には大きな影響力があります。
   (C) 弊社ではこれをすべてのお客様にお送りしています。
   (D) 弊社の洗剤は非常に効果があります。

2. (A) revise
   (B) complete
   (C) download
   (D) correct

   (A) 〜を修正する
   (B) 〜に記入する
   (C) 〜をダウンロードする
   (D) 〜を訂正する

3. **(A) Therefore**
   (B) Similarly
   (C) Otherwise
   (D) Instead

   (A) したがって
   (B) 同様に
   (C) そうでなければ
   (D) その代わりに

4. (A) upcoming
   (B) cooperative
   (C) accustomed
   (D) complimentary

   (A) 間もなく行われる
   (B) 協力的な
   (C) 慣例の
   (D) 無料の

1. 正解 C

🔓 文挿入問題は消去法で解く

1問目が文挿入問題です。文書の2行目まで流れを丁寧に追います。(A) order については前後に記述がありません。(B) traditional methods の説明もありません。(D)「cleaning products が効果的であること」は文脈に合いません。

【空欄前】「アンケートが同封されている。アンケートは単数」だとわかる。【空欄後】Their がある。つまり、空欄には複数を表すものが入る。Their が指すものはサービス向上のために使われる。

以上のことから (C) が正解。this が questionnaire を、customers が Their を指しています。

2. 正解 B

🔓 語彙問題。単語を知っていれば解く

【空欄後】the form がある＝空欄には用紙に何かをする語が入る。After filling in ... から、記入をすることがわかる。以上から、(B) complete が正解です。

語彙問題の解答のポイントは、選択肢を選ぶ前に**どのような語が入るか予想する**ことです。「そんな高度なことはできない」と思うかもしれません。でも誤りの選択肢には「それっぽい」単語が待ちぶせしています。時間短縮のために予想をし、予想に合うものがあれば即解答して（なければ諦めて）次に進んでください。

3. 正解 A

🔓 語彙問題。空欄の前後を見て解く

【空欄前】すでに住所が書いてあり、切手も貼ってある。【空欄後】封をして、投函するだけ。前後をつなぐ内容のものが入ります。住所が書いてあり、切手も貼ってある。「Therefore（したがって）」封をして、投函するだけ、という流れになっています。

4. 正解 D

🔓 語彙問題。単語を知っていれば解く

アンケートへの協力のお礼として、どんなオファーがあるか予想します。

【空欄前】抽選で2時間分の何かのクーポン券が当たる。【空欄後】クリーニング。

この会社はクリーニングの会社ですから、「無料の」という (D) が正解です。

Questions 5–8 refer to the following Web page.

> 手順1
> 文書はウェブページ。

---

www.altwelrealty.com/properties/ventura

For Sale in Ventura

A beachside lifestyle could be yours! Altwel Realty ------- an
open house at 329 Belfast Lane on April 16 and 17. This stylish
two-story house has a large kitchen, three bedrooms and two
bathrooms. Its large sea-facing windows let in plenty of light,
and it is ------- with a security system.

------- you **will** not be able to make it to the open house, you
can meet with one of our agents for a private tour of this
property. Our rental office opens every day at 9 A.M. and closes
at 7 P.M. -------. Additionally, if you want to know more about
another house or apartment in Ventura, stop by our office at
6093 Arvin Street or call us at 555-0188.

覚えよう！

□realty 名 不動産　□two-story 2 階建ての　□sea-facing 海に面した　□equipped with ~が備わった
□make it to ~に参加する　□property 名 不動産物件
（選択肢）□refurbish 動 ~を改装する　□schedule 動 ~を予定に入れる　□reservation 名 予約

問題 5–8 は次のウェブページに関するものです。

www.altwelrealty.com/properties/ventura

ベンチュラの分譲物件

海辺の生活があなたのものに！ Altwel Realty では 4 月 16 日と 17 日に、ベルファスト通り 329 でオープ
ンハウスを開催します。このスタイリッシュな 2 階建ての家には、広いキッチン、ベッドルーム 3 室、バス
ルーム 2 つがあります。海に面した大きな窓からはたっぷりと光が差し込み、セキュリティーシステムも完
備しています。

もしオープンハウスにお越しになれなくても、弊社代理人とご一緒にこの物件の個別見学をしていただけ
ます。弊社レンタルオフィスは毎日午前 9 時から午後 7 時まで営業しております。この時間内にご連絡の
うえ、ご予約をお取りください。また、ベンチュラ地域のほかの住宅やマンションについてお知りになりた
ければ、アービン通り 6093 の弊社オフィスにお立ち寄りいただくか、555-0188 までお電話ください。

5. (A) has been holding   ＊選択肢の訳は省略
   (B) will be holding
   (C) was holding
   (D) held

> **手順 2**
> 取る問題は 5 ～ 8 すべて！

6. (A) equipment   ＊選択肢の訳は省略
   (B) equip
   (C) equipping
   (D) equipped

7. **(A) If**   (A) もし～なら
   (B) Until   (B) ～まで
   (C) So that   (C) ～であるように
   (D) Whether   (D) ～かどうか

8. (A) After that, we will refurbish all of our offices on the second floor.   (A) その後、2 階のオフィスを全面改装します。

   (B) Contact us between those times to schedule your appointment.   (B) この時間内にご連絡のうえ、ご予約をお取りください。

   (C) We are unsure when we will be able to accept more reservations.   (C) この先の予約をいつ受けられるようになるかは定かでありません。

   (D) However, the restaurant will be open later beginning next month.   (D) しかしながら、当レストランは来月から営業時間を繰り下げます。

---

5. 正解 **B**

🔓 **動詞の時制を問う文法問題**

【空欄後】オープンハウスが 4 月 16、17 日に開催される。かつ空欄 7 の後に will not be able to make it to the open house とあるので、オープンハウスはまだ先のことだということがわかります。よって未来形の (B) が正解です。なお、正解の根拠が出てこない場合は、焦らずにその問題をいったん飛ばして次の文に進んでください。ヒントになる箇所は必ずありますので、それが出るまで読み進めましょう。

Part 6 実践問題に挑戦

253

6. 正解 **D**

🔓 品詞問題。消去法＋αで解く

【空欄前】it is の it は house のこと。【空欄後】前置詞＋名詞の修飾。equip は他動詞で「〜を備えつける」という意味です。後ろには必ず目的語となる名詞が必要ですが、この場合は前置詞＋名詞しかありません。したがって、(B)(C) は不正解。(A) は不可算名詞（数えられない名詞）のため、前に冠詞 an がないことは問題ありません。しかし、意味が「装置、備品、機器」なので、house と合致しません。「備えつけられている」という受け身の意味を表す (D) が正解です。

7. 正解 **A**

🔓 意味を考えて解く

文法的にはどれも可能性があります。【カンマの前】オープンハウスに来られない。【カンマの後】担当者が個別に家を案内する。順に意味を入れてみましょう。こうして意味を入れて考えると単語を覚える意味でも役立ちます。
(A) もし、オープンハウスに来られない場合は … 🔵 正解
(B) オープンハウスに来られないまで ……………… ✕ 不自然
(C) オープンハウスに来られなくするために ……… ✕ 不自然
(D) オープンハウスに来られないかどうか ……… ✕ 不自然

8. 正解 **B**

🔓 文挿入問題。消去法で解く

文挿入問題が最後にある＝この空欄まで文脈を追う必要があります。時間がかかることを想定して問題 5 〜 7 を短時間で解くようにしたいところです。
【空欄前】オフィスの営業時間。【空欄後】ほかの物件のことを知りたい場合はオフィスに来るかお電話ください。
(A) refurbish（〜を改装する）が文意に合いません。難しめの単語のある選択肢を選びたくなりますが危険です。(C)「さらなる予約をいつ受けられるかわからない」も文意に合いません。(D) restaurant という関係のない単語が出てきています。(B) those times ＝「営業時間」なのでこれが正解。

Questions 9–12 refer to the following article.

JetWave Airways Rolls out Budget Fares

SYDNEY, Australia (23 May) — JetWave is the latest airline carrier to introduce basic economy fares. The company hopes the move will allow it to ------- (9.) more budget travellers. At the same time, it wants people to know that the new fares will not mean poor service.

"These days, customers feel they have to choose ------- (10.) a good in-flight experience **or** a low fare," commented JetWave spokesperson Garret Stiles. "Our focus with the new fares is to show customers that they can have both."

------- (11.). Therefore, customers who buy a budget JetWave ticket will not receive a refund even if they cancel their booking in advance. Although they **will** not receive air miles, ------- (12.) check one bag and enjoy an in-flight meal at no extra cost.

覚えよう！
□ roll out 〜を公表する、開始する　□ budget 形 低予算の、安価な　□ airline carrier 航空会社
□ basic economy （エコノミーよりさらに下の）ベーシックエコノミー　□ in-flight 機内の　□ refund 名 返金
□ booking 名 予約　□ check 動 〜（荷物）を預ける
（選択肢）□ itinerary 名 旅程　□ grant 動 〜を認める

問題 9–12 は次の記事に関するものです。

JetWave Airways が低価格帯運賃を発表

オーストラリア、シドニー（5月23日）——JetWave は、最新のベーシックエコノミー料金を導入する航空会社となる。同社は、この動きによってより多くの低予算旅行者を引き寄せることを期待している。それと同時に新しい料金体系によって、サービスの質が低下するわけではないということも念を押している。

「近年、お客様は、機内で心地よく過ごすか低料金かどちらかを選ばねばならないと感じています」と JetWave のスポークスマン Garret Stiles は述べた。「新料金の重点は、どちらも得られるのだとお客様に示すことです」。

変更やキャンセルは受け付けていない。したがって、JetWave の低予算チケットを購入した客は、たとえ事前に予約のキャンセルをしても返金を受けられない。航空マイルはもらえないが、追加料金なしで荷物を1個預けて、機内食を1回楽しむことができる。

> **手順 2**
> 取る問題は 10、11、12。

9. (A) transfer
　　 (B) attract
　　 (C) provide
　　 (D) reimburse

(A) ～を異動させる
(B) ～を引きつける
(C) ～を提供する
(D) ～を返金する

10. **(A) either**
　　 (B) while
　　 (C) despite
　　 (D) which

(A) ～か～のどちらか
(B) ～している間
(C) ～にもかかわらず
(D) どの～か

11. (A) There is one way to make changes to your itinerary.
　　 (B) Refunds will be granted on a case-by-case basis.
　　 (C) Passengers should confirm their flight booking.
　　 (D) Changes and cancellations will not be allowed.

(A) 旅程を変更する方法が1つある。
(B) 返金は個別の状況に応じて認められる。
(C) 乗客はフライト予約を確認しなければならない。
(D) 変更やキャンセルは認められない。

12. (A) to be able
　　 (B) are able to
　　 (C) our ability to
　　 (D) they will be able to

＊選択肢の訳は省略

9. 正解 **B**

🔓 **語彙問題。知っていれば解く**

【空欄前】企業が新しい航空運賃の導入によって～することを望む。【空欄後】低予算で旅行する顧客を。

以上から (B)「～を引きつける」が文意に合います。なお、仮に (A) ～ (D) で知らない語があっても問題 10 ～ 12 を解くのに影響はありません。

10. 正解 **A**

🔓 **接続詞セットの文法問題。即、解く**

後ろの or に気づけば、短時間で解答できます。

11. 正解 **D**

🔓 **文挿入問題。この空欄まで文脈を追う**

(A) itinerary（旅程）についての記述はありません。(B)「返金は状況によりけり」は空欄後の will not receive a refund（返金はされない）と矛盾しています。(C) confirm their flight booking（予約の確認）と Therefore 以降の文がつながりません。(D)「変更とキャンセルは認められない」。空欄後と文意が通じるのでこれが正解です。【空欄後】Therefore（そのため）事前に予約をキャンセルしても返金はない。

12. 正解 **D**

🔓 **文法問題。確実に正解！**

【空欄前】マイルは受け取れないが【空欄後】追加料金なしで荷物の預かりと機内食のサービスを受けられる。

Although ... の文で未来形が使われていますから、同じ時制の (D) が正解です。また、「,」（カンマ）の後で SV が必要ですが、それを満たしているのも (D) のみです。

実践問題で確実に取るべき「品詞問題」「文法問題」を落としてしまった場合は必ず復習してください。Part 5 でも穴を作っていることになります。なお、「語彙問題」で間違えた場合はこれをチャンスと考え、ボキャブラリーを増やしていってください。正解以外の単語も覚えてしまいましょう。

Part 6 実践問題に挑戦

文挿入問題の攻略

　文挿入問題は Part 6 で特徴的な形式です。ここでもう一度、実践問題の正解選択肢を確認しましょう。色文字が正解です。

1. (A) You should receive your order soon.
(B) Traditional methods have a big impact.
(C) We send <u>this</u> to all of our customers.
(D) Our cleaning products are very effective.

8. (A) After that, we will refurbish all of our offices on the second floor.
(B) Contact us between <u>those times</u> to schedule your appointment.
(C) We are unsure when we will be able to accept more reservations.
(D) However, the restaurant will be open later beginning next month.

11. (A) There is one way to make changes to your itinerary.
(B) Refunds will be granted on a case-by-case basis.
(C) Passengers should confirm their flight booking.
(D) Changes and <u>cancellations</u> will not be allowed.

　問題 1 と 8 の正解には、this、those という指示語が入っています。問題 11 の cancellations は文書でその後に出てくる cancel の言い換えになっています。

　つまり問題作成者は、受験者からなぜこれが正解になるのかというツッコミがくることを想定して、この指示語が○○を指している、この語が○○の言い換えになっている、という状況を作りだしているのです。逆に言えば、正解には指示語、言い換えが入っている可能性が非常に高く、それが何を指して、または意味しているかが文書の内容と合えば有力な候補になります。

　指示語が入っている選択肢をむやみに選びにいくのはおすすめしませんが、時間がないときの対処法として覚えておいてください。「難しいから」と文挿入問題を敬遠せずに、正解を取りにいける問題と考えましょう。

258

PART 6

接続副詞リスト 30

文脈の流れを決める接続副詞を「ディスコースマーカー」と言います。以下にまとめました。Part 6 だけでなく、Part 7 の英文を読むときにも役立ちます。

① 文の流れはそのまま「追加・順接・例示グループ」

1	also	〜もまた
2	moreover	さらに
3	furthermore	さらに
4	besides	加えて
5	additionally	加えて
6	in addition to	〜に加えて
7	as well as	〜もまた、〜同様に
8	for example	たとえば
9	for instance	たとえば
10	such as	〜のような
11	like	〜のような
12	in particular	特に
13	especially	特に
14	likewise	同様に
15	similarly	同様に
16	just like /as	ちょうど〜のように
17	overall	全体として

Part 6 接続副詞リスト 30

259

② 文の流れを変える「逆接・対比・譲歩グループ」

1	however	しかし
2	yet	しかし
3	nevertheless	それにもかかわらず
4	rather	むしろ
5	while	一方で、ところが
6	whereas	一方で、ところが
7	meanwhile	一方で
8	on the other hand	一方で
9	though	～だが
10	although	～だが
11	even if	～だとしても
12	in contrast to / with	～と反対に
13	by contrast	反対に

Part 6 は難しくはありますが、不正解が多いからといって落ち込む必要はありません。

「あなたの小さな mistake いつか想い出に変わる」ように、知らなかった単語や用法は覚えて、間違った問題は見直せばいいだけの話です。できない自分を責めてもスコアは上がりません。早く元気を出してください。くどいようですが時間勝負です。

Part 7
リーディング最大の「山脈」

Part 7 はこんな問題	**262**
正解への近道	**264**
練習問題で確認	**268**
実践問題に挑戦	**298**
出題文書リスト 15	**354**

Part 7 はこんな問題

問題形式

メール、ウェブページ、チャット、記事、アンケートなどのさまざまな文書を読み、複数の問題に答えるパートです。

① 147-200（最後）まですべて Part 7

Questions 147-148 refer to the following text-message chain.

Karen Wilson [10:06 A.M.]
Martin, I'm in the product development department. Where are you? We're supposed to be going over the labels your team has been working on.

Martin Cooper [10:07 A.M.]
Hi, Karen. I'm still on the train. It was delayed due to a safety check.

147. What does Mr. Cooper indicate he will do?
(A) Check the safety of a product
(B) Send some designs by e-mail
(C) Arrive at a department soon
(D) Transfer to another train

148. At 10:07 A.M. ...
(A) の選択肢英文
(B) の選択肢英文
(C) の選択肢英文
(D) の選択肢英文

②

① リーディングの問題は Part 7 が半分以上！

　Part 7 はリーディングセクションのアルプスと呼ばれ、TOEIC の山場、ではなく「山脈」です。実に 15 セット 54 問の問題が待ち受けています。1 セットの問題数は 2 ～ 5 問です。

▶ **最も大切なことは問題の選別**

　スライムからゾーマまで、クリボーからクッパまでがミックスされた問題の中で、取れる問題をいかに取り、難しい問題をいかに避けるかが重要です。

② 聞かれたことだけ、答えればいい。

　限られた時間（75 分中 55 分）で、すべての文書を読むのは至難の業です。そしてその必要もありません。**Part 7 の基本的なアプローチは、「何が問われ、どこにそのヒントがあるかを素早く探して解答する」** ことです。

▶ **設問をチェック → 文書で解答根拠を探す**

　この順序で解いていきます。問題を解き終わればいいので、文書で読まない部分も出てきます。

③「マルチパッセージ」を捨てない！

　後半のセット (176 ～ 200) では、複数の文書を読んで解答するダブルパッセージ（2 文書）とトリプルパッセージ（3 文書）の問題が出題されます（ダブルパッセージ、トリプルパッセージを総称してマルチパッセージと呼びます）。

▶ **複数の文書を全部読まなくても解ける問題が多い**

　残り時間も少ない中で複数の文書を目にした瞬間に諦めてしまう人も多いですが、簡単に正解できる問題も入っています。また、文書をすべて読まなくても解ける問題のほうが断然多いです。終盤で厳しい時間帯ではありますが、文書がいくつであれ、**取れる問題を落とさない姿勢**を貫いてください。

Part 7　問題形式

正解への近道

基本戦略

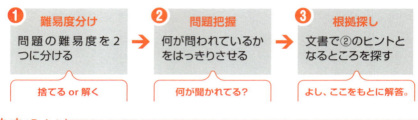

わくわくPoint

分ける、把握する、探す、塗る。

　わたしは高校時代バスケ部に所属し、ベンチのエースとして活躍しました。顧問の先生から注意されるほどのオフェンシブな応援と、敵味方を問わない女子マネジャーに対する熱い思いは誰にも負けなかった自信があります。しかし、同い年ながらわたし以上に熱い夏を送った高校生がほかにいたことは認めざるを得ません。松坂大輔投手です。横浜対 PL 学園の延長 17 回を一人で投げぬいた松坂選手を見て、自分の人生でここまで完全燃焼をする日がくるんだろうか、と悔しいような、焦るような気持ちになったのを思い出します。しかしそんな心配とは裏腹に、現在のわたしはほぼ毎月、完全燃焼をしています。

　TOEIC では、松坂選手が投げきった 17 回に匹敵するかと思われるような 15 セットの長文を読み、54 問を解き終わった後、疲労でしばらく立てなくなります。そんなとき、あらためてこのパートの過酷さに恐れおののくのです。これが Part 7 です。

　スコア 600 を目指す場合、全部の問題を完璧に解くことは現実的ではありません。ここでは問題を難易度で大きく 2 つに分けたいと思います。

難度その1 勝負問題

根拠を探すのに時間がかからない問題です。ヒントを素早く探して正解にたどりつきましょう。

1. What is the purpose of this letter?
この手紙の目的は何ですか。

→ 目的を問う問題です。文書の冒頭にヒントがあります。

2. Who is Mr. White?
White さんはどんな仕事をしていますか。

→ White 氏について書かれた部分を読めばヒントがあります。

3. What does Mr. Wharton ask Ms. Holloway to do?
Wharton 氏は Holloway 氏に何を頼んでいますか。

→ Wharton 氏が Holloway 氏に何かを頼んでいる部分を見つけます。

難度その2 敬遠問題

難問です。解く時間を決め、その時間内で答えていきます。答えにたどりつけなければ、深入りせずに次の問題に進むことが大切です。

NOT 問題

例〉 What is NOT mentioned as a policy of the company?
その会社の理念として述べられていないことは何ですか。

述べられて「いない」ことが問われます。つまり、選択肢 (A) ～ (D) のうち、正解以外の 3 つはすべて文書に書かれていて、それを 3 つとも探す必要があるので時間がかかります。

Part7 正解への近道

読む範囲が広い indicate 系問題

　設問の英文例を以下に挙げます。たくさんあり、正確にはそれぞれ少しずつ異なりますが、ざっくり言えば、どの問題も**「〜について何がわかるか」「〜について何と言われているか」**が問われます。解答のヒントがどこにあるかわかりづらく、読む範囲が広い問題です。

例〉 What is **indicated** about …?
　　 What is **suggested** about …?
　　 What is **implied** about …?
　　 What is **stated** about …?　　　　➡ …について何がわかるか
　　 What is **mentioned** about …?
　　 What is **true** about …?

「勝負問題」と「敬遠問題」について、もう少し具体的に説明します。

Q 日本の首都はどこですか。
　(A) 北海道
　(B) 東京
　(C) 京都
　(D) 沖縄

　これは問われている内容が「首都」だとはっきりしているので、答えるのは容易です。これが「勝負問題」です。一方、次の問題を見てください。

Q 日本について何が示されていますか。
　(A) 四季がある
　(B) 通貨は円
　(C) 島国
　(D) アジアの国

　これは解答に窮します。文書の内容や設問の意図によって、いくつか候補があるからです。これが「敬遠問題」です。Part 7 にはこれらの問題が混在している

266

ので、すべてを取りにいこうとすると確実に時間がなくなります。

　したがって、本書では**取るべき問題を確実に正解する**というスタンスで解説していきます。例題を解きながら練習していきましょう。

　なお、Part 6 同様に冒頭で文書の種類が示されるので確認しておきましょう。それぞれの文書がどう展開し、どこに気をつけて読んでいけばいいかは、練習問題と実践問題で見ていきます。

練習問題で確認

例題 ①

手順に沿って解いていきます。

＊解答用紙 ▶ p. 356　解答と解説 ▶ p. 270

> **手順1**
> まず文書の種類を確認。これから読むのはウェブページ。

Questions 1–2 refer to the following **Web page**.

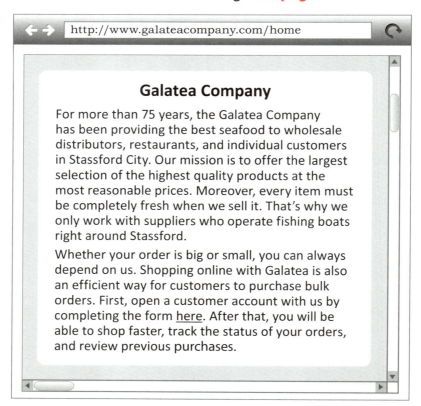

http://www.galateacompany.com/home

Galatea Company

For more than 75 years, the Galatea Company has been providing the best seafood to wholesale distributors, restaurants, and individual customers in Stassford City. Our mission is to offer the largest selection of the highest quality products at the most reasonable prices. Moreover, every item must be completely fresh when we sell it. That's why we only work with suppliers who operate fishing boats right around Stassford.

Whether your order is big or small, you can always depend on us. Shopping online with Galatea is also an efficient way for customers to purchase bulk orders. First, open a customer account with us by completing the form here. After that, you will be able to shop faster, track the status of your orders, and review previous purchases.

> **手順 2-1**
> indicate ＝敬遠問題。1分と時間を決めて解いてみる。

1. What is **indicated** about the company?

    (A) It has plans to open a new location next year.

    (B) It opened in Stassford City 15 years ago.

    (C) All of its customers operate supermarkets.

    (D) All of its products are from local sources.

2. According to the Web page, what should customers do if they want to **place a large order**?

    (A) Call the company directly

    (B) Open a customer account

    (C) Meet with a salesperson

    (D) Clear some space in a freezer

> **手順 2-2**
> 勝負問題。「大口注文」の部分を探す。

例題①

解答と解説

下線部は解説で言及している部分です。また、特に重要な箇所と正解の選択肢を**色文字**にしています。

Questions 1–2 refer to the following **Web page**.

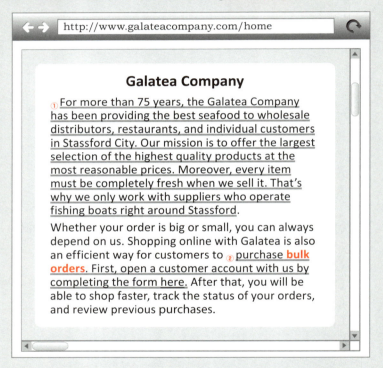

Galatea Company

①For more than 75 years, the Galatea Company has been providing the best seafood to wholesale distributors, restaurants, and individual customers in Stassford City. Our mission is to offer the largest selection of the highest quality products at the most reasonable prices. Moreover, every item must be completely fresh when we sell it. That's why we only work with suppliers who operate fishing boats right around Stassford.

Whether your order is big or small, you can always depend on us. Shopping online with Galatea is also an efficient way for customers to ②**purchase bulk orders**. First, open a customer account with us by completing the form here. After that, you will be able to shop faster, track the status of your orders, and review previous purchases.

覚えよう！
□wholesale distributor 卸売業者　□mission 名 使命、目的　□supplier 名 納入業者
□depend on ～に頼る　□purchase 動 ～を購入する 名 購入　□bulk order 大量注文
□track 動 ～を追跡する　（問題）□location 名 店舗　□place an order 注文する

問題 1-2 は次のウェブページに関するものです。

http://www.galateacompany.com/home

Galatea Company

75 年以上の間、Galatea Company はスタスフォード市内の卸売業者、レストラン、個人のお客様に最高のシーフードを提供してきました。弊社の使命は、最大限豊富に取りそろえた最高品質の商品をこのうえなくお手頃な値段でご提供することです。また、どの品も販売時に絶対に新鮮でなければなりません。だからこそ弊社では、スタスフォード近海で漁船を操業する納入業者に限って契約を結んでいます。

ご注文が大口であれ小口であれ、いつでも私たちにお任せください。大量のご注文をなさるお客様は、Galatea のオンラインショッピングを利用するのも効率的な方法です。まずは<u>こちら</u>のフォームにご記入のうえ、顧客アカウントを開設してください。その後は、購入が迅速になり、注文品の状況を追跡したり、以前の購入を確認したりすることができます。

1. What is **indicated** about the company?

   (A) It has plans to open a new location next year.

   (B) It opened in Stassford City 15 years ago.

   (C) All of its customers operate supermarkets.

   (D) All of its products are from local sources.

この会社に関して何が示されていますか。

(A) 来年、新店舗を開く予定だ。

(B) 15 年前にスタスフォード市で開業した。

(C) 顧客はすべてスーパーマーケットを経営している。

(D) 商品はすべて地元の業者から仕入れている。

2. According to the Web page, what should customers do if they want to **place a large order**?

   (A) Call the company directly

   (B) Open a customer account

   (C) Meet with a salesperson

   (D) Clear some space in a freezer

ウェブページによると、大量注文をしたい場合、顧客は何をするといいですか。

(A) 会社に直接電話する

(B) 顧客アカウントを開設する

(C) 営業担当者に会う

(D) 冷凍庫のスペースを空ける

Part 7 練習問題で確認

文書の種類別Tips

　ウェブページの問題です。一般的にウェブページが何を発信しているかを確認してみましょう。たとえば、TOEIC の公式サイトであればどんな試験なのかの説明や、受験を促すような文言があります。Part 7 で出題されるウェブページでも一般のものと同じような情報を発信しています。実際のウェブページを見るつもりで読んでいきましょう。

1. 正解 　**D**

🔓 敬遠問題。時間を決めて解く

indicate＝文書内で示されていることが問われる問題です。適当に (A) や (C) を塗って次に進むのもアリですが、1 分と決めて解いてみましょう。

文書のどこに会社について書いてあるかはわからないので、第 1 段落（①）をすべて読みます。わかることは次の通りです。

・75 年を超えて Stassford で海産物を販売している。
・会社の使命は高品質で幅広い品種をリーズナブルな価格で提供することだ。
・鮮度にこだわっている。
・それが Stassford 周辺の業者とだけ取引をしている理由だ。

一致しているのは「すべて地元の業者から仕入れている」と述べている (D) です。

2. 正解 　**B**

🔓 勝負問題。関連箇所を確認

文書で「大口注文」の部分を探してください。②の bulk orders が「大量の注文」という意味です。その後すぐに open a customer account（アカウントを作る）と書いてありますので、問題 1 に比べてずっと短時間で解答することができます。bulk（大量の）はぜひ覚えておいてほしい単語ですが、仮にこれを知らなくても (A) (C) (D) は本文に記述がありません。

272

Part 7 解答のポイント

① 解答根拠の嗅覚を磨け！

問題1の解説で第1段落をすべて読むと書きましたが、当てずっぽうで指定したわけではありません。問題の順番と文書でのヒントの位置は順番通りになっていることが多いのです。

1問目のヒントは第1段落など上のほうに、2問目は1問目のヒントより下のほうに……という感じです。

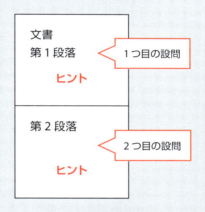

特に2段落構成の文書で、設問が2問ある問題にこの傾向が強く、問題を解いて慣れていくうちにどの辺りにヒントがあるか探せるようになります。

② Part 7 でも「言い換え」がヒント！

問題2では bulk orders が設問で a large order と言い換えられていました。また open a customer account が正解の選択肢にそのまま出ており、言い換えや、同じ・似た表現を見つけることで正解につなげられます。リスニングセクションの Part 3、Part 4 と同じように、言い換えに注意して解いてください。

例題 ②

手順に沿って解いていきます。

＊ 解答用紙 ▶ p. 356　解答と解説 ▶ p. 276

> **手順 1**
> まず文書の種類を確認。これから読むのはテキストメッセージのやりとり。

Questions 3–4 refer to the following **text-message chain**.

Karen Wilson [10:06 A.M.]
Martin, I'm in the product development department. Where are you? We're supposed to be going over the labels your team has been working on.

Martin Cooper [10:07 A.M.]
Hi, Karen. I'm still on the train. It was delayed due to a safety check. Everything's fine now. I won't be much longer. Why don't you look at the samples in the meantime?

Karen Wilson [10:08 A.M.]
All right. But I don't see them on your desk.

Martin Cooper [10:09 A.M.]
They're in a folder on the department's computer network. You can ask anyone on the project team to access it for you and print them out.

Karen Wilson [10:10 A.M.]
Great. That's what I'll do. See you shortly.

274

> **手順 2-1**
> 1 問目を確認して文書からヒントを探す。Part 7 では 1 問ずつ
> 解いていく。この問題では「Cooper 氏がすること」を探す。

3. What does **Mr. Cooper** indicate **he will do**?

(A) Check the safety of a product
(B) Send some designs by e-mail
(C) Arrive at a department soon
(D) Transfer to another train

> **手順 2-2**
> Cooper 氏がどんな意味で "Everything's fine now" と
> 書いたのかを探す。10:07 前後の会話がヒント。

4. At **10:07 A.M.**, what does Mr. Cooper mean when he writes,
"Everything's fine now"?

(A) He feels better than before.
(B) Some samples are ready.
(C) A train is operating again.
(D) A meeting can start on time.

例題②

解答と解説

下線部は解説で言及している部分です。また、特に重要な箇所と正解の選択肢を**色文字**にしています。

Questions 3–4 refer to the following **text-message chain**.

Karen Wilson [10:06 A.M.]
Martin, I'm in ① the product development department. Where are you? We're supposed to be going over the labels your team has been working on.

Martin Cooper [10:07 A.M.]
Hi, Karen. ② I'm still on the train. It was delayed due to a safety check. **Everything's fine now. I won't be much longer.** Why don't you look at the samples in the meantime?

Karen Wilson [10:08 A.M.]
All right. But I don't see them on your desk.

Martin Cooper [10:09 A.M.]
They're in a folder on the department's computer network. You can ask anyone on the project team to access it for you and print them out.

Karen Wilson [10:10 A.M.]
Great. That's what I'll do. See you shortly.

覚えよう!
□product development 商品開発　□be supposed to *do* ～することになっている
□go over ～を検討する　□work on ～に取り組む　□in the meantime その間に
(問題)□transfer 動 乗り換える　□operate 動 運行する

問題 3-4 は次のテキストメッセージのやりとりに関するものです。

Karen Wilson [10:06 A.M.]
Martin、私は今、商品開発部にいます。あなたはどこですか。あなたのチームが担当してきたラベルを検討することになっているのですが。

Martin Cooper [10:07 A.M.]
やあ、Karen。僕はまだ電車の中です。安全確認のため遅れていました。今は何もかも大丈夫です。もう長くはかかりません。その間にサンプルを見ておいてもらえませんか。

Karen Wilson [10:08 A.M.]
了解。でもあなたの机の上にそれらが見当たりません。

Martin Cooper [10:09 A.M.]
部のコンピューターネットワークのフォルダに入っています。プロジェクトチームの誰かに頼んで、代わりにアクセスしてプリントアウトしてもらってください。

Karen Wilson [10:10 A.M.]
よかった。そうします。すぐ後で会いましょう。

3. What does **Mr. Cooper** indicate **he will do**?

(A) Check the safety of a product
(B) Send some designs by e-mail
(C) Arrive at a department soon
(D) Transfer to another train

Cooper さんは何をすると述べていますか。

(A) 製品の安全性をチェックする
(B) デザインをいくつかメールで送る
(C) 間もなく部署に到着する
(D) 別の電車に乗り換える

4. At **10:07 A.M.**, what does Mr. Cooper mean when he writes, **"Everything's fine now"**?

(A) He feels better than before.
(B) Some samples are ready.
(C) A train is operating again.
(D) A meeting can start on time.

午前 10 時 7 分に、Cooper さんはどういう意味で "Everything's fine now" と書いていますか。

(A) 前より気分がよくなっている。
(B) サンプルの用意がいくつかできている。
(C) 電車は運行を再開している。
(D) 会議は時間通り開始できる。

Part 7 練習問題で確認

文書の種類別Tips

　Text-massage chain の問題は通常 2 セット出題されていましたが、2019 年 12 月の公開テストで 4 セット出たフォームがありました（テストの問題は数種類のパターンがあります）。なお、この文書の 1 セット目はたいてい 2 人での対話です。

3. 正解 **C**

🔓 **勝負問題。ピンポイントでヒントを探す**

indicate とありますが、「Cooper 氏がすること」を探せばいいので取りにいく問題です。② 10:07 A.M. で安全確認のために電車が遅れていたが今は解消しており、I won't be much longer.（長くはかからない）と述べています。つまり、待たせている Karen のいる ① the product development department にもうすぐ着くことがわかります。

4. 正解 **C**

🔓 **勝負問題。引用箇所を確認**

②で電車が安全確認のために遅れていたこと、自分がまだ電車内にいることを述べています。が、引用された発言の後で I won't be much longer.（長くはかからない）と述べていることから、電車が再び動き始めたことがわかります。

278

Part 7 解答のポイント

① 解答は1問ずつ！

文書をすべて読んでから解くこともできるボリュームですが、一つ一つ片づけていくのが鉄則。「問題を確認→文書でヒントを探す」というリズムを作ってください。NOT問題やindicate系の敬遠問題が続く場合、全文を一気に読んだほうが効率的な場合もありますが、これについては実践問題で解説します。

② 誤りの選択肢は確認しない！

Part 7で1問に割ける時間は1分が精一杯。正解以外の選択肢が「なぜ不正解か」を確認する時間はありません。復習の際になぜ不正解なのか（→記述がない、文書の○行目と不一致など）を確認するのはとても有効ですが、本番では正解を選んだら即、次に進んでください。

③ 解答が終わったらすぐ次へ！

今回の場合は10:07 A.M. の時点で2問とも解答できます。したがって、その部分まで読めばOKです。2問目を終えた瞬間に次の問題へ進んでください。TOEICでは、たとえば文書の最後に「実はEverything's fine now. の意図はこういうことでしたー！！」という、「まさか」のパターンはありません。必要なのは問題に答えることで、全文を理解することではありません。その後の展開が気になっても次へ進んでください。

Part 7 練習問題で確認

例題③

手順に沿って解いていきます。

* 解答用紙 ▶ p. 356　解答と解説 ▶ p. 282

> **手順1**
> まず文書の種類を確認。これから読むのは社内メモ。

Questions 5–7 refer to the following **memo**.

To:　　　staff@solanaccounting.com
From:　　mbryant@solanaccounting.com
Date:　　12 July
Subject: Renovations

As part of the company's extensive renovations this year, the carpet tiles in our offices will be removed and new ones will be installed between August 1 and 3. Under no circumstances will you be allowed to enter the building while the work is underway. If you must work on one of those days, you may do so at home via the company intranet.

The contractor hired for the carpets will be removing the furniture from the rooms. However, we will do some preparation ourselves on July 31 to help them out beforehand. This will include piling up all of the rolling chairs and moving them along with the potted plants to the end of the main hallway. Make sure to tape all desk drawers shut, so they do not open as the desks are moved around. Also, any computer towers that are on the floor should be placed on a desk.

If you have any questions about the refurbishment or preparation, please speak with your supervisor.

Sincerely,
Monica Bryant
General Manager
Solan Accounting

> **手順 2-1**
> 勝負問題。メモが書かれた目的を探す。目的はたいてい文書の冒頭にある。

5. **Why** was the memo **written**?

(A) A building will be inspected.
(B) An intranet will be shut down.
(C) Some carpeting will be replaced.
(D) Some furniture will be polished.

> **手順 2-2**
> 勝負問題。強調していることに注目。

6. What does Ms. Bryant **emphasize** in the memo?

(A) Staff will not be able to enter a workplace.
(B) Staff will not be able to access an intranet.
(C) Office furniture must be wrapped in plastic.
(D) The layout of an office will remain the same.

> **手順 2-3**
> 敬遠問題。contractor についての情報を集める。

7. What is indicated about the **contractor's staff**?

(A) They will move desks out of the offices.
(B) They will decorate the offices with plants.
(C) They will reduce some of its prices in August.
(D) They will pile up some office chairs in July.

Part7

練習問題で確認

例題③

解答と解説

下線部は解説で言及している部分です。また、特に重要な箇所と正解の選択肢を**色文字**にしています。

Questions 5–7 refer to the following **memo**.

To: staff@solanaccounting.com
From: mbryant@solanaccounting.com
Date: 12 July
Subject: Renovations

As part of the company's extensive renovations this year, ① **the carpet tiles in our offices will be removed and new ones will be installed between August 1 and 3**. ② **Under no circumstances will you be allowed to enter the building** while the work is underway. If you must work on one of those days, you may do so at home via the company intranet.

③ **The contractor hired for the carpets will be removing the furniture from the rooms**. **However, we** will do some preparation ourselves on July 31 to help them out beforehand. This will include piling up all of the rolling chairs and moving them along with the potted plants to the end of the main hallway. Make sure to tape all desk drawers shut, so they do not open as the desks are moved around. Also, any computer towers that are on the floor should be placed on a desk.

If you have any questions about the refurbishment or preparation, please speak with your supervisor.

Sincerely,
Monica Bryant
General Manager
Solan Accounting

覚えよう！

□ renovation 名 改修　□ install 動 ～を設置する
□ under no circumstances いかなる事情があっても～ない　□ underway 形 進行中で
□ intranet 名 イントラネット、企業内ネットワーク　□ contractor 名 業者
□ rolling chair（キャスター付きの）オフィスチェア　□ refurbishment 名 改装
（問題）□ inspect 動 ～を検査する

282

問題 5-7 は次の社内メモに関するものです。

宛先： staff@solanaccounting.com
差出人：mbryant@solanaccounting.com
日付： 7 月 12 日
件名： 改修工事

今年の社屋大規模改修の一環として、8 月 1 日から 3 日にかけて、当社オフィスのカーペットタイルが撤去され、新しいものが設置されます。作業が行われている間は、どのような事情があろうと建物に入ることはできません。この日程内に仕事をする必要がある場合は、社のイントラネットを通じて自宅で行ってください。

カーペット交換の契約業者が部屋の家具の撤去をします。しかし、作業の補助として、7 月 31 日に私たちもある程度の事前準備をします。この準備には、オフィスチェアをすべて積み重ねて、鉢植えと一緒に中央廊下の突き当たりに移動することが含まれます。デスクの移動中に引き出しが開かないよう、引き出しを閉めてしっかりとテープでとめてください。また、床置きされているタワー型コンピューターはデスクに載せてください。

改装や準備について何か質問がある場合は、上司に相談してください。

よろしくお願いします。

Monica Bryant
Solan Accounting
本部長

---

5. Why was the memo **written**?

(A) A building will be inspected.
(B) An intranet will be shut down.
(C) **Some carpeting will be replaced.**
(D) Some furniture will be polished.

この社内メモが書かれたのはなぜですか。

(A) 建物に検査が入るから。
(B) イントラネットが停止するから。
(C) カーペットが交換されるから。
(D) 家具が磨かれるから。

---

6. What does Ms. Bryant emphasize in the memo?

(A) **Staff will not be able to enter a workplace.**
(B) Staff will not be able to access an intranet.
(C) Office furniture must be wrapped in plastic.
(D) The layout of an office will remain the same.

Bryant さんがこの社内メモで強調していることは何ですか。

(A) 社員は職場に入ることができない。
(B) 社員はイントラネットにアクセスすることができない。
(C) オフィスの家具はビニールでくるまなければならない。
(D) オフィスのレイアウトは同じままである。

Part 7 練習問題で確認

283

7. What is indicated about the **contractor's staff**?

(A) **They will move desks out of the offices.**

(B) They will decorate the offices with plants.

(C) They will reduce some of its prices in August.

(D) They will pile up some office chairs in July.

業者について何が示されていますか。

(A) オフィスからデスクを運び出す。

(B) 植物でオフィスを飾り付ける。

(C) 8月に一部の価格を下げる。

(D) 7月にオフィスチェアを積み重ねる。

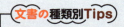

> 冒頭でメモだと確認したら、内容を読み進める前に以下の点をすべて把握します。
> - **誰から誰へのメモか** → 今回は @ の後ろが共通なので社内メモだとわかる
>   さらに accounting というドメインから会計事務所と予測
> - **メモを書いた人の情報** → 役職は General Manager（本部長）
> - **日付** → 7月12日
> - **件名** → 改装

5. 正解　**C**

🔓 勝負問題。「目的」問題は文書の冒頭をチェック

2〜3行目に①カーペットが取り換えられるという記述があるので、(C) が正解です。

6. 正解　**A**

🔓 勝負問題。強調箇所を探す

② Under no circumstances will you be allowed to ... の部分でどのような事情があろうとオフィスに入れないこと、次の文で仕事をする必要があれば自宅で行うように、ということが強調されています。

7. 正解　**A**

🔓 敬遠問題。関連部分を探して解ければ解く

第2段落③に contractor（契約業者）の記述があります。removing the furniture from the rooms（部屋から家具を撤去する）が (A) で move desks out of the offices（オフィスからデスクを運び出す）に言い換えられています。なお、この後の However, we 以降は話題が変わっているので、ここまで読めば解答できます。必要ない部分は読まずに時間を節約しましょう。

Part 7 解答のポイント

① 情報は可能な限り取れ！

　問題5～7は本部長からの社内メモなので、内容は基本的に「ボスからスタッフへのお達し」となることが予想されます。こういった設定を頭に置くことで、「メモで強調されていることは守らねば！」という状況がつかみやすくなり、正解へとつながります。

② ヒントはクリアなうちに解け！

　問題7でHowever以降を読まずに解くよう解説したのは、残りの文書を読むことでcontractorに対するヒントがぼやけるリスクを回避するためです。また、その後にcontractorについて言及される可能性が非常に低いことも理由です。memo（メモ）は相手に何かを知らせるために書くので、特定のもの（ここではcontractor）に関する情報はなるべく一箇所にまとめるはず。文書から解答に必要な部分を拾い出せるように、しっかり読んでいきましょう。

　また、この問題で言えば、文書でcontractorが出てきた時点で選択肢と照合して解答します。「ほかにも何か書いてあるかも」とぼんやり読み進めても、時間をロスするだけでなく、せっかく得たヒントがぼやけるリスクもあります。照合して正解が出ない場合にのみ、「contractorについてほかにわかることは？」という視点で読み進めてください。

例題④

手順に沿って解いていきます。

＊ 解答用紙 ▶ p. 356　解答と解説 ▶ p. 290

> **手順 1**
> まず文書の種類を確認。広告とメールの 2 つの文書がある。

Questions 8–12 refer to the following **advertisement** and **e-mail**.

SALES OPPORTUNITY

Saunderst & Co. is seeking a highly motivated individual for its branch office in Oklahoma City. Work with others both inside and outside of the company who share your interest in vehicles and machines used in farming. You will spend a lot of time meeting with existing and potential customers who are looking for the best equipment to get their jobs done efficiently.

The sales representative will have strong presentation skills and be able to describe all functions of our products clearly. Candidates must have at least two years of experience in sales as well as a valid driver's license. They should also have some knowledge of tractors and backhoes, as the job will involve demonstrating how they work.

Qualified candidates are invited to send their résumé with a cover letter to our personnel manager Gord Stewart at 2475 Redbrook Boulevard, Oklahoma City, OK 73104 by no later than February 15.

Part 7 練習問題で確認

287

To:	Kelly Gillian
From:	Gord Stewart
Date:	February 23
Subject:	Sales Opportunity at Saunderst

Dear Ms. Gillian,

We received your application for the sales position at Saunderst & Co. Although it was posted to us later than the deadline specified in our job ad, we are willing to overlook that because the position is still available. Furthermore, your résumé indicates that you meet all the experience requirements we stated in the advertisement.

The next step will be to set up an interview. Since the company is currently hiring salespeople for seven of its branches, we will be training all new hires together at our headquarters in Chicago. This one-week intensive training will begin on March 2. Therefore, we would like to meet with you as soon as possible. I have tentatively scheduled an interview for February 25 at 9:30 A.M., which will take place at our office at 2475 Redbrook Boulevard. Please call my office at 555-0194 to let us know if you can make it or to arrange another time to meet if that date is not suitable for you.

We very much look forward to meeting you.

Sincerely,
Gord Stewart, Personnel Director
Saunderst & Co.

8. In what industry does **Mr. Stewart** most likely work?

(A) Apparel
(B) Medical
(C) Transport
(D) Agriculture

> **手順 2-1**
> 勝負問題。Mr. Stewart がどこに出てくるかを探す。

9. What is stated as a **requirement of the job**?

(A) Attending trade shows
(B) Distributing catalogs
(C) Managing inventory
(D) Operating vehicles

> **手順 2-2**
> 敬遠問題。仕事への必要条件なので1つ目の文書の広告にある、と目安をつけて解く。

10. Why did Mr. Stewart **write to** Ms. Gillian?

(A) To explain a new sales strategy
(B) To invite her for an interview
(C) To request her phone number
(D) To recommend a new product

> **手順 2-3**
> 勝負問題。write to (〜に書く) からメールをチェック。

11. What is **indicated** about **Ms. Gillian**?

(A) She will ride the train from Chicago.
(B) She will be in Chicago on February 25.
(C) She sent a form after February 15.
(D) She has already met Gord Stewart.

> **手順 2-4**
> 敬遠問題。
> Ms. Gillian を探す → メールに出てくる。Gillian 氏について書かれていることを把握する必要がある。

12. What does Mr. Stewart **instruct** Ms. Gillian to do **in the e-mail**?

(A) Confirm an appointment time
(B) Choose a different branch office
(C) Read an employment contract
(D) Give a product demonstration

> **手順 2-5**
> 勝負問題。メールだけを読む。instruct ＝指示していることを拾って解く。

Part 7

練習問題で確認

例題④

解答と解説

下線部は解説で言及している部分です。また、特に重要な箇所と正解の選択肢を**色文字**にしています。

Questions 8–12 refer to the following **advertisement** and **e-mail**.

SALES OPPORTUNITY

Saunderst & Co. is seeking a highly motivated individual for its branch office in Oklahoma City. Work with others both inside and outside of the company who share your interest ①in vehicles and machines used in **farming**. You will spend a lot of time meeting with existing and potential customers who are looking for the best equipment to get their jobs done efficiently.

②The sales representative will have strong presentation skills and be able to describe all functions of our products clearly. Candidates **must have at least two years of experience in sales as well as a valid driver's license.** They should also have some knowledge of **tractors** and **backhoes**, as the job will **involve demonstrating how they work.**

Qualified candidates are invited to send their résumé with a cover letter to our personnel manager ③**Gord Stewart** at 2475 Redbrook Boulevard, Oklahoma City, OK 73104 ④**by no later than February 15**.

覚えよう！

□ motivated 形 意欲のある　□ equipment 名 設備、装置　□ sales representative 営業担当者
□ candidate 名 候補者、志望者　□ valid 形 有効な　□ backhoe 名 ショベルカー
□ qualified 形 要件を満たした　□ résumé 名 履歴書　□ personnel 形 人事の

290

To:	Kelly Gillian
From:	Gord Stewart
Date:	February 23
Subject:	Sales Opportunity at Saunderst

Dear Ms. Gillian,

We received your application for the sales position at Saunderst & Co. (5) Although it was posted to us **later than the deadline** specified in our job ad, we are willing to overlook that because the position is still available. Furthermore, your résumé indicates that (6) you meet all the experience requirements we stated in the advertisement.

(7) **The next step will be to set up an interview**. Since the company is currently hiring salespeople for seven of its branches, we will be training all new hires together at our headquarters in Chicago. This one-week intensive training will begin on March 2. Therefore, we would like to meet with you as soon as possible. I have tentatively scheduled an interview for February 25 at 9:30 A.M., which will take place at our office at 2475 Redbrook Boulevard. (8) **Please call my office** at 555-0194 to let us know **if you can make it** or **to arrange another time to meet** if that date is not suitable for you.

We very much look forward to meeting you.

Sincerely,
Gord Stewart, Personnel Director
Saunderst & Co.

覚えよう!

- □ application 名 申し込み □ overlook 動 ～を大目に見る □ meet 動 ～（条件）を満たす
- □ intensive 形 集中的な □ tentatively 副 暫定的に □ make it 都合がつく
- □ distribute 動 ～を配布する （問題）□ inventory 名 在庫

問題 8–12 は次の広告とメールに関するものです。

営業職の求人

Saunderst & Co. では、オクラホマシティー支店で意欲の高い人材を求めています。あなた同様に、農業用の車両や機械に興味がある社内外の人々と一緒に仕事をしてください。既存の顧客や見込み客と会うことが主な仕事です。効率的に仕事を行うのに最も適した装備を探している方々です。

プレゼン能力が高く、当社製品のあらゆる機能をしっかりと説明できる人に、営業担当者となってもらいます。応募者は、2 年以上の営業の実務経験および有効な運転免許証を持つ方に限ります。また、トラクターとショベルカーに関する知識がある程度必要です。それらがどのように動くのか実演することも仕事に含まれます。

要件を満たす応募者は、カバーレターを添えた履歴書を 2 月 15 日までに、73104 オクラホマ州 オクラホマシティー レッドブルック大通り 2475 の当社人事部長 Gord Stewart までお送りください。

宛先：Kelly Gillian
送信者：Gord Stewart
日付：2 月 23 日
件名：Saunderst 営業職の求人

Gillian 様

Saunderst & Co. の営業職への応募書類を受け取りました。求人広告で指定した期日を過ぎて郵送されていましたが、その職はまだ募集中ですのでその点は問題ないと判断することにします。しかも、あなたの履歴書を見ると、広告に記載した実務経験の条件がすべて満たされているようです。

次のステップは面接日の設定となります。当社では現在、7 支店で営業職を採用しようとしており、新入社員には全員一緒にシカゴ本社で研修を受けてもらう予定です。この 1 週間の集中研修は 3 月 2 日に始まります。このため、できるだけ早く面接を行いたいと思っています。さしあたって 2 月 25 日の午前 9 時 30 分に面接を設定しました。レッドブルック大通り 2475 にある当社オフィスで行う予定です。私のオフィス 555-0194 までお電話をいただけますか。この日時で問題ないか、またはご都合に合わなければ別の時間をお知らせください。

お目にかかるのをとても楽しみにしております。

よろしくお願いいたします。

Saunderst & Co.
人事部長 Gord Stewart

8. In what industry does **Mr. Stewart** most likely work?

(A) Apparel
(B) Medical
(C) Transport
(D) Agriculture

Stewart さんが働いているのはどの分野である可能性が最も高いですか。

(A) アパレル
(B) 医療
(C) 運送
(D) 農業

9. What is stated as a **requirement of the job**?

(A) Attending trade shows
(B) Distributing catalogs
(C) Managing inventory
(D) Operating vehicles

この職の要件として何が述べられていますか。

(A) 見本市に出席すること
(B) カタログを配布すること
(C) 在庫を管理すること
(D) 車両を操作すること

10. Why did Mr. Stewart **write to** Ms. Gillian?

(A) To explain a new sales strategy
(B) To invite her for an interview
(C) To request her phone number
(D) To recommend a new product

Stewart さんが Gillian さんにメールを書いているのはなぜですか。

(A) 新しい販売戦略を説明するため
(B) 彼女を面接に呼ぶため
(C) 彼女の電話番号を尋ねるため
(D) 新製品をすすめるため

11. What is **indicated** about **Ms. Gillian**?

(A) She will ride the train from Chicago.
(B) She will be in Chicago on February 25.
(C) She sent a form after February 15.
(D) She has already met Gord Stewart.

Gillian さんに関して何が示されていますか。

(A) シカゴから電車に乗る。
(B) 2 月 25 日にシカゴにいる。
(C) 2 月 15 日を過ぎてから書類を送った。
(D) すでに Gord Stewart に会った。

12. What does Mr. Stewart **instruct** Ms. Gillian to do **in the e-mail**?

(A) Confirm an appointment time
(B) Choose a different branch office
(C) Read an employment contract
(D) Give a product demonstration

Stewart さんはメールで Gillian さんに何をするよう指示していますか。

(A) 面会時間を確認する
(B) 別の支店を選ぶ
(C) 雇用契約書を読む
(D) 製品の実演を行う

文書の種類別Tips

　advertisement と e-mail の 2 つの文書があります。これをダブルパッセージと言います。

　ダブルパッセージでもやることは 1 つの文書の問題（シングルパッセージ）と変わりません。設問で問われていることを確認し、文書の中に根拠を探しにいくだけです。ダブルパッセージの問題は 1 セットで必ず 5 問出題されますが、そのうち 2 ～ 4 問はシングルパッセージと同じ扱いで解くことができます。

8.　正解　**D**

🔓 勝負問題。関連箇所を確認。

Mr. Stewart は 1 つ目の文書（advertisement）の終わりのほう（③）に出てきます。どこで Mr. Stewart が出てくるんだろう？ と不安なまま文書を読んでも頭に入ってきませんから、先に Mr. Stewart が文書でどこに出てくるかを確認するほうがいいでしょう。なお、**ダブルパッセージの 1 問目は必ず最初の文書にヒント**があります。
①に farming（農業）、②の後半に tractor（トラクター）、backhoe（ショベルカー）があり、これらを扱っている会社の業種は (D) agriculture（農業）です。

9.　正解　**D**

🔓 敬遠問題。設問の requirement に注目

What is stated ~ の indicate 系問題ですが、この問題は「勝負」に行きたいところ。文書で探すべきは、設問にある requirement of the job（仕事への要件）です。応募資格は advertisement に書いてあるはずだと当たりをつけて読んでいきます。②に、応募者には有効な運転免許証および 2 年以上の実務経験が必要で、トラクターとショベルカーの実演も仕事に含まれる、と書いてあります。正解は、(D) の「車両を操作すること」です。

10.　正解　**B**

🔓 勝負問題。メールをチェック

設問に write to（～に書く）とあるので、当然 e-mail に根拠があります。第 1 段落の最後⑥で Ms. Gillian が候補者の条件にかなっていること、第 2 段落冒頭⑦で面接に進むことが説明されています。ここから (B) が正解です。

11. 正解 　C

🔓 敬遠問題。文書は読み返さない

Ms. Gillian が登場するのは e-mail の中ですから、e-mail を中心に読んで答えます。
が、問題 10 で e-mail は少なくとも 2 段落冒頭 The next step will be to set up an
interview. まですでに読んでいます。**問題が変わったからといって頭から読み返してい
ては時間が足りません**。一度読んだ内容を頭に入れておけば、時間が短縮できます。
⑤で Gillian が締め切りを過ぎて応募したことがわかります。一方、advertisement の
最後④で、履歴書の送付は 2 月 15 日を過ぎることのないように、と書かれています。
つまり、締め切りは 2 月 15 日。以上から、(C) が正解です。

12. 正解 　A

🔓 勝負問題。メールから「指示」を探す

問題 11 に比べ、見るべき箇所はぐっと狭くなります。まず、メール内での指示ですから、
e-mail だけを読み、指示していることだけを拾う、の 2 点を徹底してください。
⑧ Please 以降で、案内した日程でよいかどうか、もし都合が悪ければ別の日程を電話
で知らせるように指示しています。面接の日程について確認するよう依頼しているので
(A) が正解です。

Part 7 解答のポイント

① 読むべき文書を決めろ！

今回の問題で advertisement と e-mail の両方を読まなくてはならないのは問題 11 だけでした。どちらを読めばよいかを正確に判断することで、**ダブルパッセージはシングルパッセージの問題に変わります**。

② 設問のヒントを利用しろ！

設問の中には According to the advertisement のように、どちらを読めばよいか教えてくれている親切なものがあります。その場合は基本的に**その文書だけを読めば解くことができます**。

③ indicate 問題の正答率を上げろ！

Part 7 で難問とし、敬遠してきた indicate 系の「文書で何がわかるか」が問われる問題ですが、設問の英文に含まれる語をヒントにすれば、より焦点を明確にして解くことが可能です。たとえば、問題 9 の What is stated as a requirement of the job? では、仕事の要件だけに絞って読むことで、広範囲にわたってヒントを探しにいく手間を省けます。

例題 4 セットを通して Part 7 の問題と解き方を見てきました。Part 7 は「習うより慣れろ」の要素が強く、どう解くかやヒントの探し方は、たくさんの問題に触れることで精度が上がってきます。

次ページからの実践問題で、これまで練習した解き方を確立させるとともに、さまざまなタイプの問題に慣れてください。

Part 7 練習問題で確認

実践問題に挑戦

引き続き、問題を解いていきましょう。手順は**「文書の種類を確認」** ➡ **「難易度を分ける」** ➡ **「設問で問われている内容を把握」** ➡ **「根拠を探す」**です。

＊ 解答用紙 ▶ p. 358　解答と解説 ▶ p. 318

Questions 1–2 refer to the following Web page.

RELIOTECH			
HOME	PRODUCTS	NEWS	CONTACT

Reliotech Recalls New Microwave Oven
Product name: Reliotech 800-SBV Microwave Oven
Recall date: 14 December

Description: Reliotech is recalling its 800-SBV Microwave Oven because faulty wiring could result in the appliance becoming hot enough to melt plastic countertops. So far, no incidents have been reported. However, as a precautionary measure, we are recalling all of the units. The recall involves 640 ovens manufactured on 27 October. The manufacturing date can be found under the brand name on the back of the microwave oven. All of the affected products were sold on or after 1 December via Reliotech's online shop or at Cromark Electronics stores in Australia.

If you have purchased this product, we strongly recommend not using it. Customers can contact Reliotech at 555-9543 around the clock for a free replacement or a full refund.

1. Why has Reliotech put the information on its Web site?
  (A) It will be offering a sale on ovens.
  (B) It will merge with another company.
  (C) It will soon launch a new appliance.
  (D) It has released a defective product.

2. What is indicated on the Web page?
  (A) No one has reported any damage.
  (B) A plastic component breaks easily.
  (C) A store will be closed temporarily.
  (D) Customer service is not offered at night.

Questions 3–4 refer to the following instructions.

Resetting the Eco-Eltron DX12

If your Eco-Eltron DX12 water heater stops producing hot water, resetting it will generally solve the problem. The process is simple as long as you can identify the reset button. To find it, all you need to do is open the blue panel, and inside you will see a red button. Press it all the way and hold it down for several seconds until you hear a click and see the green light above the panel flashing.

This light indicates that the water heater has been successfully reset, and it will be back to normal within a few minutes. However, if the light does not flash, there may be another problem. In this case, we recommend unplugging your Eco-Eltron DX12 and calling the toll-free customer service number on the first page of this manual.

---

3. What are Eco-Eltron DX12 users NOT required to do to reset the appliance?
    (A) Enter a code
    (B) Open a panel
    (C) Press a button
    (D) Wait for a sound

4. What is stated about the Eco-Eltron DX12?
    (A) It should remain unplugged when it is not being used.
    (B) It will function properly a few minutes after resetting it.
    (C) A red light will start flashing when it cannot heat water.
    (D) Resetting it should be performed by a service technician.

Questions 5–6 refer to the following text-message chain.

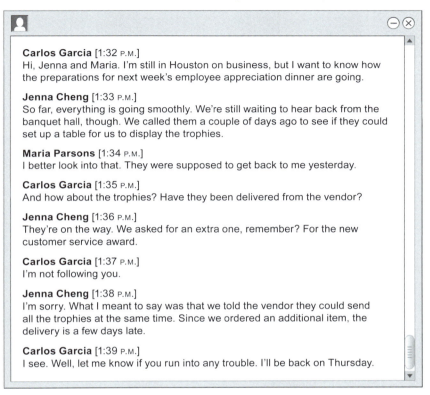

Carlos Garcia [1:32 P.M.]
Hi, Jenna and Maria. I'm still in Houston on business, but I want to know how the preparations for next week's employee appreciation dinner are going.

Jenna Cheng [1:33 P.M.]
So far, everything is going smoothly. We're still waiting to hear back from the banquet hall, though. We called them a couple of days ago to see if they could set up a table for us to display the trophies.

Maria Parsons [1:34 P.M.]
I better look into that. They were supposed to get back to me yesterday.

Carlos Garcia [1:35 P.M.]
And how about the trophies? Have they been delivered from the vendor?

Jenna Cheng [1:36 P.M.]
They're on the way. We asked for an extra one, remember? For the new customer service award.

Carlos Garcia [1:37 P.M.]
I'm not following you.

Jenna Cheng [1:38 P.M.]
I'm sorry. What I meant to say was that we told the vendor they could send all the trophies at the same time. Since we ordered an additional item, the delivery is a few days late.

Carlos Garcia [1:39 P.M.]
I see. Well, let me know if you run into any trouble. I'll be back on Thursday.

5. Why did Mr. Garcia send a message?
(A) To check on the planning for an event
(B) To explain about a business assignment
(C) To ask for opinions about a banquet
(D) To inform his coworkers about a problem

6. At 1:37 P.M., what does Mr. Garcia mean when he writes, "I'm not following you"?
(A) He will not accompany Ms. Cheng to a ceremony.
(B) He does not understand what Ms. Cheng wrote.
(C) He does not want to do what Ms. Cheng suggested.
(D) He will enter a banquet hall before Ms. Cheng.

Questions 7–9 refer to the following memo.

To: All Staff
From: Alvin Hartford
Date: April 24
Subject: Leave requests

As announced during our last monthly meeting for all staff, Berkshire Delivery has revised its vacation policy. As of May 1, all employees who have worked for the company for 10 years or more will be entitled to 20 days of paid leave annually. Those with fewer than 10 years of service will receive between 10 and 19 days of paid leave per year depending on how long they have worked for the company. These changes will take effect on May 1.

Anyone who wishes to use their vacation time is required to submit a written request for time off to their manager. Please be aware that you are not permitted to take more than 10 business days of vacation at a time. Requests must be submitted no later than two weeks prior to the requested time off dates. If the request is approved, the employee will help their supervisor develop a plan to cover their duties for the period of their absence, including scheduling and training if necessary.

7. What is the purpose of the memo?
- (A) To request advice about a procedure
- (B) To promote some holiday packages
- (C) To explain some policy changes
- (D) To report a problem with attendance

8. What is suggested about Berkshire Delivery?
- (A) All of its employees meet regularly.
- (B) One of its employees will retire this year.
- (C) It will be under new management.
- (D) It has been planning for a company trip.

9. What is stated about employees in the memo?
- (A) They cannot take a day off when new staff are being trained.
- (B) They are not allowed to use more than 10 vacation days at once.
- (C) They must submit a form within the five days before their absence.
- (D) They have to provide an itinerary before taking a business trip.

Questions 10–12 refer to the following letter.

Jeffrey Carroll
933 Highland Drive
Memphis, TN 38138

Dear Customer:
At Viatier Comm, we are committed to providing the best services based on the most current technologies. To fulfill this commitment, we must occasionally make changes to our service offerings. In this regard, we will no longer be offering High-Speed Internet without the Viatier Voice Service (VVS) as of March 1. While we implement this change, there will not be any disruption of service. With VVS, every one of our customers will be able to make and receive calls through the Internet, while still getting the high-quality sound of a traditional home phone service.

For customers who currently have High-Speed Internet with VVS, no action is required from you to continue enjoying the combined service. However, those who have subscribed to High-Speed Internet only will automatically receive VVS beginning next month unless they choose to terminate their agreement with Viatier Comm. For a list of prices for our various service packages, please refer to the enclosed brochure.

In addition, if you choose to subscribe to additional Viatier Comm services before March 1, you may be eligible for a discount. Details about these special discounts can be found on our Web site at www.viatiercomm.com.

Thank you for choosing Viatier Comm as your Internet access and VVS provider. We appreciate your loyalty and look forward to providing you with outstanding service for years to come.

Yours sincerely,

Christine McCaw

Christine McCaw
Customer Service Director
Viatier Comm

10. Why is the letter being sent?
(A) To inform a customer about a technology problem
(B) To notify a customer about a change to a service
(C) To compare the services of different businesses
(D) To announce the recent merger of two companies

11. According to the letter, what will all Viatier Comm customers be able to do in March?
(A) Make calls online
(B) Order a new device
(C) Request discounts
(D) Change their phone number

12. According to the letter, how can customers refuse the Viatier Voice Service?
(A) By submitting a request form
(B) By replying to an e-mail
(C) By turning off a computer
(D) By cancelling a contract

Questions 13–15 refer to the following online chat discussion.

Edith Wagner [3:02 P.M.]
All right, let's start the meeting. How were our sales for the first quarter?

Scott McNeil [3:03 P.M.]
Well, sales were up four percent at all three of our locations compared to the same period last year. Our new line of wool suits is the primary cause of the increase.

Joe Haywood [3:04 P.M.]
That's because of the unusually cold temperatures. People needed warmer clothing this past winter.

Scott McNeil [3:05 P.M.]
But our annual sale at the flagship store didn't attract so many customers.

Edith Wagner [3:06 P.M.]
Any idea why? There was always a huge turnout for that before.

Joe Haywood [3:07 P.M.]
Fewer people knew about it. Since the advertising budget was cut in January, we couldn't promote it as much as in previous years.

Edith Wagner [3:08 P.M.]
OK, then let's go over the advertising budget again when we start planning our summer sale. Since sales have been up overall in our stores, we'll be able to spend more on marketing.

13. What was the main reason for the higher sales?
   (A) New fashions were priced lower.
   (B) The weather was much colder.
   (C) An online store was launched.
   (D) A material became fashionable.

14. At 3:07 P.M., what does Mr. Haywood most likely mean when he writes, "Fewer people knew about it"?
   (A) The outcome of a budget meeting was not disclosed.
   (B) A store opening was not publicly announced.
   (C) Some staff members did not read a report.
   (D) An event was not sufficiently promoted.

15. What does Ms. Wagner suggest?
   (A) Expanding a line-up
   (B) Hiring additional staff
   (C) Reducing some prices
   (D) Reviewing a budget

Questions 16–18 refer to the following e-mail.

To:	Donna Smith
From:	Bill O'Neill
Date:	June 19
Subject:	Inquiry

Dear Ms. Smith,

Every summer, our company participates in a local baseball tournament with about a dozen other organizations based in Dewhurst City. After the competition, we always post photos of the event on our corporate Web site. The photographer who usually takes these pictures will be overseas during this year's event. My business partner and I are therefore seeking a freelance photographer who can take photos for us on July 9 and 10. We saw your ad in the Dewhurst News, and since you mentioned your experience shooting this type of event, we would really like to hire you for this job.

In terms of remuneration, we will pay you $500 after the two-day tournament finishes as well as expenses for travel to and from the Lamont Sports Arena. You will also be given a free lunch and unlimited refreshments on both days. All we ask is that you make sure to take at least 10 photos of each of our players as well as shots of the spectators, as quite a few of our employees and their family members will be supporting our team from the stands.

If you are interested in the job, please call my office at 555-0434 at your earliest convenience. We look forward to hearing from you.

Best regards,
Bill O'Neill
Fairways Electrical

16. Why is Mr. O'Neill writing to Ms. Smith?
   (A) To promote a game
   (B) To discuss a poster
   (C) To offer her a job
   (D) To request her advice

17. According to the e-mail, what does Fairways Electrical do every year?
   (A) It organizes a lunch for its staff.
   (B) It uploads pictures to its Web site.
   (C) It posts a job ad in a publication.
   (D) It holds a photography exhibition.

18. According to the e-mail, what will Ms. Smith receive on July 9?
   (A) A free meal
   (B) Some money
   (C) A seat for spectators
   (D) Some sports equipment

Questions 19–21 refer to the following article.

Hannaford Villa to Reopen on Ellisville Island

ELLISVILLE (Jan. 29) — After 18 months of extensive renovation, the 120-room beachfront Hannaford Villa is set to reopen. The Hannaford Villa initially opened 70 years ago as the only hotel at the southern end of Traful Beach. Now, with added accommodations and soon to offer a variety of recreational activities, restaurants, entertainment, and shopping, it has acquired resort status.

The renovation was done in two phases. The first was completed in September of last year and entailed a complete remodeling of the lobby, top-floor restaurant, and swimming pool area as well as the construction of 45 new hotel rooms. It also included a restoration of the hotel's exterior. The second phase began last November and included the refurbishment of the 75 original guest rooms to provide guests with modern comforts and amenities.

Anna Mendoza, General Manager of the Hannaford Villa, said: "The resort is in a location that has always attracted vacationers to its beautiful scenery. And now after all the hard work that has gone into the Hannaford's expansion and refurbishments, we're sure that a lot more tourists will be staying here."

The stretch of beach at the southern tip of the island has seen other development in recent years such as a seafood restaurant, convenience store, and a boat rental business. In view of the reopening of the Hannaford Villa, island residents anticipate that there will be more development in the years to come. While not all locals are happy about this, many look forward to the positive impact it will have on the island's economy. The ribbon-cutting ceremony for the Hannaford Villa will take place on February 22, the same day it reopens.

19. What is suggested in the article?

(A) An apartment building was extensively renovated.

(B) A beachfront property was recently purchased.

(C) An island has several new hotels and resorts.

(D) A business was closed for more than a year.

20. What is indicated about the Hannaford Villa?

(A) It offers guests a daily seafood lunch special.

(B) It has both an indoor and outdoor swimming pool.

(C) Its renovation was completed in separate stages.

(D) Its guests are permitted to use a boat for free.

21. When will the Hannaford Villa reopen?

(A) In January

(B) In February

(C) In September

(D) In November

Questions 22–26 refer to the following Web page and e-mail.

HOME	MEMBERSHIP	**SEMINARS**	CONTACT

Business Seminars at the Rexdale Public Library

As a business grows, strong leadership becomes increasingly important. The following seminars will give you the leadership skills you need to ensure the success of your business.

Leadership Essentials (by Ruth Carson in Room A)   November 8

Learn all the basic skills needed for leading a team. You will also learn how to communicate policies clearly and create a positive working environment.   *Sign up* ➤

Decision Making Strategies (by Phillip Reiner in Room A)
                                                         November 15

Gain the skills to make decisions quickly and effectively. Registrants will also receive a free copy of the seminar leader's book.   *Sign up* ➤

Negotiating and Influencing (by Sophia Holmes in Room A)
                                                         November 22

Master the latest strategies to negotiate and influence successfully. Sophia will discuss negotiation styles used in many real-life business scenarios.   *Sign up* ➤

Leading Change (by Donnie Valdez in Room A)   November 29

Transform your workplace and team after learning how to turn problems into opportunities in this seminar by the former CEO of Appso Tech.   *Sign up* ➤

To:	Roger Newton
From:	Dennis Vaughn
Date:	November 16
Subject:	Seminar

Hello Roger,

Since you are not working today and my day off is tomorrow, I am sending you this e-mail to go over a couple of matters related to the business seminars.

First, I was surprised by how many people attended yesterday's business seminar. Some of the attendees had to stand, as there were not enough chairs. If future seminars continue to draw that many people, Room C on the third floor should be used because it is twice the size.

Second, there has been a bit of a mix-up in regard to the next seminar. Our annual book sale and craft fair will take place all next week. As usual, the sale will be in the lobby and Room A since they are adjacent to each other. So, the seminar will have to take place in Room C. Would you change the meeting room on the "Seminars" page of our Web site? After that, please let the seminar leader know about the change.

Finally, Donnie Valdez has requested two projectors for his session. The library has two, but the lamp in one needs to be replaced. Do you know if we have any replacements in storage? I could not find any. If we are out, I will place an order for one later this week.

Thank you for your help.

Dennis Vaughn
Director, Rexdale Public Library

22. According to the Web page, in which seminar will actual business situations be discussed?
(A) Leadership Essentials
(B) Decision Making Strategies
(C) Negotiating and Influencing
(D) Leading Change

23. What is stated on the Web page about Mr. Valdez?
(A) He will talk about communicating policies clearly.
(B) He will be giving out some copies of his book.
(C) He has a seminar scheduled for November 22.
(D) He used to be an executive at Appso Tech.

24. What problem is mentioned in the e-mail?
(A) Mr. Newton cannot work because he is sick.
(B) People had to stand for Mr. Reiner's seminar.
(C) Some dates on an online schedule are incorrect.
(D) A projector cannot be repaired within a week.

25. Who does Mr. Vaughn want Mr. Newton to contact?
(A) Ruth Carson
(B) Phillip Reiner
(C) Sophia Holmes
(D) Donnie Valdez

26. What does Mr. Vaughn say he can do?
(A) Order a replacement lamp
(B) Reorganize a storage space
(C) Arrange some crafts on tables
(D) Set up a projector in a room

Questions 27–31 refer to the following letter, brochure, and article.

Sanosite Engineering
470 Hastings Street
Toronto, ON M4P 1A6

January 27

Megan Reynar
2198 Ellington Avenue
Edmonton, AB T5J 2R4

Dear Ms. Reynar,

Sanosite Engineering will be celebrating its centennial anniversary this year. To mark this important milestone, we will be holding a number of special events. One of these will be a year-long exhibition of the technologies we have produced over the decades. It will be at our headquarters in Toronto, and the public can visit the space and learn about our history. We hope you will come to see the exhibition, as it will include quite a few photographs of your grandfather.

Since he was the founder of Sanosite Engineering, I was wondering if you might be in possession of a typewriter model that the company sold in its first few years of operation. Of the four Letteros models initially made, we have examples of the WL-42K, WL-44K, and WS-44K. Although we have contacted several antique dealers and collectors to try and find the remaining model in this series, we have not been successful. If you happen to have the WP-44K, we would very much like to borrow it from you for the exhibition.

In addition, we will be holding an anniversary banquet for staff and special guests on the same date that your grandfather started the company. This will be held at the Redcliff Hotel on June 5. We hope you can join us for this celebration. Should you like to attend, please RSVP by calling me at the number on the enclosed business card.

Yours sincerely,

Melvin Keene

Melvin Keene
Vice President
Sanosite Engineering

Welcome to Sanosite Engineering

This exhibition is a collection of old Sanosite Engineering prototypes, products, marketing materials and photographs from the company's early years. Our aim in creating this space was to show the public every product model we have produced over our 100 years in business. We are proud to say that we have achieved this goal.

Sanosite Engineering is one of only two former typewriter manufacturers in the country that still exist. The other is TGH Mechanics, which currently produces a range of electronic devices. From a historical perspective, our company has had the strength to change with the times.

While most of the exhibits you will see here belong to Sanosite Engineering, some of them are on loan. We thank Harris Copeland for lending us his collection of early Sanosite Engineering keyboards and Megan Reynar for donating the third typewriter model ever made by the company. Additionally, we are grateful to the Pendale Museum for providing us with many of the Sanosite Engineering advertisements here on display.

We hope you enjoy the exhibition!

Sanosite Engineering Celebrates a Century in Business

TORONTO — Sanosite Engineering, one of the world's largest manufacturers of computer keyboards, celebrated its 100th anniversary during a banquet for its employees and associates last night. Many notable guests were in attendance, including Toronto mayor Bryan Conrad and executives from other companies. Furthermore, the granddaughter of Maxwell Watson, who started the company at his own house a century ago, gave a speech about the founder's lifetime of achievements.

It all started when Mr. Watson accepted a contract from a Toronto manufacturer to design lightweight keys for typewriters. The company grew and became a typewriter maker itself. After the production of mechanical typewriters stopped, the company went on to produce electric typewriters and computer keyboards. Its products, renowned for their durability and user-friendly designs, have long been used around the world.

27. What does Mr. Keene encourage Ms. Reynar to do?
- (A) Send some pictures
- (B) Visit the headquarters
- (C) Call a collector
- (D) Review a catalog

28. What did Mr. Keene send to Ms. Reynar?
- (A) An antique
- (B) A photograph
- (C) A card
- (D) A brochure

29. What was the third typewriter model made by Sanosite Engineering?
- (A) The WL-42K
- (B) The WL-44K
- (C) The WS-44K
- (D) The WP-44K

30. Where did Ms. Reynar give a speech?
- (A) At a manufacturing plant
- (B) At the Redcliff Hotel
- (C) At a special exhibition
- (D) At the Pendale museum

31. What is indicated about Ms. Reynar's grandfather?
- (A) He was photographed for a book.
- (B) He started a business in his home.
- (C) He was employed at TGH Mechanics.
- (D) He received an award for his achievements.

Part 7 実践問題

解答と解説

　下線部は解説で言及している部分です。また、特に重要な箇所と正解の選択肢を**色文字**にしています。

> ウェブページ ➡ 何の情報を伝えているか確認。

Questions 1–2 refer to the following **Web page**.

RELIOTECH			
HOME	PRODUCTS	NEWS	CONTACT

① **Reliotech Recalls New Microwave Oven**
Product name: Reliotech 800-SBV Microwave Oven
Recall date: 14 December

Description: Reliotech is recalling its 800-SBV Microwave Oven because ② **faulty wiring** could result in the appliance becoming hot enough to melt plastic countertops. So far, ③ **no incidents have been reported**. However, as a precautionary measure, ④ we are **recalling all of the units**. The recall involves 640 ovens manufactured on 27 October. The manufacturing date can be found under the brand name on the back of the microwave oven. All of the affected products were sold on or after 1 December via Reliotech's online shop or at Cromark Electronics stores in Australia.

If you have purchased this product, we strongly recommend not using it. Customers can contact Reliotech at 555-9543 around the clock for a free replacement or a full refund.

覚えよう！
□ microwave oven 電子レンジ　□ faulty 形 欠陥のある　□ wiring 名 配線
□ result in ～ doing ～が…する結果になる　□ appliance 名 電化製品　□ incident 名 事件、事故
□ precautionary 形 予防的な　□ manufacture 動 ～を製造する
□ around the clock 24 時間休みなしで　（問題）□ merge 動 合併する　□ defective 形 欠陥のある
□ temporarily 副 一時的に

問題 1-2 は次のウェブページに関するものです。

Reliotech			
ホーム	製品	ニュース	お問い合わせ

Reliotech 社は新型電子レンジをリコールします
製品名：Reliotech 800-SBV 電子レンジ
リコール日：12 月 14 日
詳細：Reliotech は 800-SBV 電子レンジをリコールします。配線不良により、プラスチックのカウンタートップを溶かすほど機器内部が高熱になる可能性があるためです。現在のところ事故の報告はありません。ですが、予防措置として該当する製品をすべてリコールします。リコールされるのは 10 月 27 日に製造された電子レンジ 640 台です。製造日は電子レンジ背面のブランド名の下に記載されています。影響のある製品はすべて、Reliotech のオンラインショップまたはオーストラリア国内の Cromark Electronics の店舗で 12 月 1 日以降に販売されたものです。
当該製品をご購入していた場合、製品の使用はどうかお控えください。Reliotech では 555-9543 で 24 時間、お客様からの無料交換または全額返金のお問い合わせを承っております。

1. Why has Reliotech put the information on its Web site?
   (A) It will be offering a sale on ovens.
   (B) It will merge with another company.
   (C) It will soon launch a new appliance.
   (D) It has released a defective product.

Reliotech がこの情報をウェブサイトに載せたのはなぜですか。
   (A) オーブンのセールを行う。
   (B) 別の会社と合併する。
   (C) 間もなく新しい電化製品を発売する。
   (D) 欠陥製品を販売した。

2. What is indicated on the Web page?
   (A) No one has reported any damage.
   (B) A plastic component breaks easily.
   (C) A store will be closed temporarily.
   (D) Customer service is not offered at night.

ウェブページで示されていることは何ですか。
   (A) 損害を報告した人はいない。
   (B) プラスチックの部品が壊れやすい。
   (C) 店舗が一時休業する。
   (D) 夜間はカスタマーサービスが行われない。

Part 7 実践問題に挑戦

1. 正解　D

🔓 勝負問題。理由は文書の冒頭をチェック

文書の冒頭をチェックします。

① Reliotech Recalls ... で問題があったことがわかります。また、② faulty wiring could result in ... countertops で、「配線不良により、プラスチックのカウンタートップを溶かすほど高熱になる可能性がある」ことが述べられています。さらに、④でその製品についてリコールの決定が述べられているので、正解は (D) です。

2. 正解　A

🔓 敬遠問題。ヒントが出るまで読み進める

例題①の問題1と同じように、文書のどこを読めばよいかが絞れない難問です。したがって、第1段落を上から読み進めていきます。③で「事故の報告はない」とあるので、(A) の「損害を報告した人はいない」が正解です。

説明書 ➡ 使用上の注意や操作の仕方が載っていると予測。

Questions 3-4 refer to the following **<u>instructions</u>**.

Resetting the Eco-Eltron DX12

If your Eco-Eltron DX12 water heater stops producing hot water, resetting it will generally solve the problem. The process is simple as long as you can identify the reset button. To find it, all you need to do is ₁<u>open the blue panel</u>, and inside you will see ₂<u>a red button. Press it</u> all the way and ₃<u>hold it down for several seconds until you hear a click</u> and see the green light above the panel flashing.

This light indicates that the water heater has been successfully reset, and ₄<u>it will be back to normal **within a few minutes**</u>. However, if the light does not flash, there may be another problem. In this case, we recommend unplugging your Eco-Eltron DX12 and calling the toll-free customer service number on the first page of this manual.

覚えよう！
□ as long as ～である限り　□ identify 動 ～を識別する　□ all the way ずっと、最後まで
□ click 名 カチッという音　□ flash 動 点滅する　□ unplug 動 ～のコンセントを抜く
□ toll-free 通話料無料の　（問題）□ function 動 機能する　□ properly 副 正常に

Part 7 実践問題に挑戦

321

問題 3-4 は次の説明に関するものです。

Eco-Eltron DX12 をリセットする

Eco-Eltron DX12 温水器でお湯ができなくなったら、ほとんどの場合はリセットすることで問題が解決します。リセットボタンが見つけられれば、手順は簡単です。ボタンを見つけるには青いパネルを開けるだけでよく、中に赤いボタンがあります。そのボタンを奥まで押し込んだら、カチッという音がしてパネル上部の緑のランプが点滅するまで数秒押さえていてください。

このランプは温水器が問題なくリセットされたことを示すもので、数分以内に正常な状態に戻ります。ただし、ランプが点滅しないときは別の問題があるかもしれません。その場合は、Eco-Eltron DX12 の電源コードを抜いて、このマニュアルの最初のページに載っている通話料無料のカスタマーサービスの番号までお電話ください。

3. What are Eco-Eltron DX12 users NOT required to do to reset the appliance?

(A) Enter a code
(B) Open a panel
(C) Press a button
(D) Wait for a sound

Eco-Eltron DX12 の使用者がこの機器をリセットする際にしなくていいことは何ですか。

(A) コードを入力する
(B) パネルを開ける
(C) ボタンを押す
(D) 音を待つ

4. What is stated about the Eco-Eltron DX12?

(A) It should remain unplugged when it is not being used.
(B) It will function properly a few minutes after resetting it.
(C) A red light will start flashing when it cannot heat water.
(D) Resetting it should be performed by a service technician.

Eco-Eltron DX12 に関して述べられていることは何ですか。

(A) 使用していないときは電源コードを抜いておく。
(B) リセットから数分後に正常に機能する。
(C) 水を熱することができなくなると、赤いランプが点滅し始める。
(D) リセットは修理業者に行ってもらうべきだ。

3. 正解 **A**

🔓 **敬遠問題。文書から問題を解くのに必要な 3 つの情報を探す**

NOT 問題なので、機器のリセットに必要なことを文書からすべて（不正解の選択肢を 3 つとも）見つける必要があります。残った選択肢が正解です。

(B) ① open the blue panel と記載があります。

(C) ② Press it と記載があり、it は直前の a red button を指していることがわかります。

(D) ③ hold it down for several seconds until you hear a click（カチッという音がするまで数秒押さえたままにする）という記述があります。

コードを入力する記述はないので、(A) が正解です。

なお、TOEIC の試験では書き込みが禁止されているので、見つかった選択肢は指で押さえるなどして、「これは出た、出た、出た」とつぶしていきます。また、NOT 問題は文書をすべて読むのが基本の解き方ですが、今回のように文書内にヒントがまとまって書かれていることも多いです。ヒントが 1 つ出たら、「ほかにもヒントがあるかも？」とアンテナを張ることも NOT 問題の攻略に役に立ちます。

4. 正解 **B**

🔓 **敬遠問題。難度高**

文書をすべて読む必要がある indicate 系問題。大変ですが、読む時間さえあれば、後は選択肢を切っていくだけです。

④で「数分以内に正常な状態に戻る」という記述があるので (B) が正解。

(A) unplugged が必要なのは、文書では別の問題が疑われるときで when it is not being used（使用しないとき）ではないので不正解です。

　このセットでは、NOT 問題と indicate 系問題、2 つの敬遠問題が続きました。いずれも文書全体を読まなくてはならない難問です。この場合は、文書を一気に読んで、2 問両方の答えを探すことも一つの方法です。問題ごとに文書を冒頭から読み直さずに、時間を節約できるような解き方にも徐々に慣れていきましょう。

Part7 実践問題に挑戦

> テキストメッセージ。3人でのやりとり。

Questions 5–6 refer to the following **text-message chain**.

Carlos Garcia [1:32 P.M.]
Hi, Jenna and Maria. I'm still in Houston on business, but ⑴ I want to know how the preparations for next week's employee appreciation dinner are going.

Jenna Cheng [1:33 P.M.]
So far, everything is going smoothly. We're still waiting to hear back from the banquet hall, though. We called them a couple of days ago to see if they could set up a table for us to display the trophies.

Maria Parsons [1:34 P.M.]
I better look into that. They were supposed to get back to me yesterday.

Carlos Garcia [1:35 P.M.]
And how about the trophies? Have they been delivered from the vendor?

Jenna Cheng [1:36 P.M.]
⑵ They're on the way. We asked for an extra one, remember? For the new customer service award.

Carlos Garcia [1:37 P.M.]
⑶ I'm not following you.

Jenna Cheng [1:38 P.M.]
⑷ I'm sorry. What I meant to say was that we told the vendor they could send all the trophies at the same time. Since we ordered an additional item, the delivery is a few days late.

Carlos Garcia [1:39 P.M.]
⑸ I see. Well, let me know if you run into any trouble. I'll be back on Thursday.

覚えよう!
□ appreciation 名 感謝　□ banquet 名 宴会、パーティー　□ better do = had better do 〜したほうがいい
□ look into 〜を調べる　□ vendor 名 業者　□ on the way (〜への) 途中で、配送中で
□ run into 〜に遭遇する

問題 5-6 は次のテキストメッセージのやりとりに関するものです。

Carlos Garcia [1:32 P.M.]
やあ、ジェナにマリア。まだ仕事でヒューストンにいるんですが、来週の従業員謝恩ディナーの準備の進み具合を知りたいんです。

Jenna Cheng [1:33 P.M.]
今のところ、すべて順調に進んでいます。ですが、まだ宴会場からの返事を待っています。数日前に、トロフィーを飾るテーブルを用意できるかどうか問い合わせの電話をしました。

Maria Parsons [1:34 P.M.]
私が確認しましょう。昨日のうちに私に連絡をくれるはずだったのですが。

Carlos Garcia [1:35 P.M.]
それで、トロフィーのほうはどうですか。業者から届きましたか。

Jenna Cheng [1:36 P.M.]
これから届きます。追加で1つ頼んだでしょう? 新しいカスタマーサービス賞の分を。

Carlos Garcia [1:37 P.M.]
どういうことでしょうか。

Jenna Cheng [1:38 P.M.]
すみません。私が言おうとしていたのは、トロフィーを全部一度に発送していいと業者に伝えてあるということです。追加の品を注文したので、納品が何日か遅くなります。

Carlos Garcia [1:39 P.M.]
なるほど。では、何か問題が出てきたら知らせてください。私は木曜日に戻ります。

---

5. Why did Mr. Garcia send a message?

(A) To check on the planning for an event

(B) To explain about a business assignment

(C) To ask for opinions about a banquet

(D) To inform his coworkers about a problem

Garcia さんがメッセージを送ったのはなぜですか。

(A) イベントの準備について確かめるため

(B) 業務の説明をするため

(C) パーティーに関する意見を求めるため

(D) 同僚たちに問題を知らせるため

6. At 1:37 P.M., what does Mr. Garcia mean when he writes, "I'm not following you"?

(A) He will not accompany Ms. Cheng to a ceremony.

(B) He does not understand what Ms. Cheng wrote.

(C) He does not want to do what Ms. Cheng suggested.

(D) He will enter a banquet hall before Ms. Cheng.

午後1時37分に Garcia さんはどういう意味で "I'm not following you" と書いていますか。

(A) Cheng さんと一緒に式典には行かない。

(B) Cheng さんの書いたことがよくわからない。

(C) Cheng さんの提案した通りにしたくない。

(D) Cheng さんより先に宴会場に入るつもりだ。

Part7 実践問題に挑戦

325

5. 正解 A

🔓 勝負問題。理由は文書の冒頭をチェック

目的を問うものと同じタイプの問題です。文書の冒頭にヒントがあります。①で理由が述べられています。employee appreciation dinner と (A) の event が言い換えです。

6. 正解 B

🔓 勝負問題。引用部分を正確に理解する

引用部分（" "）の意味を正確に理解する必要があります。「ついていってない」とは何についていっていないのか、文書でヒントを探しましょう。引用部分（文書の③）の前後を見ます。

【引用前】② Jenna [1:36 P.M.] それら（トロフィー）はこれから届く。追加の分を注文した。

【引用後】④ Jenna [1:38 P.M.] I'm sorry と謝った後、トロフィーの追加発注分と一緒に発送されるので到着が数日遅れている、と説明。

⑤ Carlos [1:39 P.M.] I see（なるほど）と述べて納得している。

以上から、Jenna Chen の書いたことに関して「わからなかった」と推察できるので正解は (B) です。

なお、例題②の Tips で説明した通り、TOEIC 本番では「テキストメッセージのやりとり」の 1 セット目は 2 人での対話が主流です。ただ、今後この出題形式が増えることを予想し、本セットでは 3 人での会話を出題しました。

> Alvin から全社員へ 4 月 24 日付のメモ。
> 件名は休暇申請について。

Questions 7–9 refer to the following memo.

To: All Staff
From: Alvin Hartford
Date: April 24
Subject: Leave requests

① As announced during our last **monthly meeting for all staff**, ② Berkshire Delivery has **revised its vacation policy**. As of May 1, all employees who have worked for the company for 10 years or more will be entitled to 20 days of paid leave annually. Those with fewer than 10 years of service will receive between 10 and 19 days of paid leave per year depending on how long they have worked for the company. These changes will take effect on May 1.

Anyone who wishes to use their vacation time is required to submit a written request for time off to their manager. ③ Please be aware that **you are not permitted to take more than 10 business days of vacation at a time**. Requests must be submitted no later than two weeks prior to the requested time off dates. If the request is approved, the employee will help their supervisor develop a plan to cover their duties for the period of their absence, including scheduling and training if necessary.

覚えよう！
□ leave 名 休暇　□ revise 動 〜を改訂する　□ as of 〜の時点で、（発効日が）〜付けで
□ be entitled to 〜を得る資格がある　□ take effect 発効する　□ time off 休暇
□ no later than 〜までには、〜に遅れず　□ prior to 〜より前に　（問題）□ attendance 名 出勤（率）

Part 7　実践問題に挑戦

327

問題 7-9 は次の社内メモに関するものです。

宛先：全社員
差出人：Alvin Hartford
日付：4 月 24 日
件名：休暇申請

前回の月次全社ミーティングで通達した通り、Berkshire Delivery は休暇規定を改訂しました。5 月 1 日より、当社に 10 年以上勤務している社員には年間 20 日の有給休暇の取得資格が生じます。在勤 10 年に満たない社員は、当社での勤務期間の長さに応じて 10 日から 19 日の有給休暇が得られます。この変更は 5 月 1 日をもって発効します。

休暇を利用したい人は、書面での休暇申請を上長に提出する必要があります。一度に 10 営業日を超える休暇の取得は許可されないので注意してください。申請書は、休暇予定日の 2 週間前までに提出する必要があります。申請が承認されたら、当該社員は休みの間の業務をカバーする計画を立てるため上司に協力することになります。これには、必要に応じたスケジュール調整や研修も含まれます。

7. What is the purpose of the memo?
- (A) To request advice about a procedure
- (B) To promote some holiday packages
- **(C) To explain some policy changes**
- (D) To report a problem with attendance

この社内メモの目的は何ですか。
- (A) 手続きに関する助言を求めること
- (B) パック旅行を宣伝すること
- (C) 規定変更の説明をすること
- (D) 出社状況の問題を報告すること

8. What is suggested about Berkshire Delivery?
- **(A) All of its employees meet regularly.**
- (B) One of its employees will retire this year.
- (C) It will be under new management.
- (D) It has been planning for a company trip.

Berkshire Delivery について何が示唆されていますか。
- (A) 全社員が定期的に会う。
- (B) 今年、従業員の一人が退職する。
- (C) 経営陣が新しくなる。
- (D) 社員旅行を計画している。

9. What is stated about employees in the memo?
- (A) They cannot take a day off when new staff are being trained.
- **(B) They are not allowed to use more than 10 vacation days at once.**
- (C) They must submit a form within the five days before their absence.
- (D) They have to provide an itinerary before taking a business trip.

社内メモで従業員について書かれていることは何ですか。
- (A) 新入社員が研修しているときは休みを取れない。
- (B) 一度に 10 日を超えて休暇を取ることは許可されていない。
- (C) 休み前の 5 日以内に書類を提出しなければならない。
- (D) 出張に出る前に旅程表を提示しなければならない。

7. 正解 **C**

🔓 **勝負問題。目的は文書の冒頭をチェック**

このセットでは、この問題を確実に取れれば OK！「目的」が問われる問題は文書の冒頭に答えがあります。② revised its vacation policy（休暇規定を改訂した）から (C) が正解。revise → change の言い換えです。

8. 正解 **A**

🔓 **敬遠問題。難問！**

indicate 系の問題で、さらに根拠の探し方に慣れが必要な難問です。この問題は解答の根拠が文書の最初にあります。① monthly meeting for all staff で全社員対象の月例会議があることがわかるので、「全社員が定期的に会う」という (A) が正解です。

9. 正解 **B**

🔓 **敬遠問題。言い換えに注目**

これも indicate 系の問題。③で「一度に 10 営業日を超えて休みを取ることは認められない」とあります。(B) が正解です。at a time と at once（一度に）の言い換えです。

　問題 3 と 4 で、全文を読んでから一気に解く方法を紹介しました。今回の問題 8 と 9 でも同じアプローチで解くことができます。問題を解き始める前に「勝負」「敬遠」どちらの問題が並んでいるのかをチェックするといいでしょう。ただ、今回の 2 問のように難しい問題の場合は、本番で時間をかけた割に不正解になるリスクもあります。時間を優先するのであれば、敬遠問題は「逃げ」て次に進むことは、有効な戦略の一つです。

Part 7 実践問題に挑戦

> Viatier Comm 社の顧客サービス本部長である Christine McCaw が顧客に送った手紙。

Questions 10–12 refer to the following **letter**.

Jeffrey Carroll
933 Highland Drive
Memphis, TN 38138

Dear Customer:

At Viatier Comm, we are committed to providing the best services based on the most current technologies. To fulfill this commitment, ① **we must occasionally make changes to our service offerings**. In this regard, ② we will no longer be offering High-Speed Internet without the Viatier Voice Service (**VVS**) as of **March 1**. While we implement this change, there will not be any disruption of service. ③ With **VVS**, every one of our customers will **be able to make and receive calls through the Internet**, while still getting the high-quality sound of a traditional home phone service.

For customers who currently have High-Speed Internet with VVS, no action is required from you to continue enjoying the combined service. ④ However, those who have subscribed to High-Speed Internet only will automatically receive VVS beginning next month **unless they choose to terminate their agreement with Viatier Comm**. For a list of prices for our various service packages, please refer to the enclosed brochure.

In addition, if you choose to subscribe to additional Viatier Comm services before March 1, you may be eligible for a discount. Details about these special discounts can be found on our Web site at www.viatiercomm.com.

Thank you for choosing Viatier Comm as your Internet access and VVS provider. We appreciate your loyalty and look forward to providing you with outstanding service for years to come.

Yours sincerely,

Christine McCaw

Christine McCaw
Customer Service Director
Viatier Comm

覚えよう！
□ be committed to ～に全力で取り組んでいる　□ current 形 最新の　□ in this regard これに関連して
□ implement 動 ～を実行する　□ disruption 图 途絶えること、中断　□ subscribe to ～を定期契約する
□ terminate 動 ～を終わらせる、解約する　□ brochure 图 パンフレット
□ be eligible for ～を得る資格がある

330

問題 10-12 は次の手紙に関するものです。

Jeffrey Carroll 様
38138 テネシー州 メンフィス
ハイランド大通り 933
お客様各位

Viatier Comm では最新技術に基づいた最高のサービスを提供することに全力を注いでおります。この責務を果たすため、弊社では折に触れてご提供サービスの変更を行わなければなりません。この点から、3月1日をもって、Viatier Voice Service（VVS）を伴わない High-Speed Internet（高速インターネット）サービスはご提供を終了いたします。この変更を行うに当たって、サービスが中断されることはありません。VVS を使うことで、どのお客様も、従来の家庭用電話サービスと同様の高音質なインターネット経由の通話をすることができます。

現在 VVS 込みの High-Speed Internet をご利用のお客様については、何もする必要はなく、引き続きこれらのサービスをお楽しみいただけます。一方、High-Speed Internet を単体でご契約の方は、Viatier Comm との契約を終了しない限り、来月から自動的に VVS が追加されます。弊社各種サービスパッケージの価格一覧は、同封のパンフレットをご覧ください。

また、3月1日より前に Viatier Comm のサービスを追加でご契約いただくと、割引が適用される場合があります。この特別割引については、弊社ウェブサイト www.viatiercomm.com でご覧いただけます。

インターネットアクセスおよび VVS のプロバイダーとして Viatier Comm をお選びいただき、ありがとうございます。ご愛顧に感謝し、今後とも優れたサービスを提供してまいります。

敬具
Christine McCaw
Viatier Comm
カスタマーサービス本部長

10. Why is the letter being sent?
- (A) To inform a customer about a technology problem
- **(B) To notify a customer about a change to a service**
- (C) To compare the services of different businesses
- (D) To announce the recent merger of two companies

この手紙が送られたのはなぜですか。
- (A) 顧客に技術的な問題を知らせるため
- (B) 顧客にサービスの変更を通知するるため
- (C) さまざまな業者のサービスを比較するため
- (D) 2 社の最近の合併を発表するため

11. According to the letter, what will all Viatier Comm customers be able to do in March?
- **(A) Make calls online**
- (B) Order a new device
- (C) Request discounts
- (D) Change their phone number

手紙によると、Viatier Comm の全顧客は 3 月に何ができるようになりますか。
- (A) オンラインで電話をかける
- (B) 新しい機器を注文する
- (C) 割引を要求する
- (D) 電話番号を変える

Part 7 実践問題に挑戦

12. According to the letter, how can customers refuse the Viatier Voice Service?

(A) By submitting a request form
(B) By replying to an e-mail
(C) By turning off a computer
(D) By cancelling a contract

手紙によると、顧客はどうすれば Viatier Voice Service を拒否することができますか。

(A) 申込書を提出することで
(B) メールに返信することで
(C) コンピューターの電源を切ることで
(D) 契約を取り消すことで

---

10. 正解 **B**

🔓 勝負問題。理由は文書の冒頭をチェック

理由を問う問題です。基本に忠実に文書の冒頭を確認しましょう。①にサービスの変更をせざるを得ないとあり、続く②でサービスの終了について書かれています。(B) が正解です。

---

11. 正解 **A**

🔓 勝負問題。文書で「3 月」を探す

設問に March とあるので、それを探しながら文書を読み進めます。②に VVS なしの高速インターネットが終了するとあり、③で VVS によりインターネットを通じた通話ができるようになることがわかります。ここまででは「全顧客」が可能になることはわかりませんが、文書内に必ずヒントはあるのでその先を読むことが大切です。④に、高速インターネットのみ契約している人は、自動的に VVS が追加されるとあります。正解は (A)。この問題で重要なのは文書を読み返さないこと。文書と選択肢の不毛な往復で時間を浪費しないよう、初めはゆっくりでも 1 文 1 文内容を確かめながら読んでください。

---

12. 正解 **D**

🔓 勝負問題。ヒントが出るまで読む

④に automatically receive VVS（自動的に VVS が追加される）とありますが、unless they choose to terminate、つまり「契約を終了しない限り」と記載されています。契約を終了することが VVS のサービスを拒否する方法なので、(D) の「契約を取り消すことで」が正解です。

　今回のセットでは「勝負問題」が続きました。全部正解したいところです。あなた自身が Viatier Comm の顧客になったつもりで読んでいきましょう。

3人登場するパターン。

Questions 13–15 refer to the following **online chat discussion**.

Edith Wagner [3:02 P.M.]
All right, let's start the meeting. How were our sales for the first quarter?

Scott McNeil [3:03 P.M.]
Well, ① sales were up four percent at all three of our locations compared to the same period last year. Our new line of wool suits is the primary cause of the increase.

Joe Haywood [3:04 P.M.]
② That's because of the unusually cold temperatures. People needed warmer clothing this past winter.

Scott McNeil [3:05 P.M.]
③ But our annual sale at the flagship store didn't attract so many customers.

Edith Wagner [3:06 P.M.]
Any idea why? ④ There was always a huge turnout for that before.

Joe Haywood [3:07 P.M.]
Fewer people knew about it. ⑤ Since the advertising budget was cut in January, we couldn't promote it as much as in previous years.

Edith Wagner [3:08 P.M.]
OK, then ⑥ let's **go over** the advertising budget again when we start planning our summer sale. Since sales have been up overall in our stores, we'll be able to spend more on marketing.

Part 7 実践問題に挑戦

覚えよう！
□quarter 名 四半期 □primary 形 主要な □temperature 名 温度、気温 □flagship store 旗艦店
□turnout 名 来場者数、人出 □go over ~を検討する □overall 副 全体で
(問題) □disclose 動 ~を公開する □sufficiently 副 十分に

333

問題 13-15 は次のオンラインチャットの話し合いに関するものです。

Edith Wagner [3:02 P.M.]
では、ミーティングを始めましょう。第 1 四半期の売上はどうでしたか。
Scott McNeil [3:03 P.M.]
ええと、3 店舗すべてで、昨年比で売上が 4% 伸びました。ウールのスーツの新製品ラインが売上増の主な理由です。
Joe Haywood [3:04 P.M.]
例年にない低い気温のおかげです。この冬は暖かい服が必要でしたから。
Scott McNeil [3:05 P.M.]
ですが、旗艦店での毎年恒例のセールはあまり多くの客を呼べませんでした。
Edith Wagner [3:06 P.M.]
なぜなのか見当はつきますか。以前はいつも非常に多くの来店者がありましたよね。
Joe Haywood [3:07 P.M.]
セールを知っていた人が少なかったのです。1 月に広告予算が削減されたので、これまでの年のような宣伝ができませんでした。
Edith Wagner [3:08 P.M.]
そうですか、では夏のセールの準備を始めるときに広告予算を見直しましょう。店舗合計の売上は上がっているので、マーケティング費用を増やすことができるでしょう。

13. What was the main reason for the higher sales?
(A) New fashions were priced lower.
(B) The weather was much colder.
(C) An online store was launched.
(D) A material became fashionable.

売上が上がった主な理由は何でしたか。
(A) 新しいファッションが値下げされた。
(B) 天候が（以前より）ずっと寒かった。
(C) オンラインストアが開店した。
(D) 素材がおしゃれになった。

14. At 3:07 P.M., what does Mr. Haywood most likely mean when he writes, "Fewer people knew about it"?
(A) The outcome of a budget meeting was not disclosed.
(B) A store opening was not publicly announced.
(C) Some staff members did not read a report.
(D) An event was not sufficiently promoted.

午後 3 時 7 分に、Haywood さんはどういう意味で "Fewer people knew about it" と書いている可能性が最も高いですか。
(A) 予算会議の結果が公開されていなかった。
(B) 開店が公に発表されなかった。
(C) 数名のスタッフが報告書を読んでいなかった。
(D) イベントが十分に宣伝されなかった。

15. What does Ms. Wagner suggest?
  (A) Expanding a line-up
  (B) Hiring additional staff
  (C) Reducing some prices
  (D) Reviewing a budget

Wagner さんは何を提案していますか。
(A) ラインナップの拡大
(B) スタッフの追加採用
(C) 一部価格の引き下げ
(D) 予算の見直し

13. 正解 **B**

🔓 **勝負問題。理由は冒頭をチェック**

文書の① 3:03 P.M. 新製品のウールのスーツがよく売れた。② 3:04 P.M. 例年より寒くて暖かい服が必要とされていた。以上のことから、正解は (B) です。

14. 正解 **D**

🔓 **勝負問題。設問を確認→文書で根拠を探す**

文書の次の箇所を見ていきましょう。【引用前】③ 3:05 P.M. 旗艦店での毎年恒例のセールに客があまり来なかった。④ 3:06 P.M. 以前はいつも多くの来店者があった。【引用後】⑤ 1 月に予算が削られ、これまでの年ほどの宣伝ができなかった。
これら 3 点から (D) が正解です。

15. 正解 **D**

🔓 **勝負問題。言い換えを見抜く**

⑥ go over（〜を検討する）と review（〜を見直す）の言い換えです。正解は (D)。

Part 7 実践問題に挑戦

Questions 16–18 refer to the following e-mail.

To:	Donna Smith
From:	Bill O'Neill
Date:	June 19
Subject:	Inquiry

> Fairways Electrical で働く Bill O'Neill から Ms. Smith への問い合わせのメール（6月19日）。

Dear Ms. Smith,

① **Every summer**, our company participates in a local baseball tournament with about a dozen other organizations based in Dewhurst City. After the competition, ② we always **post photos of the event on our corporate Web site**. The photographer who usually takes these pictures will be overseas during this year's event. My business partner and I are therefore seeking a freelance photographer who can take photos for us on ③ **July 9** and 10. ④ We saw your ad in the Dewhurst News, and since you mentioned your experience shooting this type of event, **we would really like to hire you for this job**.

In terms of remuneration, we will pay you $500 after the two-day tournament finishes as well as expenses for travel to and from the Lamont Sports Arena. ⑤ You will also be given a **free lunch and unlimited refreshments** on **both days**. All we ask is that you make sure to take at least 10 photos of each of our players as well as shots of the spectators, as quite a few of our employees and their family members will be supporting our team from the stands.

If you are interested in the job, please call my office at 555-0434 at your earliest convenience. We look forward to hearing from you.

Best regards,
Bill O'Neill
Fairways Electrical

覚えよう！

□ **inquiry** 图 問い合わせ　□ **based in** 〜に本社を置いた　□ **competition** 图 競技会
□ **post** 動 〜を掲示する、〜を（インターネットに）載せる　□ **shoot** 動 〜を撮影する
□ **in terms of** 〜に関しては　□ **remuneration** 图 報酬　□ **refreshment** 图 軽食、飲食物
□ **spectator** 图 観客　□ **quite a few of** かなり多くの〜

336

問題 16-18 は次のメールに関するものです。

宛先：Donna Smith
送信者：Bill O'Neill
日付：6 月 19 日
件名：お問い合わせ

Smith 様

毎年夏、弊社はデューハースト市に本社を置く 10 社あまりのほかの会社とともに、地元の野球トーナメントに参加しています。大会の後、いつも弊社のウェブサイトにイベントの写真を掲載します。例年その写真を撮っているカメラマンが、今年のイベント期間中は海外に行くことになりました。このため共同経営者と私は、7 月 9 日と 10 日に写真を撮影してくれるフリーのカメラマンを探しています。*Dewhurst News* であなたの広告を拝見し、この種のイベントを撮影した経験へのコメントがあったことから、ぜひあなたにこの仕事をしていただきたいと思っております。

謝礼としては、2 日間の大会終了後に 500 ドルとラモント競技場までの往復交通費をお支払いします。また両日とも、昼食が無料で提供されるほか、フリードリンクと軽食がついております。お願いしたいのは、選手それぞれにつき 10 枚以上の写真を撮ることに加え、観客の写真も必ず撮影することです。かなりの人数の弊社社員やその家族がスタンドから応援してくれる予定です。

この仕事に興味がありましたら、できるだけ早く私のオフィス 555-0434 までお電話ください。ご連絡をお待ちしております。

敬具
Bill O'Neill
Fairways Electrical

16. Why is Mr. O'Neill writing to Ms. Smith?
(A) To promote a game
(B) To discuss a poster
(C) To offer her a job
(D) To request her advice

O'Neill さんが Smith さんにメールを書いているのはなぜですか。
(A) 試合の宣伝をするため
(B) ポスターについて話し合うため
(C) 仕事の依頼をするため
(D) アドバイスを求めるため

17. According to the e-mail, what does Fairways Electrical do every year?
(A) It organizes a lunch for its staff.
(B) It uploads pictures to its Web site.
(C) It posts a job ad in a publication.
(D) It holds a photography exhibition.

メールによると、Fairways Electrical は毎年何をしていますか。
(A) 社員のためのランチ会を開催している。
(B) 自社のウェブサイトに写真をアップロードしている。
(C) 出版物に求人広告を掲載している。
(D) 写真展を開催している。

18. According to the e-mail, what will Ms. Smith receive on July 9?

(A) **A free meal**
(B) Some money
(C) A seat for spectators
(D) Some sports equipment

メールによると、Smith さんは 7 月 9 日に何を得られますか。

(A) 無料の食事
(B) お金
(C) 観客用の席
(D) スポーツ用品

---

16. 正解 **C**

🔓 **勝負問題。理由が出てくるまで読む**

メールを送った直接的な理由が最初の段落の最後に出てきています。ヒントは必ず出てきますので文書を読み進めましょう。④で仕事を依頼したいことがわかるので、正解は (C) です。

---

17. 正解 **B**

🔓 **勝負問題。一度読んだ箇所を覚えておく**

解答の根拠が問題 16 のヒントより前の部分にあるため、難しい問題です。設問の every year に注目して、この会社が毎年行っていることに言及している箇所を探します。一度読んだ部分を理解しておけば、短時間で解答できます。①と②の部分から、正解は (B)。

---

18. 正解 **A**

🔓 **勝負問題。日付をもとに根拠を探す**

設問から、メールで July 9 を探します。③でこの日付が出てきた後を読み進めると、⑤に両日 (7/9、7/10) ともに無料の昼食と食べ放題の軽食が出る、と書かれています。正解は (A)。この問題まで答えたら続きを読む必要はありません。グレー部分は時間短縮のために読まずに次の問題へ進みましょう。

> 文書は記事。文体・語彙レベルとも難しい。先に問題をすべて見て解けそうなものを探す。

Questions 19–21 refer to the following **article**.

Hannaford Villa to Reopen on Ellisville Island

ELLISVILLE (Jan. 29) — After **18 months** of extensive renovation, the 120-room beachfront Hannaford Villa is set to reopen. The Hannaford Villa initially opened 70 years ago as the only hotel at the southern end of Traful Beach. Now, with added accommodations and soon to offer a variety of recreational activities, restaurants, entertainment, and shopping, it has acquired resort status.

The renovation was done in **two phases**. The first was completed in September of last year and entailed a complete remodeling of the lobby, top-floor restaurant, and swimming pool area as well as the construction of 45 new hotel rooms. It also included a restoration of the hotel's exterior. The second phase began last November and included the refurbishment of the 75 original guest rooms to provide guests with modern comforts and amenities.

Anna Mendoza, General Manager of the Hannaford Villa, said: "The resort is in a location that has always attracted vacationers to its beautiful scenery. And now after all the hard work that has gone into the Hannaford's expansion and refurbishments, we're sure that a lot more tourists will be staying here."

The stretch of beach at the southern tip of the island has seen other development in recent years such as a seafood restaurant, convenience store, and a boat rental business. In view of the reopening of the Hannaford Villa, island residents anticipate that there will be more development in the years to come. While not all locals are happy about this, many look forward to the positive impact it will have on the island's economy. The ribbon-cutting ceremony for the Hannaford Villa will take place **on February 22**, the same day it **reopens**.

覚えよう！
□ **accommodations** 图 (通例、複数形で) 宿泊設備、(ホテルの) 部屋　□ **phase** 图 段階
□ **entail** 動 〜を伴う　□ **restoration** 图 修復　□ **exterior** 图 外装　□ **amenities** 图 (通例、複数形で) 設備
□ **a stretch of** 長く伸びた〜　□ **in view of** 〜を考慮して　□ **anticipate** 動 〜を予想する

Part 7 実践問題に挑戦

339

問題 19-21 は次の記事に関するものです。

エリスヴィル島に Hannaford Villa がリニューアルオープン

エリスヴィル（1 月 29 日）——18 カ月の大規模改装を経て、120 室を擁する海辺の Hannaford Villa のリニューアルオープン準備が整った。Hannaford Villa はもともと 70 年前に、トラフル海岸南端唯一のホテルとしてオープンした。 現在では、部屋数も増え、さまざまなレクリエーション活動やレストラン、娯楽、ショッピングを手軽に楽しめることから、リゾートホテルの地位を手にしている。

改装は 2 段階に分けて行われた。第 1 段階は昨年 9 月に完了し、ロビー、最上階のレストラン、スイミングプール周辺の全面改装と 45 部屋の新設が行われた。また、この段階でホテル外装の修復も行われた。第 2 段階は昨年 11 月に開始され、現代的な快適さや設備を宿泊客に提供するため、もともとあった客室 75 部屋の改修を行うなどした。

Hannaford Villa の Anna Mendoza 総支配人は、次のように述べている。「このリゾートは、美しい景観が旅行客を常に引きつけてきた立地にあります。そして、Hannaford の拡張・改修に費やした膨大な作業がすべて済んだ今、はるかに多くの観光客にご滞在いただけるものと確信しております」。

島の南端に広がる海岸では近年、ほかにシーフードレストランやコンビニエンスストア、貸しボート業などの開発が行われてきた。Hannaford Villa のリニューアルオープンを受けて、島の住民は今後もさらに開発が進むと予想している。地元住民全員がこれを歓迎しているわけではないが、島の経済にとってプラスの影響があることを期待している人は多い。Hannaford Villa のテープカットの式典が、リニューアルオープン当日の 2 月 22 日に行われる予定だ。

> 最初の 2 問は indicate 系の問題で難しい。設問の内容を理解→文書を読み 3 問一気に解く、または問題 21 に絞って reopen を探して解く。

19. What is suggested in the article?
  - (A) An apartment building was extensively renovated.
  - (B) A beachfront property was recently purchased.
  - (C) An island has several new hotels and resorts.
  - **(D) A business was closed for more than a year.**

記事で示唆されていることは何ですか。
  - (A) アパートの建物に大規模な改修が行われた。
  - (B) 海辺の不動産が最近購入された。
  - (C) 島に新しいホテルやリゾートホテルが複数ある。
  - (D) あるビジネスが 1 年以上休業していた。

20. What is indicated about the Hannaford Villa?
  - (A) It offers guests a daily seafood lunch special.
  - (B) It has both an indoor and outdoor swimming pool.
  - **(C) Its renovation was completed in separate stages.**
  - (D) Its guests are permitted to use a boat for free.

Hannaford Villa について何が示されていますか。
  - (A) 宿泊客に日替わりのシーフード特別ランチを提供している。
  - (B) 屋内プールと屋外プールの両方がある。
  - (C) 改修は段階を分けて仕上げられた。
  - (D) 宿泊客は無料でボートを使うことができる。

340

21. When will the Hannaford Villa reopen?
(A) In January
(B) In February
(C) In September
(D) In November

Hannaford Villa のリニューアルオープンはいつですか。
(A) 1 月
(B) 2 月
(C) 9 月
(D) 11 月

19. 正解 **D**

🔓 **敬遠問題。言い換えに注目**

冒頭の①を見ると「18 カ月の大規模改装ののち」とあります。18 months を more than a year と言い換えている (D) が正解です。

20. 正解 **C**

🔓 **敬遠問題。言い換えに注目**

②で「2 段階に分けて改装が行われた」と述べられています。two phases を separate stages と言い換えている (C) が正解です。

21. 正解 **B**

🔓 **勝負問題。reopen を探す**

reopen は文書の最後に出てきます。③で 2 月 22 日に再オープン、同日にテープカットの式典があると述べられています。正解は (B)。

　問題 19、20 が敬遠問題でした。解答の根拠はそれぞれ文書の第 1、2 段落の冒頭にあり、また、かなり抽象的な内容が問われています。

　いきなり解くのは難しいかもしれませんが、慣れていけば正解できます。問題を解いた後ノートに「文書の第 2 段落にある in two phases が選択肢で in separate stages と言い換えられていた。phase は「段階」という意味」など、自分なりの気づきや知らなかった表現を書きためて、経験を積んでください。敬遠問題が少しずつ勝負問題に変わっていくはずです。

Questions 22–26 refer to the following Web page and e-mail.

> セミナー情報が並ぶウェブページ。

HOME	MEMBERSHIP	SEMINARS	CONTACT

Business Seminars at the Rexdale Public Library

As a business grows, strong leadership becomes increasingly important. The following seminars will give you the leadership skills you need to ensure the success of your business.

Leadership Essentials (by Ruth Carson in Room A)   November 8

Learn all the basic skills needed for leading a team. You will also learn how to communicate policies clearly and create a positive working environment.
Sign up ➤

Decision Making Strategies (by ①Phillip Reiner in Room A)
November 15

Gain the skills to make decisions quickly and effectively. Registrants will also receive a free copy of the seminar leader's book.
Sign up ➤

②**Negotiating and Influencing** (by ③Sophia Holmes in Room A)
November 22

Master the latest strategies to negotiate and influence successfully. Sophia will discuss negotiation styles used in many ④real-life business scenarios.
Sign up ➤

Leading Change (by ⑤Donnie Valdez in Room A)   November 29

Transform your workplace and team after learning how to turn problems into opportunities in this seminar by ⑥the former CEO of Appso Tech.
Sign up ➤

覚えよう！

☐ **essential** 图 必要不可欠なもの　☐ **sign up** 申し込む　☐ **decision making** 意思決定
☐ **strategy** 图 戦略　☐ **registrant** 图 登録者、参加申込者　☐ **negotiate** 動 交渉する
☐ **real-life** 現実の、実際の　☐ **transform** 動 ～を一変させる

342

> Dennis Vaughn から Roger Newton に Seminar の件名で 11 月 16 日に送られたメール。

To:	Roger Newton
From:	Dennis Vaughn
Date:	⑦ **November 16**
Subject:	Seminar

Hello Roger,

Since you are not working today and my day off is tomorrow, I am sending you this e-mail to go over a couple of matters related to the business seminars.

First, ⑧ I was surprised by how many people attended yesterday's business seminar. **Some of the attendees had to stand**, as there were not enough chairs. If future seminars continue to draw that many people, Room C on the third floor should be used because it is twice the size.

Second, there has been a bit of a mix-up in regard to the ⑨ **next seminar**. Our annual book sale and craft fair will take place all next week. As usual, the sale will be in the lobby and **Room A** since they are adjacent to each other. So, the seminar will have to take place in Room C. Would you change the meeting room on the "Seminars" page of our Web site? After that, please **let the seminar leader know about the change**.

Finally, Donnie Valdez has requested ⑩ two projectors for his session. The library has two, but the lamp in one needs to be replaced. Do you know if we have any replacements in storage? I could not find any. If we are out, **I will place an order for one** later this week.

Thank you for your help.

Dennis Vaughn
Director, Rexdale Public Library

覚えよう!
| □attendee 图 出席者　□mix-up 混同、手違い　□adjacent to ～に隣接して

Part 7 実践問題に挑戦

343

問題 22-26 は次のウェブページとメールに関するものです。

ホーム	会員	セミナー	お問い合わせ

Rexdale Public Library でのビジネスセミナー

ビジネスが成長すると、強いリーダーシップがますます重要になります。下記のセミナーで、ビジネスを間違いなく成功させるのに必要な指導力を身につけましょう。

リーダーシップの必須条件（Ruth Carson、A ルーム）　11 月 8 日
チームを率いるためのあらゆる基本スキルを学びます。また、方針を明確に伝え、前向きな職場環境を作り上げる方法も学びます。　　　　　　　　　　　　　　　　　　　　　　申し込み

意思決定戦略（Phillip Reiner、A ルーム）　11 月 15 日
迅速かつ効果的な意思決定を行うためのスキルを身につけます。また、申し込まれた方には当セミナー講師の著書を 1 冊、無料で差し上げます。　　　　　　　　　　　　　　　　　申し込み

交渉と影響力（Sophia Holmes、A ルーム）　11 月 22 日
うまく交渉を進めて人を動かすための最新の戦略をマスターします。ソフィアさんは、実際のビジネスシナリオをたくさん使って交渉スタイルを説明します。　　　　　　　　　　　　　申し込み

変革の先導（Donnie Valdez、A ルーム）　11 月 29 日
Appso Tech 元 CEO によるこのセミナーでピンチをチャンスに転じる方法を学び、ご自身の職場とチームに変革をもたらしましょう。　　　　　　　　　　　　　　　　　　　　　　申し込み

宛先：Roger Newton
送信者：Dennis Vaughn
日付：11 月 16 日
件名：セミナー

こんにちは、ロジャー

今日はあなたが出勤していませんし、明日は私が休みなので、ビジネスセミナーに関していくつか見直しをするためこのメールをお送りします。

第一に、昨日のビジネスセミナーに参加した人の多さに驚きました。いすが足りないせいで立っていなければならない参加者もいました。今後もセミナーにこれほど多くの人が来るようなら、大きさが 2 倍ある 3 階の C ルームを使ったほうがいいでしょう。

第二に、次回のセミナーに関してちょっとした手違いがありました。来週は毎年恒例の書籍セールと工芸フェアが開催されます。いつも通り、セールは隣り合っているロビーと A ルームで行われます。ですから、セミナーは C ルームで開催しなければなりません。ウェブサイトの「セミナー」ページの会場を変更してもらえますか。その後、セミナー講師に変更を連絡してください。

最後に、Donnie Valdez さんが講義用にプロジェクターを 2 台必要としています。図書館には 2 台ありますが、1 台はランプを交換する必要があります。交換用ランプの在庫があるかどうかわかりますか。探したのですが見つからなくて。ないようなら、今週中に私が 1 つ注文します。

よろしくお願いします。

Dennis Vaughn
Rexdale Public Library 館長

22. According to the Web page, in which seminar will actual business situations be discussed?

(A) Leadership Essentials
(B) Decision Making Strategies
(C) **Negotiating and Influencing**
(D) Leading Change

ウェブページによると、実際のビジネスの状況が論じられるのはどのセミナーですか。

(A) リーダーシップの必須条件
(B) 意思決定戦略
(C) 交渉と影響力
(D) 変革の先導

23. What is stated on the Web page about Mr. Valdez?

(A) He will talk about communicating policies clearly.
(B) He will be giving out some copies of his book.
(C) He has a seminar scheduled for November 22.
(D) **He used to be an executive at Appso Tech.**

Valdez さんに関してウェブページで何が述べられていますか。

(A) 方針を明確に伝えることに関して講義をする。
(B) 自分の本を何冊か無料配布する。
(C) 11 月 22 日にセミナーを予定している。
(D) 以前 Appso Tech の重役だった。

24. What problem is mentioned in the e-mail?

(A) Mr. Newton cannot work because he is sick.
(B) **People had to stand for Mr. Reiner's seminar.**
(C) Some dates on an online schedule are incorrect.
(D) A projector cannot be repaired within a week.

メールで何の問題が述べられていますか。

(A) Newton さんが病気のため出勤できない。
(B) Reiner さんのセミナーで立っていなければならない人がいた。
(C) オンラインにあるスケジュールの日付が一部間違っている。
(D) プロジェクターが 1 週間以内に修理できない。

25. Who does Mr. Vaughn want Mr. Newton to contact?

(A) Ruth Carson
(B) Phillip Reiner
(C) **Sophia Holmes**
(D) Donnie Valdez

Vaughn さんは Newton さんに誰と連絡するよう求めていますか。

(A) Ruth Carson
(B) Phillip Reiner
(C) Sophia Holmes
(D) Donnie Valdez

26. What does Mr. Vaughn say he can do?
   (A) Order a replacement lamp
   (B) Reorganize a storage space
   (C) Arrange some crafts on tables
   (D) Set up a projector in a room

Vaughn さんは自分で何をしてもいい
と言っていますか。
(A) 交換用ランプを注文する
(B) 倉庫を整理し直す
(C) 工芸品をテーブルに並べる
(D 部屋にプロジェクターを設置する

22. | 正解 | C |

🔓 **勝負問題。根拠のあるウェブページのみチェック**

設問に According to the Web page とあるので、ウェブページだけを見て答えます。actual business situations に関連するセミナーを文書で探すと、④に real-life business scenarios とあり、real-life business が actual business に言い換えられています。このセミナー名は② Negotiating and Influencing ですから (C) が正解です。

23. | 正解 | D |

🔓 **敬遠問題。ウェブページのみチェック**

まず、問題に on the Web page とあるので読むのはウェブページのみです。次に注目するのは Mr. Valdez。名前だけを探してウェブページに目を通します。一番下のセミナー（⑤）に出てくるので、この部分を注意して読んでいきましょう。⑥ the former CEO を used to be an executive と言い換えている (D) が正解です。

24. | 正解 | B |

🔓 **勝負問題。メール→ウェブページの順に確認**

まずメールを読み、ヒントを探します。⑧の yesterday's business seminar（昨日のセミナー）でたくさんの人が参加し、いすが足りずに立ったままの人がいたことが報告されています。メールの送信日が⑦ 11 月 16 日なので、セミナーは 11 月 15 日に行われたことがわかります。ウェブページで誰のセミナーかを確認します（①）。正解は (B)。

25. 正解 　C

🔓 勝負問題。2つの文書を確認

5問中、問題24と25が2つの文書を参照する必要があります。ただし、設問を理解し、関連部分を探せれば全部を読まなくても解答できます。

⑨の最後でセミナーの講師に変更を知らせるように依頼しています。⑨で、その変更は「次のセミナー」の会場を変えることだとわかります。メールの送信日は11月16日ですから、ウェブページで「次に行われるセミナー」を確認します。11月16日から見た次のセミナーは③11月22日のSophia Holmesによるものだとわかるので正解は (C) です。

26. 正解 　A

🔓 勝負問題。メールのみチェック

Mr. Vaughnが登場するのはメールだけなのでメールに集中します。⑩でプロジェクターのランプがなく、もし在庫を切らしていた場合には注文すると述べているので (A) が正解です。

Part7 実践問題に挑戦

347

Questions 27–31 refer to the following **letter, brochure, and article**.

> 3 つの文書を読む問題。本番では最後の 3 セット、15 題出題される。
> 解き方はダブルパッセージと同じで、3 文書を参照しなければ解けない問題は多くない。

Sanosite Engineering
470 Hastings Street
Toronto, ON M4P 1A6

January 27

Megan Reynar
2198 Ellington Avenue
Edmonton, AB T5J 2R4

> 1 月 27 日に Sanosite Engineering の副社長 Melvin Keene が Ms. Reynar に宛てた手紙。

Dear Ms. Reynar,

Sanosite Engineering will be celebrating its centennial anniversary this year. To mark this important milestone, ① we will be holding a number of special events. One of these will be **a year-long exhibition** of the technologies we have produced over the decades. **It will be at our headquarters** in Toronto, and the public can visit the space and learn about our history. **We hope you will come to see the exhibition**, as it will include quite a few photographs of your grandfather.

Since he was the founder of Sanosite Engineering, I was wondering if you might be in possession of a typewriter model that the company sold in its first few years of operation. Of the four Letteros models initially made, we have examples of the WL-42K, WL-44K, and WS-44K. Although we have contacted several antique dealers and collectors to try and find the remaining model in this series, we have not been successful. ② If you happen to have the **WP-44K**, we would very much like to **borrow it from you for the exhibition**.

③ In addition, we will be holding an anniversary banquet for staff and special guests on the same date that **your grandfather** started the company. **This will be held at the Redcliff Hotel on June 5**. We hope you can join us for this celebration. ④ Should you like to attend, please RSVP by calling me at the number on the **enclosed business card**.

Yours sincerely,

Melvin Keene

Melvin Keene
Vice President
Sanosite Engineering

覚えよう!

□ centennial 形 100 年の　□ milestone 名 節目　□ exhibition 名 展覧会　□ decade 名 10 年間
□ headquarters 名 本社　□ in possession of ～を所有して　□ should like to do ～したい
□ RSVP 動 (招待状などで依頼して) 出欠の連絡をください

> Sanosite Engineering の
> パンフレット。

Welcome to Sanosite Engineering

This exhibition is a collection of old Sanosite Engineering prototypes, products, marketing materials and photographs from the company's early years. Our aim in creating this space was to show the public every product model we have produced over our 100 years in business. We are proud to say that we have achieved this goal.

Sanosite Engineering is one of only two former typewriter manufacturers in the country that still exist. The other is TGH Mechanics, which currently produces a range of electronic devices. From a historical perspective, our company has had the strength to change with the times.

While most of the exhibits you will see here belong to Sanosite Engineering, some of them are on loan. We thank Harris Copeland for lending us his collection of early Sanosite Engineering keyboards and ⑤ Megan Reynar for donating the **third typewriter model** ever made by the company. Additionally, we are grateful to the Pendale Museum for providing us with many of the Sanosite Engineering advertisements here on display.

We hope you enjoy the exhibition!

> 記事。

Sanosite Engineering Celebrates a Century in Business

TORONTO — Sanosite Engineering, one of the world's largest manufacturers of computer keyboards, celebrated its 100th anniversary during a banquet for its employees and associates last night. Many notable guests were in attendance, including Toronto mayor Bryan Conrad and executives from other companies. ⑥ Furthermore, **the granddaughter of Maxwell Watson**, **who started the company at his own house** a century ago, **gave a speech about the founder's lifetime of achievements**.

It all started when Mr. Watson accepted a contract from a Toronto manufacturer to design lightweight keys for typewriters. The company grew and became a typewriter maker itself. After the production of mechanical typewriters stopped, the company went on to produce electric typewriters and computer keyboards. Its products, renowned for their durability and user-friendly designs, have long been used around the world.

覚えよう！

（パンフレット）□ prototype 图 試作品　□ manufacturer 图 製造業者、メーカー　□ currently 副 現在は
□ perspective 图 観点　□ exhibit 图 展示品　□ on loan 借り受けて
（記事）□ associate 图 社員、共同経営者、仕事の関係者　□ notable 形 注目すべき、重要な
□ furthermore 副 さらに　□ achievement 图 達成、功績　□ lightweight 形 軽量の
□ mechanical typewriter 手動式タイプライター　□ renowned for ～で名高い　□ durability 图 耐久性

Part7　実践問題に挑戦

349

問題 27-31 は次の手紙とパンフレットと記事に関するものです。

M4P 1A6 オンタリオ州 トロント
ヘイスティングス通り 470
Sanosite Engineering
1 月 27 日
T5J 2R4 アルバータ州 エドモントン
エリントン大通り 2198
Megan Reynar 様

Reynar 様

Sanosite Engineering は今年 100 周年を迎えます。この重要な節目を記念するために、当社ではさまざまな特別イベントを開催する予定です。その一つとして、この何十年もの間に当社が生み出してきた技術を、1 年にわたって展示いたします。トロントの本社で行う予定で、一般の方々にもそこを訪れて当社の歴史を学んでいただけます。あなたのおじいさまのお写真も数多く含まれますので、展示を見に足を運んでいただければと存じます。

おじいさまは Sanosite Engineering の創業者でしたから、お尋ねしたいのですが、当社が創業当初の数年間に販売していたタイプライターのモデルをそちらでご所有ではないでしょうか。初期に作られた Letteros の 4 モデルのうち、WL-42K、WL-44K、WS-44K は当社にございます。複数のアンティーク業者やコレクターに連絡を取り、このシリーズの残りのモデルを探してみたのですが、うまくいっておりません。もし WP-44K をお持ちでしたら、展示用にぜひお借りしたいのですが。

また、おじいさまが会社を立ち上げたのと同じ日に、社員と特別なゲストを招いて記念パーティーを開催いたします。これは 6 月 5 日に Redcliff Hotel で行われます。ご出席いただければ幸いです。ご出席いただけるようでしたら、同封の名刺にある私の番号にお電話でご連絡ください。

敬具
Melvin Keene
Sanosite Engineering
副社長

Sanosite Engineering へようこそ

この展示は、昔の Sanosite Engineering の試作品、製品、マーケティング素材、初期の会社の写真を集めたものです。このスペースを設けた目的は、一般の皆さまに当社が創業から 100 年の間に製造してきた製品モデルをすべてお見せすることです。この目標が達成できたと申し上げられるのは誇らしいことです。Sanosite Engineering は、タイプライター製造業を前身として現在も存続している、たった 2 社のうちの一社です。もう一社は、現在では各種電子機器を製造している TGH Mechanics です。歴史的に見ても、当社には時代に合わせて変化を遂げる力がありました。

皆さまがここでご覧になる展示品の多くは Sanosite Engineering 所有のものですが、一部はお借りしたものです。初期の Sanosite Engineering 製キーボードのコレクションを貸してくださった Harris Copeland 様と、当社が製造した 3 番目のタイプライターモデルを寄贈してくださった Megan Reynar 様に感謝します。さらに、ここに展示されている Sanosite Engineering の広告の多くをご提供くださった Pendale Museum にも感謝申し上げます。

では展示をお楽しみください！

Sanosite Engineering が創業 100 周年を祝賀

トロント──世界でも有数のコンピューターキーボード製造会社 Sanosite Engineering が昨夜、社員と関係者を招いたパーティーで 100 周年を祝った。来賓も多く出席しており、その中にはトロントの Bryan Conrad 市長や他社の重役も含まれる。さらに、100 年前に自宅で同社を起業した Maxwell Watson の孫娘が、この創業者の功績に満ちた人生についてスピーチした。

すべては Watson 氏が、トロントのとある製造会社からタイプライター用の軽量のキーを設計する仕事を引き受けたことに始まる。同社は成長し、自社でタイプライターを製造するようになった。手動式タイプライターの製造をやめてからは、電子タイプライターとコンピューターキーボードの製造へと移行した。耐久性と使いやすいデザインで名高い同社製品は、長年にわたり世界中で愛用されている。

27. What does Mr. Keene encourage Ms. Reynar to do?

(A) Send some pictures

(B) Visit the headquarters

(C) Call a collector

(D) Review a catalog

Keene さんは Reynar さんに何をするようすすめていますか。

(A) 写真を何枚か送る

(B) 本社を訪問する

(C) 収集家に電話する

(D) カタログに目を通す

28. What did Mr. Keene send to Ms. Reynar?

(A) An antique

(B) A photograph

(C) A card

(D) A brochure

Keene さんは Reynar さんに何を送りましたか。

(A) 骨董品

(B) 写真

(C) カード（名刺）

(D) パンフレット

29. What was the third typewriter model made by Sanosite Engineering?

(A) The WL-42K

(B) The WL-44K

(C) The WS-44K

(D) The WP-44K

Sanosite Engineering が製造したタイプライターの3番目のモデルは何ですか。

(A) WL-42K

(B) WL-44K

(C) WS-44K

(D) WP-44K

30. Where did Ms. Reynar give a speech?

(A) At a manufacturing plant

(B) At the Redcliff Hotel

(C) At a special exhibition

(D) At the Pendale Museum

Reynar さんはどこでスピーチをしましたか。

(A) 製造工場で

(B) Redcliff Hotel で

(C) 特別展示の場で

(D) Pendale Museum で

31. What is indicated about Ms. Reynar's grandfather?

(A) He was photographed for a book.

(B) He started a business in his home.

(C) He was employed at TGH Mechanics.

(D) He received an award for his achievements.

Reynar さんの祖父に関して何が示されていますか。

(A) 本のための写真を撮ってもらった。

(B) 自宅で事業を始めた。

(C) TGH Mechanics の従業員だった。

(D) 功績に対して賞を受けた。

27. 正解 **B**

🔓 **勝負問題。メールだけチェック**

Mr. Keene が出てくるのはメールだけなので、メールだけを読んで根拠を探します。①の色文字部分で（特別イベントの一環として）1 年にわたる展示がトロントの本社で行われること、その展示に Ms. Reynar に来てほしいことがわかります。正解は (B)。

28. 正解 **C**

🔓 **勝負問題。メールだけチェック**

これもメールだけで解けます。④で同封した名刺に記載の番号に電話してほしいと伝えています。(C) が正解です。

29. 正解 **D**

🔓 **勝負問題。メールとパンフレットをチェック**

メールの②で Mr. Keene が Ms. Reynar に、WP-44K を展示のために貸してほしいと頼んでいます。そして、パンフレットの⑤で Ms. Reynar が会社で製造された 3 番目のタイプライターモデルを寄贈したとあります。以上から (D) が正解です。

30. 正解 **B**

🔓 **勝負問題。メールと記事をチェック**

メールと記事の 2 つの文書を見て答える問題です。メールの③で Ms. Reynar の祖父が会社を創立したのと同じ日に記念パーティーがあり、それは Redcliff Hotel で行われると書かれています。また、記事の⑥で、設立者の偉業について孫娘がスピーチをしたと書かれていますので、正解は (B) です。

31. 正解 **B**

🔓 **敬遠問題。根拠は記事にある**

Ms. Reynar's grandfather について書かれている部分を文書で探します。設問に According to ～（～によると）や In the article（この記事では）などのヒントがないのでどの文書を探せばよいか迷うかもしれませんが、ここまでの問題を解くために、すでにメールとパンフレット、記事の一部を読んでいます。そこに記述がなければ、残りの部分を読みます。記事の⑥で、100 年前に自宅で同社を起業したとあります。(B) が正解。なお、問題 31 はこのセットの最後の問題ですが、マルチパッセージの最後の問題は、2、3 番目の文書に解答の根拠があることが多いです。

これで Part 7 の実践問題は終わりです。お疲れさまでした！

Part 7 実践問題に挑戦

PART 7

出題文書リスト15

Part 7 で出題される文書の種類と、出題される内容とポイントをまとめました。これらを把握することで文書の種類からある程度の内容と問題が予測できて時間が節約できます。

No	文書の種類	内容とポイント
1	e-mail メール	最もよく出題される。メールアドレスの@の後ろをチェック（その人が働いている業界がわかる）。複数の文書（マルチパッセージ）では日付も注意！
2	letter 手紙	メールより格式張ったもの。肩書きをチェック。謝罪したりお礼をしたり、という内容が多い。
3	memo メモ	メモが誰から誰宛てなのか、「個人 → 個人」「個人 → 全員」「会社 → 全員」のどれに当たるのかをチェック。
4	notice お知らせ	日付があるかチェック。何かが変更されるのか、あるいはできなくなるのか、復旧はいつ？ など。
5	information 情報	notice と同じように考える。
6	coupon クーポン	どうすればクーポンをもらえるか・使えるか、いくら、あるいは何%割引なのかをチェック。
7	announcement 案内	「一時的に～です」という展開が頻出。「今月の特集！」「目玉商品」の記載があれば、その内容をチェック。
8	article 記事	硬い内容のものが多いが「え、それ記事にする?」というような意外な内容も出題される。語彙増強の宝庫。
9	review レビュー	本の書評や電化製品の使い勝手、ホテルの対応など（時に結構こきおろされていることもあり、同情してしまう）。
10	text-massage chain テキストメッセージのやりとり online chat オンラインチャット	1セット目はだいたい「同僚が何かやらかす」→「相手が助ける」→「ところで～の件ですが」と最後にそれまでと異なる内容が展開される。 まず人数を確認（2人か3人か）。また、実際にやりとりをしている人ではなく会話にだけ登場する人物が問題に出るパターンが非常に多い。必ず確認し、何をする（した）人か把握しておこう。

11	brochure パンフレット	値段、場所の変更、新装開店、〇〇周年記念など。
12	form 記入用紙	欄外の「※〜の場合は」に注意。
13	list リスト	品目、値段、注文内容、型番、色、サイズなどのリスト。「読む」より、「見る」を意識すると解きやすい。
14	instructions 説明書	専門用語のオンパレード。ある種のマニアックさに惑わされず、問いに答えられれば OK と割り切って、必要な情報だけ拾うつもりで読む。
15	Web page ウェブページ	細かく分けると、商品紹介、レビュー、求人、記事、FAQ、セミナー、料理教室の案内など多数。この文書の NOT 問題は難問である可能性が高い。マルチパッセージで超頻出。

Part7 出題文書リスト 15

ゼロからの TOEIC® L&R テスト 600 点 全パート講義
練習問題 解答用紙

Part 2

No.	A	B	C
1	A	B	C
2	A	B	C
3	A	B	C
4	A	B	C
5	A	B	C
6	A	B	C
7	A	B	C
8	A	B	C

Part 3

No.	A	B	C	D
1	A	B	C	D
2	A	B	C	D
3	A	B	C	D
4	A	B	C	D
5	A	B	C	D
6	A	B	C	D
7	A	B	C	D
8	A	B	C	D
9	A	B	C	D
10	A	B	C	D
11	A	B	C	D
12	A	B	C	D

Part 4

No.	A	B	C	D
1	A	B	C	D
2	A	B	C	D
3	A	B	C	D
4	A	B	C	D
5	A	B	C	D
6	A	B	C	D
7	A	B	C	D
8	A	B	C	D
9	A	B	C	D
10	A	B	C	D
11	A	B	C	D
12	A	B	C	D

Part 6

No.	A	B	C	D
1	A	B	C	D
2	A	B	C	D
3	A	B	C	D
4	A	B	C	D

Part 7

No.	A	B	C	D
1	A	B	C	D
2	A	B	C	D
3	A	B	C	D
4	A	B	C	D
5	A	B	C	D
6	A	B	C	D
7	A	B	C	D
8	A	B	C	D
9	A	B	C	D
10	A	B	C	D
11	A	B	C	D
12	A	B	C	D

＊ BOOK CLUB (https://bookclub.japantimes.co.jp/book/b497487.html) からもダウンロードできます。

ゼロからのTOEIC® L&R テスト 600点 全パート講義
リスニングセクション 実践問題 解答用紙

LISTENING SECTION

Part 1

No.	A	B	C	D
1	A	B	C	D
2	A	B	C	D
3	A	B	C	D
4	A	B	C	D
5	A	B	C	D
6	A	B	C	D

No.	A	B	C	D
1	A	B	C	D
2	A	B	C	D
3	A	B	C	D
4	A	B	C	D
5	A	B	C	D
6	A	B	C	D

Part 2

No.	A	B	C	D
7	A	B	C	
8	A	B	C	
9	A	B	C	
10	A	B	C	
11	A	B	C	
12	A	B	C	
13	A	B	C	
14	A	B	C	
15	A	B	C	
16	A	B	C	
1	A	B	C	D
2	A	B	C	D

Part 3

No.	A	B	C	D
3	A	B	C	D
4	A	B	C	D
5	A	B	C	D
6	A	B	C	D
7	A	B	C	D
8	A	B	C	D
9	A	B	C	D
10	A	B	C	D
11	A	B	C	D
12	A	B	C	D
13	A	B	C	D
14	A	B	C	D

No.	A	B	C	D
15	A	B	C	D
16	A	B	C	D
17	A	B	C	D
18	A	B	C	D
1	A	B	C	D
2	A	B	C	D
3	A	B	C	D
4	A	B	C	D
5	A	B	C	D
6	A	B	C	D
7	A	B	C	D
8	A	B	C	D

Part 4

No.	A	B	C	D
9	A	B	C	D
10	A	B	C	D
11	A	B	C	D
12	A	B	C	D
13	A	B	C	D
14	A	B	C	D
15	A	B	C	D
16	A	B	C	D
17	A	B	C	D
18	A	B	C	D

＊ BOOK CLUB (https://bookclub.japantimes.co.jp/book/b497487.html) からもダウンロードできます。

ゼロからのTOEIC® L&R テスト 600点 全パート講義
リーディングセクション 実践問題 解答用紙

READING SECTION

Part 5

No.	A	B	C	D
1	Ⓐ	Ⓑ	Ⓒ	Ⓓ
2	Ⓐ	Ⓑ	Ⓒ	Ⓓ
3	Ⓐ	Ⓑ	Ⓒ	Ⓓ
4	Ⓐ	Ⓑ	Ⓒ	Ⓓ
5	Ⓐ	Ⓑ	Ⓒ	Ⓓ
6	Ⓐ	Ⓑ	Ⓒ	Ⓓ
7	Ⓐ	Ⓑ	Ⓒ	Ⓓ
8	Ⓐ	Ⓑ	Ⓒ	Ⓓ
9	Ⓐ	Ⓑ	Ⓒ	Ⓓ
10	Ⓐ	Ⓑ	Ⓒ	Ⓓ
11	Ⓐ	Ⓑ	Ⓒ	Ⓓ
12	Ⓐ	Ⓑ	Ⓒ	Ⓓ
13	Ⓐ	Ⓑ	Ⓒ	Ⓓ
14	Ⓐ	Ⓑ	Ⓒ	Ⓓ
15	Ⓐ	Ⓑ	Ⓒ	Ⓓ

Part 6

No.	A	B	C	D
1	Ⓐ	Ⓑ	Ⓒ	Ⓓ
2	Ⓐ	Ⓑ	Ⓒ	Ⓓ
3	Ⓐ	Ⓑ	Ⓒ	Ⓓ
4	Ⓐ	Ⓑ	Ⓒ	Ⓓ
5	Ⓐ	Ⓑ	Ⓒ	Ⓓ
6	Ⓐ	Ⓑ	Ⓒ	Ⓓ
7	Ⓐ	Ⓑ	Ⓒ	Ⓓ
10	Ⓐ	Ⓑ	Ⓒ	Ⓓ
11	Ⓐ	Ⓑ	Ⓒ	Ⓓ
12	Ⓐ	Ⓑ	Ⓒ	Ⓓ

Part 7

No.	A	B	C	D
8	Ⓐ	Ⓑ	Ⓒ	Ⓓ
9	Ⓐ	Ⓑ	Ⓒ	Ⓓ
10	Ⓐ	Ⓑ	Ⓒ	Ⓓ
11	Ⓐ	Ⓑ	Ⓒ	Ⓓ
12	Ⓐ	Ⓑ	Ⓒ	Ⓓ
13	Ⓐ	Ⓑ	Ⓒ	Ⓓ
14	Ⓐ	Ⓑ	Ⓒ	Ⓓ
15	Ⓐ	Ⓑ	Ⓒ	Ⓓ
16	Ⓐ	Ⓑ	Ⓒ	Ⓓ
17	Ⓐ	Ⓑ	Ⓒ	Ⓓ
18	Ⓐ	Ⓑ	Ⓒ	Ⓓ
19	Ⓐ	Ⓑ	Ⓒ	Ⓓ
20	Ⓐ	Ⓑ	Ⓒ	Ⓓ
21	Ⓐ	Ⓑ	Ⓒ	Ⓓ
22	Ⓐ	Ⓑ	Ⓒ	Ⓓ
23	Ⓐ	Ⓑ	Ⓒ	Ⓓ
24	Ⓐ	Ⓑ	Ⓒ	Ⓓ
25	Ⓐ	Ⓑ	Ⓒ	Ⓓ
26	Ⓐ	Ⓑ	Ⓒ	Ⓓ
27	Ⓐ	Ⓑ	Ⓒ	Ⓓ
28	Ⓐ	Ⓑ	Ⓒ	Ⓓ
29	Ⓐ	Ⓑ	Ⓒ	Ⓓ
30	Ⓐ	Ⓑ	Ⓒ	Ⓓ
31	Ⓐ	Ⓑ	Ⓒ	Ⓓ

＊ BOOK CLUB (https://bookclub.japantimes.co.jp/book/b497487.html) からもダウンロードできます。

終わりに

　フランスのドキュメンタリー映画『子どもが教えてくれたこと』（原題 "Et Les Mistrals Gagnants"、2016 年）には難病とともに生きる 5 人の子どもが登場します。幼い彼らの日常をつづったこの映画全体に流れるのは、壮絶な苦痛や悲しみではなく、「やりたいことを見つけると、やりたくなっちゃうの」という彼らのささやかなチャレンジです。ときに病気の辛さに涙しても、病そのものはそれとしてあるとしつつ、彼らは毎日を淡々と生きます。

　難病と闘う小さな子ががんばっているのに、TOEIC くらいで弱音を吐くんじゃない！と説教じみたことを言いたいのではありません。そうではなくて、子どもたちが本来であればできたはずのさまざまなことに制限をかけられたなかで、そのことを忘れて自分に素直でいるために大切なことの一つが、挑戦することであったのかもしれないと、わたしはこの作品を観て思いました（監督のアンヌ＝ドフィーヌ・ジュリアン自身も病気で二人の子を亡くし、これが初監督作品です）。

　「ゼロから」TOEIC を始めたあなたも、たくさんの挑戦があったはずです。当たり前ですが、はじめはうまくいかないことばかりです。できた！と思った問題が不正解だったり、覚えたはずの単語を忘れてしまったりしていやになることも多かったでしょう。それでも、そこでやめてしまうのか、原因を調べ、次の問題に挑戦するかは、大げさに言えばそのままあなたが誰であるかを問われているのだと思います。

　そして挑戦したことに責任を持ち、やりきった後に残るものは自信です。はじめはやったことすらなかった TOEIC が、少しだけ自信に変わった。ほかのこともやってみればできるかもしれない、まずはやってみよう。そう感じてくれる人が一人でも多くなればと思い、本書を書きました。本書を書くための経験を共有してくれた帝京平成大学、神田外語学院の学生、各企業の皆さま、挑戦をシェアしてくれた髙橋叶子さん、杉本佳代偉さん、またすてきな帯文とチャンスをくださった TEX 加藤先生、いつも応援してくれる家族と友人の上野仁寛君にお礼申し上げます。また担当編集者のジャパンタイムズ出版の大庭葉子さんには初めての執筆で多大なご迷惑をおかけしつつも、辛抱強くご助言いただき、何を書きたいのかをいつも問いかけてくださいました。感謝申し上げます。

和久健司（わく けんじ）

1980年生まれ。東京都出身。小学6年生のときに英語がまったく話せない状態でアメリカ・オレゴン州にて1カ月間ホームステイを体験。大学時代はバックパッカーとして世界各地を放浪。早稲田大学第一文学部文芸専修卒業後、サラリーマン、オーストラリア移住、旅行雑誌編集などを経て、現在、帝京平成大学経営学科助教・神田外語学院非常勤講師。共著に『Develop Four Skills through English News』（三修社）。

ゼロからの
TOEIC® L&R テスト
600点
全パート講義

2020年3月5日　初版発行
2020年7月20日　第2刷発行

著　者	和久健司
	©Kenji Waku, 2020
発行者	伊藤秀樹
発行所	株式会社ジャパンタイムズ出版
	〒102-0082 東京都千代田区一番町 2-2
	一番町第二 TG ビル 2F
	電話　050-3646-9500（出版営業部）
	ウェブサイト　https://jtpublishing.co.jp/
印刷所	日経印刷株式会社

・本書の内容に関するお問い合わせは、上記ウェブサイトまたは郵便でお受けいたします。
・万一、乱丁落丁のある場合は、送料当社負担でお取りかえいたします。ジャパンタイムズ出版・出版営業部あてにお送りください。
・付属の CD は再生機器の種類により、不具合を生じる場合があります。ご使用に際しての注意事項につきましては、以下のウェブサイトをご覧ください。
　https://bookclub.japantimes.co.jp/act/cd.jsp

定価はカバーに表示してあります。
Printed in Japan　ISBN978-4-7890-1748-0

Q&A 形式
TOEIC® 勉強法
＋
TOEIC® 本番当日の
確認事項

別冊

the japan times 出版

Contents

Part 1	どうやって勉強したらいい？	04
Part 2	質問文が聞き取れない！	05
Part 3	トークが速すぎる	06
Part 4	話の内容がつかめない	10
Part 5	語彙問題が難しい	12
Part 6	解く以前に英文が読めない	14
Part 7	毎回時間が足りない	16
TOEICお悩み1	単語を覚えるのが苦手	18
TOEICお悩み2	スマホで学習したい	20
TOEICお悩み3	モチベーションが上がらない	22

知っておくと得する情報 ……………………… 25
受験当日の心得 ……………………………… 28

この別冊では、Q&A形式で各パートとTOEIC全体の勉強法、さらに受験当日の心得を紹介しています。具体的に何をすればいいか知りたい方、本書を読んだ後さらに学習を深めたい方、スコアが伸び悩んでいる方はぜひ参考にしてください。

Q Part 1 ってどうやって勉強すればいいですか。

A 勉強はしません。

　Part 1 の問題数は本書でも説明した通り、6 問です。長い時間をかけて Part 1 を極めても、その効果は最大 6 問。**対策しなくてよし**、が著者の本音です。

　しかしながら、たとえばサッカーの日本代表が前半開始数分で 5 失点したら応援する側も意気消沈するように、自分を乗せるためにも、4 問以上は正解したいところ。そのために、次の点に気をつけて学習を進めてください。

---
① 音声が流れる前に写真を見て、「この写真はここがポイントだ」と予測する。
② 実際の音声と自分の仮説が当たったか（自分の見るポイントが正しかったか）を確認する。
③ 不正解の選択肢はなぜダメなのかを調べる。
　例）写真に写っていない、写真からは判断できないなど
④ (A) 〜 (D) の選択肢の中で**未知の単語を覚える**。

---

　④について補足すると、『**TOEIC® L&R TEST 出る単特急 金のフレーズ**』(TEX 加藤 著、朝日新聞出版) の p. 91 から Part 1 で覚えるべき単語が 100 個収録されています。Part 1 ではこの単語さえ覚えれば十分です。

　また、友人同士で Instagram に撮影した写真を投稿して、コメント欄に Part 1 風英語で書き込みあうのも、楽しく単語を学べる方法の一つです。

　　例 〉（サンドイッチをかじっている写真など）
　　A man is biting something.

Q Part 2の質問文がどうしても全部聞き取れません。本当に7割以上取れるか不安です。

A コツは書くことです。

　たしかに初学者が初めから7割以上取るのは難しいです。でも、ここで取らないとスコア600は見えてきません。

　ルロイ修道士が**「困難は分割せよ」**(※)と言っていた通り、**一気に全部を目指すのではなく、どこが聞けてどこが聞き取れないのかを確認**しましょう。具体的には音声を聞いて、それを書き取ります。一般に**ディクテーション**と呼ばれる学習法です。期待できる効果は以下のようにたくさんあり、多くの学びを得ることができます。

※引用：『ナイン』収録「握手」より（井上ひさし 著、講談社）

---

① 本当に聞けている語と、なんとなく聞けたつもりになっている語を分けることができる。
② 同じ音、似た音、ひっかけが自分の目で確認できる。
③ 質問 → 正解のパターンが文字として入ってくる。
④ 疑問詞、**Yes/No** 疑問文、平叙文などの質問パターンをより深く確認できる。

　また、書くことにより、スペルを気にする習慣も身につくはずです。TOEICはマークシートのテストなのでスペリングの正確さは問われませんが、英語を聞き取るにはスペルが関係してきます。英語の基本的な語順も自然と頭に入るので、本書の音声と別冊の最後の Memo ページを使ってぜひ実践してください。**質問文だけでなく、選択肢も書き取ることを忘れずに！**

Q Part 3 はトークのスピードが速すぎて何を言ってるのかわかりません。

A おそらく頭が別の作業をしています。

　詳しく説明すると、トークの音声が流れているときに問題の「先読み」をしているからトークの内容が頭に入ってこない、ということです。

　たとえばこんな状況を想像してみてください。カフェで女性が熱心に話しているのに、男性は仕事のメールを読むことに忙しく、スマートフォンにくぎづけ。女性の話なんて上の空です。そんなとき、女性から「聞いてる？」と尋ねられて答えられるでしょうか。日本語でも、その状況で女性の話が何であったかをきちんと把握するのは難しそうです。

　実は「聞き取れない」と考えている人のほとんどが、同じように**先読みに集中するあまり、会話の内容は聞いているようで聞いていない**のです。

　ここで一度、先読みをしないで（問題が載っているページすら開かないで）、**音声を聞くことだけに集中**してみてください。これを**精聴**と言います。

　リスニングに 100% 集中した聞き方であれば、先読みをしながら聞いているときに比べて格段に内容を把握できるはずです。Part 3 でトークに登場する男女の表情が思い浮かぶくらいに集中し、問題のことは忘れましょう。

　一方で、「実際は問題を解かなきゃいけないんだから、問題は無視できない！」という気持ちも当然です。しかし TOEIC のハイスコアホルダーは脳内で費やすエネルギーを 8（音）：2（問題）くらいに割り振っています。つまり、**ほぼ音声に集中！というスタンスで問題を解いている**のです。

　なぜこのようなことが可能なのでしょうか。理由は簡単。

---

　① 問われる内容を把握している。
　② ヒントは音声からしか流れない。

この2点を理解しているからです。先読みに忙しくて……という状態の人は、問題文を訳せていない場合がほとんどです。たとえば以下を見てください。

What are some employees concerned about?

この問題英文を読んで、employees（従業員）と concerned about（〜を心配する）の意味がパッと浮かんだでしょうか。もしすぐにわからなかった場合、何が問われているのかがわからない状態ですから、正解を選ぶのは無理でしょう。

語彙力のなさを、「音声が速くて」と言っていても問題は解決しません。問題文は問題冊子に印刷されているのでトークのスピードは関係ないはずです。また問われる内容はパターン化されているので、そこに時間を使わず音声に集中したほうが効果的です。

まとめると、

---

① 問題文を完璧に訳せる練習をする。
② 音声に集中する訓練をしておく。

となります。完璧に訳せるからこそ、先読みで最も重要な部分を拾えるのです。

なんだか大変なことのように思えるかもしれませんが、問題文がサクッと把握できれば、自然と音声に集中できるようになります。このレベルまで早く到達することがスコアアップの鍵です。

そのうえで少しでも**楽しくスコアアップする**ためにおすすめの学習方を紹介します。

1 迫真音読

2人での会話です。せっかくですから、ご夫婦で、彼氏彼女と、友だちと、または上司と、英文スクリプトを手に、お互いにどこまで臨場感を出せるかやってみてください。

Part 3 実践問題の Q13 〜 15 を例にやってみます。

例 （女性役は「あー、もうお店選ぶの、ほんっとだっるいわ」という設定で。「お、ちょうど
いいところに Ryan が来た。しめしめ！」）

W: Ryan, do you have a moment? I'm in charge
of picking a caterer for our company's awards
ceremony. Could you tell me which one you think
would be best?

　相手役の Ryan に有無を言わせず答えさせるように話せれば OK です。ハ
リウッド女優になったつもりで読んでください。見かけがそうじゃなくてもわ
たしには関係ないので大丈夫です。

2 | 方言和訳

　これもリアリティーを持って解くのに有効な学習法です。スピーカーの出身
地を設定し、英文を日本語に訳します。本書に載っているような標準的なもの
ではなく、その訳からどこまでキャラをたてられるかが大切です。

　Part 3 実践問題の Q7 〜 9 でやってみましょう。

女性1（東北出身）： まんずみんな聞いてけろ。晩のパーティーの準備さし
　　　　　　　　　　　ねばならねば。ちゃぶ台といすさ並べでよ。ここの図
　　　　　　　　　　　面さ参考にして並べるべさ。（氷川）きよしちゃんはめ
　　　　　　　　　　　んこい。
女性2（京都出身）： ちょっと待っとくれやす。お偉方のお話が予定されてる
　　　　　　　　　　　んよ。なぁ？ 京の都においでやす。

　……というように好きな設定で好きなお相手と好きにやってください。方言
の正確さは問いません（上記へのツッコミもご遠慮ください）。

3 | Advanced 設問先読み

　設問から、トークがどんな展開になるかまで先読み（推測）します。

今度は Part 3 実践問題の Q1 〜 3 でやってみましょう。

1. Where is the conversation taking place?

「会話がどこか？ ノーヒントでわかるわけないじゃん。**職場？**」

← ハズレ ✕

2. Why does the woman say , "It's now almost 10:30"?

「女性が『もう10:30よ！』って言ってるってやばいじゃん。男**遅刻した？**」

← 正解 〇

3. What does the woman ask the man to do?

「男が謝って女性に頼まれてることって言ったらだいたいわかるよ。そうだそうだ。**パフェご馳走して。**」

← ハズレ ✕

こんなふうに自分なりに予想をしながら挑戦することによって、ただ問題を解くよりも深く取り組むことになります。仮に外れたとしても気にする必要はありません。「慣れ」を加速させるために、経験を積むことが大切なのです。

Q Part 4 って、一人の人がずっとしゃべってて話の内容がつかめません。

A 究極の方法は暗唱です。

　Part 4 を難しく感じる学習者は少なくありません。Part 3 より 5 〜 10 秒程度トークの時間が長いこと、Prat 3 で疲弊した後の 30 問が効いてくることもそう感じられる理由でしょう。

　そこで、やや負荷がかかる練習にはなりますが、Part 4 を得意パートにするためにトークのパターンを自分の中にストックしておく**「暗唱」**をおすすめします。

　ただ、最初からトーク全体を覚えるのは至難の業です。理想は、**音読を重ねるうちにいつのまにか覚えていた**、という状態。ここでは、Part 4 以外にも非常に効果のある音読の手順について述べます。

手順 1 ｜ 精聴

　Part 3 でも紹介したように、まずはお手本の音声を集中して聞きましょう。

手順 2 ｜ リピーティング

　1 文ごとに音声を止めて、それを真似ます。中学校でネイティブの先生が "Please repeat after me." と言っていたあれです。音声を再現するつもりで繰り返してください。

手順 3 ｜ 音読

　何も聞かずに通して読みます。このときスピードは気にしなくて大丈夫です。

10

手順4 | シャドーイング

　英文を見ないでシャドー（影）のように音声についていってください。イントネーションを意識しながら、その音声にワンテンポ遅れつつ発音しましょう。いきなり英文を見ずに行うことが難しければ、最初は英文を見ながら行い、慣れてきたら、英文なしで音声のみのシャドーイングに挑戦してみてください。

手順5 | オーバーラッピング

　英文を見ながら音声にかぶせるように読んでください。音声が終わるのと同時に自分の読みが終わればOKです。

手順6 | 暗唱

　ここまでで英文はほぼ頭に入っているはず。本書音声のナレーターに抜擢されても大丈夫なレベルを目指して発話します。スマホのボイスメモ機能を使って本当にレコーディングするつもりで話してください。

　音読についてはたくさんの意見がありますが、私は大賛成派です。トロイの遺跡を発見したことで知られるシュリーマンは18カ国語を操ったと言われていますが、その秘訣が音読でした（音読の声が大きくて隣人から苦情が出たほど）。毎日1時間を音読に割いていたといわれています。

　なお、彼が夢だった考古学を学ぶため大学に通い始めたのは40歳を超えてから。今さら英語なんて、TOEICをこの歳でなんて……とアラフォーのあなたが思っているとしたら**今が絶好のタイミングです！**

Q Part 5 の語彙問題が難しくて歯が立ちません……。

A 難しいのではなく、量が多いだけです。

　文法問題と品詞問題である程度得点を取れ始めた人が最初に当たる壁が、これです。が、とても建設的な気づきだと思います。Part 5 で気をつけたいのが、文法問題と品詞問題を放っておいて、先に語彙問題を攻略するという方法です。もちろん、ボキャブラリーを増やして語彙問題で得点しようとする姿勢は素晴らしいですが、正直わたしのように TOEIC を教える側にいる人間でも、「次にこの単語が来る」と見越すことはできません。次の公開テストで新たにこの単語が狙われる！という予測はこれからもできそうにありません。

　一方で、品詞問題と文法問題に関しては、過去の出題形式からある程度これが出題されるだろう、というものを割り出せます。そして、それらの問題について本書で出題しました。

　そのうえで、つまり品詞問題と文法問題で正答率を上げた皆さんが語彙問題を攻略する方法を 2 つ紹介します。

---

① 『TOEIC® L&R TEST 出る単特急 金のフレーズ』をマスターする。
② 公式問題集や模試本の語彙問題を解きまくる。

---

　①について、個人の感想ですが現時点でこれ以上の TOEIC 単語集はないと思います。秀逸なのは、とにかく TOEIC によく出る単語が載っていること、またコメントの随所に TOEIC の小話が入っていて、『金フレ』を読むことでボキャブラリー増強と TOEIC の世界観に慣れることができ、「一冊二鳥」の効果が期待できます。

　②については、『公式 TOEIC® Listening & Reading 問題集 』(国際ビジネスコミュニケーション協会)、『TOEIC® テスト 新形式精選模試』シリーズ (ジャ

パンタイムズ出版）などに載っている Part 5 の問題をとにかく解きまくり、正解以外の選択肢の語句についても意味を確認することです。

以下の手順で行えばさらに効果が出ます。

手順1	ノートに語彙問題の問題を書き写す
手順2	正解だと思う単語を空欄に入れて訳す
手順3	解答と解説を見て、答え合わせする
手順4	間違っていた場合、なぜ間違えたのかを確認し、正解にならなかった選択肢の単語の意味もすべて調べる

このときたとえば、『金フレ』に載っているもの → **必ず覚えなければならない単語**、『金フレ』に載っていないもの → **とりあえず確認しておけば OK**というように、覚える優先順位を決めて取り組むのがいいでしょう。

なお、『金フレ』で出てきた単語は当然のことながらフレーズごと覚えてください。さらに正解以外の単語は辞書で意味を確認し、例文をノートに書き写しておくなどの方法も効果があります。

また、**「語彙問題」専門のノートを作り**、それを時々音読すれば、語彙問題にさらに自信がつくこと間違いなしです。

Part 6 の問題を解く以前に英文が読めません。

A 一度 TOEIC の問題を離れて「読む」ことに集中しましょう。

Part 6 で求められる力は**「英文読解力」**です。しかし英文読解というテーマを扱えばそれだけで 1 冊の本ができてしまうほどに奥が深い世界。そのため本書では、英文を読まなくても解ける問題に特化して対策しました。そして、600 というスコアを取るためにはそれで十分です。

ただ、英文がそこにあるのに、該当箇所だけをちょちょっと解き、わかったのかわかっていないのかはっきりしないまま進めることにある種の後ろめたさを感じる人もいるでしょうか。その場合は一度、しっかり「読む」ことに向き合うタイミングかもしれません。

英語学習の世界では、精読、速読、スラッシュ、ロジック、パラグラフ、とさまざまな方法論が展開され、わたし自身もたくさんの参考書を買ってはいろいろな読み方を試しました。特に大学受験のころは有名講師と呼ばれる先生の授業を受け、その面白さに魅了されたものです。

結論から言えば、**英文読解には単語と文法力が不可欠**です。そのうえで文型の理解が非常に大きな力を発揮します。

「えー、書き込みが禁止されている TOEIC で S だの V だのやるのか、そんなことをやってたら時間がなくなる」という気持ちはわかりますが、一度 TOEIC を離れて、という設定で話を進めます。

英語の語順は日本語とは根本的に異なり、それを理解するにはある種のルールを知ることが必要です。その**ルールが文法**、そして**ルールにのっとった英語のパターンが文型**だと考えてください。

特に受験で文法（おもに穴埋め 4 択のスタイル）と長文（数パラグラフを読んで和訳する、あるいは内容一致の答えを探すスタイル）を別々に学んだ人

は、そこに関連を見いだしづらいものですが、そのつながりをわかりやすく説明してくれる本を紹介します。

『**基本からわかる　英語リーディング教本**』（薬袋善郎 著、研究社）、『**新版　富田の英文読解 100 の原則　上・下**』（富田一彦 著、大和書房）、『**新装版　英文解釈教室**』（伊藤和夫 著、研究社）の 3 冊です。書店でこれらを手に取り、自分に合うものを選んで勉強してみてください。どれも名著ですが、TOEIC 対策という意味では『**英語リーディング教本**』がいちばんおすすめです。英語一語一句をしっかりと見る癖がつき、品詞レベルで英語を読む姿勢が身につきます。そしてこのスタンスは、Part 7 はもちろん、Part 5 にも非常に役立ちます。

どれも簡単に理解できるものではありませんが、これと決めたものをとことん読み込んでみてください。得るものは大きいはずです。

15

Part 7 で毎回時間が足りません。正直、これ時間内に終わる人っているのかなって思います。

A 600 点を狙うのであれば、終わらなくても OK です。

　TOEIC の学習で最も多く出る質問の一つです。必死になって解いているあなたに対して、試験官は冷酷に「試験終了です。筆記用具を置いて……」と告げます。当然、一生懸命読んでいるあなたのために「子どもがまだ解いている途中でしょうが！」とどなってくれる父親もいないわけで……。

　8 割以上の人が時間内に終わらないと言われる TOEIC です。自分だけが遅いのだとネガティブになる必要はありません。ここはポジティブに、もう一度本書の Part 7 を読み返してください。

　敬遠問題（indicate 系の設問や NOT 問題）は「今回、(C) でいく！」などと腹を決めて、それ以外の問題に集中します。真面目な人ほどこのやり方に抵抗があるようですが、わたしに言わせれば、結局時間が足りなくなって、最後の 20 問くらいを適当に塗ることにこそ抵抗を感じてほしいです。

　ただ、600 で満足せずにハイスコアを取るためには、全部の問題を自分で考えて解いたという経験を早めにしておきたいところです。わたしのところにも年間 100 人以上から「Part 7 で時間が足りなくなって……」という相談が持ち込まれますが、その人たちに「本番と同じ状況で勉強していますか？」と聞くと、「はい、しています」と言う人は 1 割以下。それだけ少ないのです。

　あなたがフルマラソンを完走することを目標としているのに、5 km、10 km 走る練習しかしていなかったとしたら 42.195 km を完走できるでしょうか。結果は明らかで、本番を走り切る体力はないままでしょう。それと同じことで、**まずは 2 時間の時間を確保し、時間制限を意識して学習することが必要**です。

　また、時間がなくなる一番の原因は**「迷っている」時間**です。英文の理解が浅いために、多くの人が文書と選択肢の不毛な往復で時間を浪費しています。

そこで生きてくるのが Part 6 で紹介した読解の学習です。まずは時間を気にせず、しっかりと読むことを意識して学習しましょう。**「解こう」とするのではなく、「読む」ことに集中**し、その後で問題を解いてください。そのうえで、本書で紹介した読むべきところ、そうでないところの選別に慣れてくれば、必ず時間内に解き終えることができます。

　リーディングセクションは結果が出るまでに時間がかかりますが、その分、一度ついた力は今後の TOEIC 受験で大きな自信となるはずです。また、学習したパッセージを音読することは学習した内容を定着させるのにとても効果があります。ぜひ試してみてください。

単語を覚えるのが苦手ですぐ忘れてしまいます。

A 「忘れる」→「思い出す」の繰り返しで覚えていきましょう。

　突然ですが、鉛筆とタイマーを用意してください。用意ができるまでこれ以降は読まないでくださいね。あるお題を出しますので、そのお題にしたがって、下のマスを埋めてください。

お題　「1分で二画の漢字をできるだけ多く書いてください」

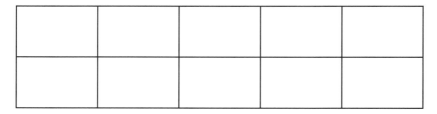

　いかがでしたか？　二画ですので、「二」「人」「力」など、どれも基本的な漢字ばかりですが、なかなか出てこなかったのではないでしょうか。10マスすべて埋まったら相当な上級者です（正解例は次のページ下）。

　さて、ここで確認したかったのは、正解の二画の漢字の中で知らない単語はなかったはずだ、ということです。講義でこのエクササイズをしても「そんな漢字知らないよ！」という人はほぼいませんでした。では、なぜ出てこなかったのでしょう？　それは答えを出す練習、**つまりアウトプットをしていなかったから。**

　「単語が覚えられない」という悩みは、「時間が足りない」と双璧をなすお決まりのものですが、そうした人のほとんどが覚えることばかり気にして、アウトプットの機会を持たないでいます。大切なのは脳みその中に単語を大切にしまっておくことではなく、英文を聞いて、または読んで、パッとその意味が「出てくる」ことなのです。

そこで単語集を読んで英語を頭に入れたら、必ず覚えたことを確認する作業を行ってください。

　おすすめはスマホのアプリを活用すること。「金のフレーズ 2」(有料) などの単語学習アプリを入れて、通勤通学の隙間時間に活用しましょう。「金フレ2」はスペルを確認するテストがついていて似た語の識別に役立つだけでなく、読み上げ機能があってリスニング対策にもなります。また「Quizlet クイズレット」(無料) は TOEIC に限らずさまざまなジャンルの英単語をチェックすることができます。

　ほかに、『英単語の語源図鑑』(清水建二、すずきひろし 共著、かんき出版)で単語の語源を確認して芋づる式に覚えていく方法もおすすめです。

> 例 **bi=2　bi-lingual**　「2 つの言語」→「バイリンガル」
> 　　　　**bi-cycle**　「2 つの車輪」→「自転車」

　これが正解！という方法はありませんが、自分に合った方法を見つけて実践することが大切です。いろいろと試してみてください。

　　　　　　　　　　　　　　(漢字問題の正解例) 二 九 七 八 十 力 刀 入 人 丁 又 了 乃 几

Q スマホで学習したいです。おすすめのアプリやサイトはありますか。

A 特におすすめのものをご紹介します。

アプリ編

1 「オーディオブック　耳で楽しむ読書アプリ」

『公式問題集』の音源を再生するために必要なアプリです。CD を使っても問題ありませんが、スマホに入れたほうが絶対に便利です。0.1 倍刻みで音声スピードを変えることができ、慣れてきた音声は速めに、わからなかった問題はゆっくり再生するなど、工夫しながら学ぶことができます。また『公式問題集 5』はリーディングセクションの音声も収録されていますので、リスニングもリーディングもバランスよく勉強をすることができます。なお、本書の付属CD や特典の MP3 音声は、「OTO Navi」というジャパンタイムズ出版のアプリで利用できます。こちらもぜひ活用してください。

2 「abceed」

音声、マークシート、学習記録、そして TOEIC 関連書籍……と、これ一つあれば場所を選ばず TOEIC 学習ができるすぐれものです。こちらも 0.5 ～ 2 倍速までの速度変更ができ、採点もしてくれる機能がついています。TOEIC 学習者であれば必ず入れておきたいアプリの一つです。

3 「ボイスメモ」

iPhone であればデフォルトで入っているアプリです。Part 4 で紹介した音読の録音などに使用してください。

20

ウェブサイト編

1 「ニュースで英語術」https://www.nhk.or.jp/snsenglish/news/

　最新のニュースの音声を英語で聞くことができます。また、ニュースの日本語訳やボキャブラリーもサイト上にあり、特に Part 4 と 7 に効果があります。英文音声は「通常」と「ゆっくり」の 2 タイプがあり、自分に合ったスピードで練習できます。もちろん無料です。

2 「TED」https://www.ted.com/

　世界レベルのプレゼンを見る・聞くことができるサイトです。英文スクリプトがダウンロードできるほか、字幕のオン・オフも選択できます。たとえばオーストラリア人の発音が苦手な場合は、オーストラリア出身の人のスピーチを空いた時間に聞き流すことで慣れることができるでしょう。

　ここに紹介したコンテンツはあくまで TOEIC の学習のサブとしてご紹介しています。これらを学習することが目的ではなく、あくまでもゴールは目標スコアを取ること。それを忘れずに必要に応じて（特にハイスコアを狙う際に）参考にしてください。

Q TOEIC 学習のモチベーションを上げたり、保ったりするのが難しいです。

A モチベーションを保つことは難しくて当たり前。ただやるべきことをやるだけです。

　そうは言っても、それが難しいことはわたし自身もよくわかっているつもりです。やる気は水もので、誰しも上がったり下がったりします。そんななか、学習を継続し、結果を出すことができる人はどこが違うのでしょう？　過去にTOEICを学習した2人の受験者の声を聞いてみましょう。

※ ここでは一部を紹介しますが、全文をBOOK CLUBの本書サイト（https://bookclub.japantimes.co.jp/book/b497487.html）でご覧いただけます。

髙橋叶子さん（帝京平成大学経営マネジメント学科4年［2020年1月時点］）

　髙橋さんがTOEICの学習を始めたのは大学3年の6月のこと。高校時代に棒高跳びをやっていた彼女はこう語ります。

　「少し休むと絶対勉強がいやになるのは自分の性格上わかってたんで、否応なしに勉強する環境をつくることは意識していました。具体的には**ベッドの上に単語帳を置いて単語を勉強しないと寝られないようにしたり**、朝起きたらすぐ勉強に取りかかれるように**明日やるべき課題を枕元に置いたり**していました。あとは**終わりを決めてやってたのがよかった**と思います」。

　そんな彼女も1年以上の間安定してモチベーションを保てたわけではありません。めちゃくちゃ勉強したのに、スコアが下がって号泣したこともありました。でも最終的には860のスコアを記録し、大手IT企業の内定を勝ち取ったのです。

　彼女の勝因はひとえに**終わりを決めていたこと**にあります。最終的なゴール＝長期目標と、次の公開テストまでにここまで＝短期目標がいつも明確で、

「何を、いつまでに、どれだけ」を常に意識して勉強していました。そして、その指標がズレていないか、きちんと機能しているかを必要に応じて確認していたのを覚えています。

杉本佳代偉さん （日系航空会社 CA ［2020 年 1 月時点］）

　日本の航空会社で CA として活躍する杉本さんは、4 年前までわたしの TOEIC クラスを受講する学生でした。授業が終わると毎回のように質問をしに来ていたのが印象的でした。

　彼女の TOEIC に対する真剣さは群を抜いており、**CA になる夢をかなえるため、なんとしてでもスコアを上げたい**という熱意が伝わってきました。

　その意思はともに学んでいる間一度も揺らぐことはありませんでした。TOEIC という試験のスコアが何のために必要かをわかっていたのです。気持ちがのらないことも何度もあったでしょうが、彼女によれば**「1 日 4 時間勉強する時間を確保し、電車の中でとにかく単語を覚えていた」**そうです。また「朝は毎日 4 時に起き、SNS は LINE を含めてやめて、リスニング 2 時間、リーディング 2 時間の勉強をしていました」。

　そんな彼女の努力はしっかりと数字に表れます。初めは 345 点だった **TOEIC スコアは 1 年間で 300 点以上伸び**、CA としての内定を勝ち取りました。そして彼女は今日も、上空を飛んでいます。

　2 人の学習者の実例を紹介しました。共通するのは、**ただやるべきことをやったこと**。あまり**モチベーションは関係ない**かもしれません。これを読んでいる読者の方も、それぞれに TOEIC を勉強する理由があり、本書を手にとっていただいているはずです。そしてそれぞれにモチベーションの波はあります。

　コントロールすることが難しいならば、そこにこだわるのではなく、モチベーションと行動を分けてみるのはどうでしょう？『完訳 7 つの習慣 人格主義の回復』（スティーブン・R・コヴィー 著、フランクリン・コヴィー・ジャパン 訳、キングベアー出版）に、**「刺激と反応の間にはスペースがある」**という言葉がありますが、あなたの反応、つまり行動は、**あなた自身が決めることができま**

す。気分や外部からの影響に反応するのではなく

1 何のためにやるのかをはっきりさせ
2 その日にやることを明確にし
3 あとはそれをやるだけ

です。やるかやらないかの選択権は常にあなた側にあります。

知っておくと得する情報

1 | Part 3 の図表問題 + Part 4 の図表問題 = 5 問

Part 3 と 4 では、必ず図表（グラフィック）問題が出題されますが、その**合計数は 5 つ**と決まっています。

つまり Part 3 でグラフィックが 2 つ出ていれば、Part 4 の出題数は 3 つです。また必ずこの 2 つのパートでの出題ですので、Part 3 の問題数だけ確認しておけば Part 4 は見なくても OK です。

実は、図表問題の解答時間（ポーズ）は普通の問題より 4 秒長く設定されています（通常 8 秒、図表問題 12 秒）。本書で触れたように、図表問題は難しくないこと、解答時間が長いこと、さらに問題数を把握しておくことでより聞くことに専念できるはずです。なお、リスニングセクションでいちばん長い Directions は試験の最初、Part 1 の前に流れます。そのタイミングで図表問題の数を確認しておくのもよいでしょう。

2 | 図表問題＋意図問題 = 5 問

Part 3 と 4 の各パートで図表問題の割合を確認してわかるのが、それぞれのパートの**意図問題の数**です。各パートで意図問題は 2 問か 3 問ですが、**「図表問題と意図問題の合計数も 5 問」**です（図表問題が 2 問なら意図問題が 3 問）。Directions 中に設問で " " の出ている場所を見て確認するのもよい方法ですが、図表問題の数から確認するほうが早いです。

あらかじめ意図問題の数を把握し、その問題がどのトークで出題されるかも確認します。そして、そのトークで出題される 3 問のうち、意図問題以外の 2 問は確実に取る！と決めましょう。そうすることで意図問題の難しさによる 3 問全滅のリスクを避けることができます。

3 | Part 3 でどれが 3 人の会話の問題かは予測できる

Part 3 には 3 人での会話が 1 ～ 2 問出題されますが、問題文に the men あるいは the women と複数形が出てきたり、具体的な人の名前 (Jack、Susan など) が出てきたりすれば、**3 人での会話の可能性大**です。

本書では話者が 3 人になっても特別なことはしないと述べましたが、事前に 3 人登場することがわかれば、より落ち着いて解くことができます。

4 | Part 5 の語彙問題を攻略するなら前置詞から

Part 5 の語彙問題は、本書では意味を知らない場合は捨てるという方針ですが、前置詞の問題は毎回、必ず 3 問程度出題されます。したがって、語彙問題対策として膨大な単語を覚えるよりも、**まずは前置詞の働きをマスターする**とスコアアップに直結します。

5 | Part 6 の文法問題は時制に注意

Part 6 で必ず出題されるのが**時制の問題**です。これは、文書全体を理解せずとも解くことができる問題なので、確実に正解したいところです。

Part 6 の実践問題 Q12 を例に見てみましょう。

Although they **will** not receive air miles, ------- check
                                            12
one bag and enjoy an in-flight meal at no extra cost.

12. (A) to be able
    (B) are able to
    (C) our ability to
    (D) they will be able to

カンマの前の will を手がかりに、(D) の正解を取りにいくことができます。

6 | Part 7 の文書の半数はメール、手紙、記事

　Part 7 はさまざまな文書が出題されますが上記 3 つで**半数近くを占めます。**Part 7 の問題を勉強するときは、この 3 つを優先して学ぶようにしましょう。

7 | Part 7 で具体的な事柄を問う問題は 4 割強

　本書では、indicate 系の設問、NOT 問題は「敬遠」しようと解説しましたが、その理由がこちらです。具体的に問われていて、解答の根拠が見つけやすく、短時間で答えが出る問題が 4 割もあります。ここを確実に正解することでリーディングセクションのスコアが安定してきます。

受験当日の心得

最後に受験当日に気をつけてほしいことをまとめます。

1 | 受験票、身分証明書は家を出る前に確認

受験票を忘れないことはもちろんですが、気をつけたいのが身分証明書。社員証は身分証明書として使えません。その場合、受験できずに6,490円（2020年4月以降）が水の泡になります。また受験票には事前に写真を貼っておきましょう。

2 | 会場へは余裕を持って

よく言われることですが、これは本当に気をつけてください。特に試験会場が大学だった場合、門を入ってから試験会場の建物までが遠く、「何号館の何階？」と焦る事態にもなりかねません。また大教室は受付に時間がかかる場合も多く、余計なストレスを回避するためにも余裕を持って入室しましょう。

3 | マーク専用シャープペンシルは必須アイテム

スピードが求められるTOEICでマークシート用シャープペンシルは非常にいい働きをします。通常の鉛筆で塗り塗り塗り塗り……と4周ほどするところを1周半程度できれいに塗ってくれます。

4 | 座る場所は変えられる

リスニングセクションの音量は、試験が始まる前にサンプル音声が再生されて確認できますが、そのときに「小さいな、聞きづらいな」と思ったら遠慮せずに挙手しましょう。音量を上げてもらえたり、席を変更してもらえたりすることができます。ベストな条件で受験してください。

5 机に置いてある番号カードの使い道

各机に置いてある番号のカードは問題冊子の青いシールを切るペーパーナイフとして活躍します。会場に一人はシールがはがせずに焦っている人がいますが、シールははがさずに切ってください。

6 試験が終わってからがスコアアップへの鍵

試験が終わってヘトヘトになる気持ちはわかります。しかし、終わったときに抱く感情があなたのスコアアップの鍵です。ここで家に帰るのをもう少し我慢して会場近くのコーヒーショップで一人反省会をしましょう。今日の試験の課題は何なのか、何ができて何が足りないのか、次に何をするべきかを書きとめてください。自分と向き合う、このわずかな時間がスコアアップの鍵になります。

Memo

Memo

the japan times出版